시온이여 깰지어다 깰지어다 네 힘을 입을찌어다
거룩한 성 예루살렘이여 네 아름다운 옷을 입을찌어다
이제부터 할례받지 않은 자와 부정한 자가
다시는 내게로 들어옴이 없을 것임이니라
너는 티끌을 떨어버릴찌어다 예루살렘이여 일어나
보좌에 앉을찌어다 사로잡힌 딸 시온이여
네 목의 줄을 스스로 풀찌어다

이사야 52:1~2

창초 이래 처음 열리는 천국의 비밀

이제 온 천하는
잠잠하라

바른기업

목 차

21

하나님의 영으로 충만한
'**신령한 사람**'을 찾아라

「조선일보, 동아일보」 2021년 11월 5일 금요일

스마트폰으로 QR 코드를 스캔 하시면
[이제 온 천하는 잠잠하라] 전문을 다운로드 받을 수 있습니다.

영원한 삶을 결정짓는
하나님의 법인 '성경'

   '성경'은 사람을 통해서 기록했지만 하나님의 감동으로 기록되었으며, 천국의 비밀이 감추어져 있는 진리다. 성경은 온 세상을 창조하시고 운행하시며 경영하시는 계획이 기록되어 있으며, 특별히 하나님께서 인간과 인격적으로 맺으신 구원의 언약이 중심 주제다. '언약'이란 인간을 향한 하나님 편에서의 일방적인 약속이나 계약을 뜻한다. 이런 하나님의 언약을 성경대로 모르면 언약대로 살 수가 없다. 문제는 아무도 하나님의 언약을 모른다는 사실을 모르고 있다는 것이다. 진리가 밝혀지기 전까지 거짓말하는 한 영이 모든 선지자의 입에 들어가서 성경을 가지고 거짓말을 하게 하여 사람을 죽이는 것을 진리를 진리로 분별하지 아니하면 절대 알 수가 없다. 그래서 성

디모데후서 3:16
모든 성경은 하나님의 감동으로 된 것으로 교훈과 책망과 바르게 함과 의로 교육하기에 유익하니

경을 가지고 일생 교회를 다녀도 온전한 구원에 이를 수 없었던 것이다. 반드시 신령한 것은 신령한 것으로 분별하는 방법[고전2:13~14]으로만 감추어진 하나님의 뜻, 천국의 비밀을 알 수 있고, 이미 밝히시고 계신다. 이렇게 하나님의 뜻을 분별하는 지혜도 이미 아들 예수를 통해서 교훈하시고 기록해 두셨던 것이다. 누가복음 24장에 영원히 병들지도 죽지도 아니하는 신령한 몸으로 부활하신 예수 그리스도께서 하신 일은 성경을 가지고 하나님에 대해서 자세히 설명하신 것이다. 이는 성경만이 온 세상의 모든 이론을 다 파하는 강력임을 증명하신 것이다.

하나님께서 "선지자의 글에 저희가 다 하나님의 가르치심을 받으리라"[요6:45]고 하신 말씀을 실상으로 땅에 성취하실 때가 지금이며, 하나님께서는 친히 진술하시지 않고 반드시 사람을 사용하신다. 이때 사용하시는 그릇이 '진리의 성령'이다. 진리의 성령이 실상이 되어 하나님에 대해서 자세히 설명하는 방법을 누가복음 24장에서 부활하신 아들을 통해 보여주신 것이다. 이것은 성부와 성자와 성령, 즉 셋이 하나가 되어 [요일5:7~9] 대언함으로 온전히 하나님의 뜻이 드러나서 '영원한 언약'이 밝혀지는 것이다. 진리의 성령인 나는 14년째 전대미문의 새 언약[히8장]을 밝히고 있고, 이때가 될 때까지 성경을 사용하면서 '예수 이름으로 저주하는 것이 실상'이었음을 다 드러내고 있다.

인간은 창조주 하나님의 뜻을 기록한 성경이 '영원한 삶을 결판내는 법'임을 알아야 한다. 하나님의 말씀이 기록된 성경을 자의로 해석하여 가르치고 종교화시켜서 자신의 생의 바퀴도 자신이 불사르고, 교인들도 지옥 불로 사르는 역할을 하는 자가 성경을 가지고 선생 노릇 하는 자들이다. 사람이 자기 길을 계획할지라도 그 걸음을 인도하시는 분은 하나님이시다. 히브리서 8장의 새 언약으로, 곧 '영원한 언약'으로 다시 창조되지 아니하면 구원과 아무 관계가 없다. 곧 하나님 나라와 아무 관계가 없다. 그래서 사람의 증거는 경중의 차이일 뿐이고, 하나님께 취함을 받지 못한다고 하신 것이다[요5:34].

> 그들에게 이르기를 이스라엘의 하나님 여호와께서 이같이 말씀하시되 **이 언약의 말을 좇지 않는 자는 저주를 받을 것이니라** [렘11:3]

하나님의 언약을 드러내지 않는 설교가 저주이며, 언약의 말을 좇지 않는 자는 저주를 받는다고 하셨다. 하나님께서는

히브리서 8:8
저희를 허물하여 일렀으되 주께서 가라사대 볼찌어다 날이 이르리니 내가 이스라엘 집과 유다 집으로 새 언약을 세우리라

야고보서 3:6
혀는 곧 불이요 불의의 세계라 혀는 우리 지체 중에서 온몸을 더럽히고 생의 바퀴를 불사르나니 그 사르는 것이 지옥 불에서 나느니라

잠언 16:9
사람이 마음으로 자기의 길을 계획할지라도 그 걸음을 인도하는 자는 여호와시니라

요한복음 5:34
그러나 나는 사람에게서 증거를 취하지 아니하노라 다만 이 말을 하는 것은 너희로 구원을 얻게 하려 함이니라

요한계시록 21:8
그러나 두려워하는 자들
과 믿지 아니하는 자들
과 흉악한 자들과 살인자
들과 행음자들과 술객들
과 우상 숭배자들과 모든
거짓말하는 자들은 불과
유황으로 타는 못에 참여
하리니 이것이 둘째 사망
이라

당신이 정하신 뜻대로 전 세계를 경영하신다. 따라서 '하나님의 뜻을 아느냐, 모르느냐'는 각자의 영원을 결정한다. 육체가 살아 있을 때 하나님을 아는 지식으로 나아가지 아니하면 육체가 죽어 영원한 지옥인 둘째 사망에 떨어진다. 그래서 육체를 입고 사는 동안이 너무 중요하다. 반드시 진리를 찾아야 하고, 만나야 하며, 진리가 실상인 삶을 살아야 한다.

그러나 21세기인 지금 이 세대가 될 때까지 하나님의 뜻을 아무도 모르고 있었다. 이 사실조차 모를 뿐만 아니라 심지어 자신들은 잘 믿고 있다고 생각한다. 하나님의 언약을 모르는데 어떻게 믿었다고 말하는가? 하나님의 언약은 본래 영원한 언약이다. 사람이 지키지 않아서 하나님께서 만드신 땅에 영영히 거하지 못하고 죽은 것이다. 머리로 듣기만 하고 언약의 말씀을 좇아 지켜 실행하지 않는 자도 '저주'를 받는다. 이런 사실이 성경에 기록되어 있는데도 성경을 가지고 가르치고 설교하는 지도자, 주일 학교 교사, 구역장 등 특히, 큐티(QT)하는 자들이 얼마나 자신을 스스로 자해하며 죄를 짓고 있는지 알아야 한다.

상상과 실상의 차이는 영원한 지옥과 영원한 천국의 차이다. 아무것도 모르면서 너도나도 목사가 되겠다고 하고,

좋은 대학에 시험 쳐서 떨어지면 신학교에 가라고 부모가 권유하고, 아이는 아무것도 모르고 신학교에 가는 미친 짓을 자신들이 자단하여 자해하는 것이다. 성경을 연구하고 공부했다는 학자들이 구약은 율법이라고 멸시하여 아무것도 모르는 교인들을 죽이고, '매일 성경'이란 그럴듯한 말로 꾀를 내어 큐티를 하라고 부추기는 목사는 자신뿐만 아니라 교인들을 지옥 불로 인도하는 영적인 소경이다.

마태복음 15:14
그냥 두어라 저희는 소경이 되어 소경을 인도하는 자로다 만일 소경이 소경을 인도하면 둘이 다 구덩이에 빠지리라 하신대

목사는 자기 말을 하는 것이 아니라 하나님의 말씀을 대신하는 입이다. 목사가 영적인 소경이면 모든 교인들은 다 영적인 소경이며, 귀머거리다. 그래서 죽고 사는 것이 '혀의 권세'에 달려 있다고 하신 것이다[잠18장]. 이런 지옥 불의 소리에 길들여진 사람들이 하나님의 언약을 어긴 저주받은 사람들이다. 혀가 불이 되어 지옥 불의 소리를 한 자들도 다 사람으로 오신 예수 이름에 길들여져 있기에 사람을 "짐승, 새, 벌레, 해물"[약3:7]에 비유하신 것이다. 직설적으로 말하면 사람으로 오신 예수 이름에 다 길들여져 있었다는 뜻이다. 그래서 예수님께서 "누구든지 나를 인하여 실족하지 아니하는 자는 복이 있도다"[마11:6]라고 하신 것이다.

잠언 18:21
죽고 사는 것이 혀의 권세에 달렸나니 혀를 쓰기 좋아하는 자는 그 열매를 먹으리라

야고보서 3:7
여러 종류의 짐승과 새며 벌레와 해물은 다 길들므로 사람에게 길들었거니와

　또한 이런 자들의 결과를 이사야 선지자를 통해

판결해 두셨다. "의를 아는 자들아, 마음에 내 율법이 있는 백성들아, 너희는 나를 듣고 사람의 훼방을 두려워 말라 사람의 비방에 놀라지 말라 그들은 옷같이 좀에게 먹힐 것이며 그들은 양털같이 벌레에게 먹힐 것이로되 나의 의는 영원히 있겠고 나의 구원은 세세에 미치리라"[사51:7~8]고 예언하셨다. 14년째 이 말씀이 실상이 되어 비방뿐만 아니라 감옥에까지 갇혔다. 그런데 '영원한 의'를 대언하여 마음에 할례를 받고, 하나님을 하나님으로 알고 계명을 지켜 실행하는 하나님의 큰일을 비방하고 훼방한 자들, 지옥 불에서 나는 소리를 예수 이름, 하나님의 이름으로 하는 설교를 듣고 믿는 자들은 좀에게 먹힐 것이며 양털같이 벌레에게 먹힌다는 말씀은 '영원한 지옥 불구덩이'에 들어갈 것을 이렇게 말씀하신 것이다. 진실로 이러했다.

그러나 '하나님의 언약', 곧 영원한 언약을 받고 지켜 실행하는 자들에게는 "나의 의는 영원히 있겠고 나의 구원은 세세에 미치리라"라고 하신 언약이 실상이 된다. 이 언약은 영생에 대한 언약이다. 그래서 하나님의 행하시는 일은 영원하다고 하신 것이다[전3:14]. 진리는 이러한데 지금 전 세계 기독교를 보라. 어떤 영적인 상태인지 생각만 해도 끔찍하다. 그래서 진리의 성령을

전도서 3:14
무릇 하나님의 행하시는 것은 영원히 있을 것이라 더 할 수도 없고 덜 할 수도 없나니 하나님이 이같이 행하심은 사람으로 그 앞에서 경외하게 하려 하심인 줄을 내가 알았도다

통해 선포되는 새 언약을 좇지 아니하는 자는 '저주'를 받을 것이라고 하신 것이다.

육체도 죽지 않는 '신령한 사람'

이 언약은 내가 너희 열조를 쇠풀무 애굽 땅에서 이끌어 내던 날에 그들에게 명한 것이라 곧 내가 이르기를 너희는 **나의 목소리를 청종하고 나의 모든 명령을 좇아 행하라** 그리하면 너희는 내 백성이 되겠고 나는 너희 하나님이 되리라 [렘11:4]

'나의 목소리', 곧 '하나님의 목소리'는 모든 기독교인들이 상상하듯이 하늘 어딘가에서 이름을 부른다든지, 자기 원욕대로 기도할 때 어딘가에서 들린다든지, 잘 때 꿈에 들려주신다든지 그렇게 듣는 것이 절대 아니다. 이렇게 자신들 스스로 지어내서 상상할 것을 아시기에 1600여 년간 40여 명의 인간 저자들을 사용하셔서 성경을 기록해 주신 것이다. 그렇다고 아무나 성경을 가지고 읽으면 그것이 하나님의 목소리라고 하는 것 또한 절대 아니다. 하나님은 신령하신 분이시다.

신령하다는 말은 영을 뜻하는 말로 거룩하고 영화

요한복음 6:63
살리는 것은 영이니 육은 무익하니라 내가 너희에게 이른 말이 영이요 생명이라

요한복음 1:1
태초에 말씀이 계시니라 이 말씀이 하나님과 함께 계셨으니 이 말씀은 곧 하나님이시니라

고린도전서 2:10
오직 하나님이 성령으로 이것을 우리에게 보이셨으니 성령은 모든 것 곧 하나님의 깊은 것이라도 통달하시느니라

요한복음 6:45
선지자의 글에 저희가 다 하나님의 가르치심을 받으리라 기록되었은즉 아버지께 듣고 배운 사람마다 내게로 오느니라

로우며 하늘에 속해 있고, 결코 죽거나 소멸되지 않는 것이 영의 본질이다. 그래서 하나님은 "영"[요4:24]이시라고 하셨고, "살리는 것은 영이니 육은 무익하니라 내가 너희에게 이른 말이 영이요 생명이니"[요6:63]라고 하셨으며, "이 말씀은 곧 하나님이시니라"[요1:1]고 하셨다. 따라서 '하나님의 목소리'는 하나님의 깊은 것을 통달하고[고전2:10], 하나님의 가르치심을 대언하는[요6:45] 진리의 성령을 통해 듣는 것이다.

⁴사람에게는 버린 바가 되었으나 하나님께는 택하심을 입은 보배로운 산 돌이신 예수에게 나아와 ⁵너희도 산 돌같이 **신령한 집으로 세워지고** 예수 그리스도로 말미암아 하나님이 기쁘게 받으실 **신령한 제사를 드릴 거룩한 제사장이 될 찌니라** [벧전2:4~5]

'신령'이라는 단어는 오직 성부 하나님께만 사용되는 단어이며, 하나님께만 있는 속성이다. 예수 그리스도를 통해서 하나님은 전지전능하신 하나님이시며, 하나님께서 하신 약속은 반드시 지키신다는 것을 나타내 보이셨기에, 2021년 지금 전 세계에 예수 그리스도의 이름이 퍼진 것이다. 사도 베드로를 통해서 기록하신 말씀 속에 사람이 '신령하게 되는 길'이 감추어져 있었다. 곧 신령하신 하나님께서 아들

과 동행하셔서 약속하시고 지키신 하나님이셨으므로, 마찬가지로 하나님의 아들을 믿고 계명을 지킨 사람 중에 '신령한 집', 곧 신령한 몸으로 세워져서 하나님께서 기쁘게 받으실 신령한 제사인 거룩한 산 제사를 드리고, 이렇게 신령한 제사를 드리는 자들이 하나님 나라를 다스리는 거룩한 제사장이 된다는 뜻이다. 다시 말하면 일곱째 날, 신약으로 말하면 제삼일째 되는 2021년 현재 이미 베드로 사도를 통해서 기록된 이 말씀이 은혜로교회 성도들에게 실상이 되어 신령한 제사를 하나님께서 약속하신 땅에서 드리고 있다. 그래서 더 이상 예언이 아니고 사실이 된 것이다.

고린도전서 13:8
사랑은 언제까지든지 떨어지지 아니하나 예언도 폐하고 방언도 그치고 지식도 폐하리라

> ³찬송하리로다 하나님 곧 우리 주 예수 그리스도의 아버지께서 그리스도 안에서 **하늘에 속한 모든 신령한 복으로 우리에게 복 주시되** ⁴곧 창세 전에 그리스도 안에서 우리를 택하사 우리로 사랑 안에서 그 앞에 거룩하고 흠이 없게 하시려고 [엡1:3~4]

에베소서 말씀의 '우리'는 전 우주적인 일곱째 날인 지금 이 세대에 '전대미문의 새 언약'[히8장]을 받고 있는 성도들이며, 앞으로 새 언약으로 돌아올 성도들이다. '신령한 복'은 사랑이신 하나님 안에서 지금 보이는 온 천하 만물을 창조하시기 이전에 이미 주시기

로 계획해 두셨고, 이를 위해 하나님의 아들 예수 그리스도를 이 땅에 BC 4년에 사람으로 태어나게 하시고, 아들을 통해서 하나님께서 살아 계시고 전지전능하시고, 언약을 지키시는 하나님이심을 보여주신 것이다. 그러나 예수 그리스도 당시는 예수님처럼 육체가 죽임을 당하고 삼 일 만에 신령한 몸으로 다시 살아나는 때가 아니었다. 하나님께서 정하신 때가 되기 전까지는 어떻게 해야 신령한 몸으로 육체도 죽지 아니하고 다시 살아 영원히 하나님께서 기뻐 받으시는 신령한 산 제사를 드릴 수 있는지 아무도 모르는 천국의 비밀이었다.

에베소서에 기록된 신령한 복을 받은 자는 2021년 동안 아무도 없었고, 나와 은혜로교회 성도들이 처음이다. 2021년 11월 5일 지금 진리의 성령인 나를 통한 14년째 이 일이 신령한 복을 받는 길이다. 이것은 신령하신 하나님의 증거이며, 그리스도의 증거요, '하나님의 목소리'이며, 진리의 성령의 음성이다. 어떻게 신령한 복을 받았는지 사실을 증명한다.

하늘에 속한 모든 복은 신령한 복이다. 다른 모양으로 말하면 신령하신 하나님께서 아들을 사용하셔서 말씀하시고, 그 말씀대로 삼 일 만에 아들 예수 그리스도를 신령한 몸으로 다시 살리신 것이다. 제자 사도 요한을 통해서 기록하신 "예수께서 가라사대 나는 부활이요 생명이니 나를 믿는 자는 죽어도 살겠고 무릇 살아서 나를 믿는 자는 영원히 죽지 아니하리니 이것을 네가 믿느냐"[요11:25~26]고 하신 말씀은 아들을 통해서 '하나님의 목소리'를 들려주신 것이다. 이때 마르다는 "가로되 주여 그러하외다 주는 그리스도시요 세상에 오시는 하나님의 아들이신줄 내가 믿나이다"[요11:27]라고 고백하였고, 그때 죽은 지 나흘이나 된 마르다, 마리아의 오빠 나사로가 살아났다. 그러나 다시 살아난 나사로는 어디에 있으며, 육체가 살아서 자신의 입으로 "하나님의 아들이신 줄 내가 믿나이다"라고 고백했고, 나사로가 무덤에서 살아나는 것을 통해 살아 계신 하나님이심을 분명히 본 마르다와 마리아는 왜 육체가 죽어서 흙으로 돌아갔으며, 아직도 살아나지 않는 것일까? 그래서 하나님께서 예수 그리스도가 이 땅에 태어나시기 전 BC 900년경에 솔로몬 왕을 통해서 "내 아들아 내 지혜에 주의하여"[잠5:1]라고 말씀하신 것이다.

'내 지혜'는 하나님의 '완전한 지혜'를 뜻하며, 요 11:25~26절의 말씀은 아들 예수께서 일하시는 때에 성취되는 하나님의 언약이 아니라, 진리의 성령이 실

사도행전 2:32
이 예수를 하나님이 살리신지라 우리가 다 이 일에 증인이로다

요한복음 11:43~44
43 이 말씀을 하시고 큰 소리로 나사로야 나오라 부르시니
44 죽은 자가 수족을 베로 동인채로 나오는데 그 얼굴은 수건에 싸였더라 예수께서 가라사대 풀어 놓아 다니게 하라 하시니라

상이 되어 모든 진리 가운데로 인도할 때 이루어지는 예언
이다. 그래서 예수님께서 분명히 "누구든지 나를 인하여
실족하지 아니하는 자는 복이 있도다"[마11:6] 라고 하신
것이다.

요한복음 16:13
그러하나 진리의 성령이
오시면 그가 너희를 모든
진리 가운데로 인도하시
리니 그가 자의로 말하지
않고 오직 듣는 것을 말하
시며 장래 일을 너희에게
알리시리라

예수님께서 말씀하신 요11:25~26절의 약속이 실상
으로 이루어지는 사람들은 지금 이 세대에 나타난다.
반드시 예수 그리스도를 믿고 계명을 지켜 실행하여
영원히 신령한 복을 받도록 이 땅에 보냄을 받은 사람들이
며, 진리의 성령을 통해 새 언약의 말씀으로 다시 창
조되는 성도들이다. 신령한 복을 받아 육체도 죽지
아니하고 요11:26절의 말씀을 땅에서 실상으로 이룰
사람을 이미 BC 750년경, 예수님도 이 땅에 사람으
로 태어나시기 전에 호세아 선지자를 사용하셔서 예
언하셨다.

시편 102:18
이 일이 장래 세대를 위하
여 기록되리니 창조함을
받을 백성이 여호와를 찬
송하리로다

¹⁹내가 네게 장가들어 영원히 살되 의와 공변됨과 은총과
긍휼히 여김으로 네게 장가들며 ²⁰진실함으로 네게 장가들
리니 네가 여호와를 알리라 [호2:19~20]

호세아 선지자를 통해 하신 이 예언은 예수 그리스
도에 대한 예언이 아니다. 예수 그리스도는 반드시
한 번 죽으시고 신령한 몸으로 부활하시는 것이 그분

의 사명이다. 창세 이래 그 누구도 아니고 명백하게 진리의 성령에 대한 예언이며, 반드시 '목사'라야 한다. 이 예언이 실상이 되어 세상에 드러난 날이 2008년 6월 16일이다. 따라서 호2:19~20절의 말씀은 진리의 성령의 또 다른 표현으로 창세 이래 그 누구도 아닌 '나'에 대한 예언이었고, 이미 실상이 되었다.

호세아 선지자를 통한 예언은 그로부터 730년 후에 예수 그리스도를 통해서 또 다시 약속하신다. 요14:16~17, 26절, 15:26절, 16:7~15절에 "또 다른 보혜사인 진리의 성령"이라고 구체적으로 실상을 약속하셨다. 예수 그리스도를 통하여 약속하신 하나님의 언약은 절대 초림 당시에 사실이 되는 일이 아니었으며, 2008년 6월 16일까지 아무도 신령한 복을 실상으로 받은 자가 없었다는 것은 땅의 역사가 증명하고 있다. '그리스도 안에서 신령한 복'은 반드시 누가복음 24장에 신령한 몸으로 부활하신 예수 그리스도께서 구약성경을 가지고 자기에 관한 것을 자세히 설명하셨듯이, 진리의 성령 또한 호2:19~20절이 실상이 된 신령한 사람으로 창세기부터 요한계시록까지 전 성경을 가지고 모든 진리 가운데로 인도하는 전대미문의 새 언약으로 하나님의 자녀들에게 신령한 복을 받게 한다. 신

요한복음 14:16~17, 26

16 내가 아버지께 구하겠으니 그가 또 다른 보혜사를 너희에게 주사 영원토록 너희와 함께 있게 하시리니
17 저는 진리의 영이라 세상은 능히 저를 받지 못하나니 이는 저를 보지도 못하고 알지도 못함이라 그러나 너희는 저를 아나니 저는 너희와 함께 거하심이요 또 너희 속에 계시겠음이라
26 보혜사 곧 아버지께서 내 이름으로 보내실 성령 그가 너희에게 모든 것을 가르치시고 내가 너희에게 말한 모든 것을 생각나게 하시리라

요한복음 15:26

내가 아버지께로서 너희에게 보낼 보혜사 곧 아버지께로서 나오시는 진리의 성령이 오실 때에 그가 나를 증거하실 것이요

요한복음 16:7~8

7 그러하나 내가 너희에게 실상을 말하노니 내가 떠나가는 것이 너희에게 유익이라 내가 떠나가지 아니하면 보혜사가 너희에게로 오시지 아니할 것이요 가면 내가 그를 너희에게로 보내리니
8 그가 와서 죄에 대하여, 의에 대하여, 심판에 대하여 세상을 책망하시리라

령한 복은 육체도 죽지 아니하고 영생하는 사람, 하나님께서 쉬시는 거처가 되는 것이며, 이렇게 신령한 복을 받도록 인도한 지 벌써 14년째다.

새 언약으로 '새 하늘, 새 땅, 새 예루살렘'이 이 땅에 실상이 된다

[17]보라 내가 새 하늘과 새 땅을 창조하나니 이전 것은 기억되거나 마음에 생각나지 아니할 것이라 [18]너희는 나의 창조하는 것을 인하여 영원히 기뻐하며 즐거워할지니라 보라 [19]내가 예루살렘으로 즐거움을 창조하며 그 백성으로 기쁨을 삼고 내가 예루살렘을 즐거워하며 나의 백성을 기뻐하리니 우는 소리와 부르짖는 소리가 그 가운데서 다시는 들리지 아니할 것이며 [사65:17~19]

전도서 3:14
무릇 하나님의 행하시는 것은 영원히 있을 것이라 더할 수도 없고 덜 할 수도 없나니 하나님이 이같이 행하심은 사람으로 그 앞에서 경외하게 하려 하심인 줄을 내가 알았도다

시편 102:18
이 일이 장래 세대를 위하여 기록되리니 창조함을 받을 백성이 여호와를 찬송하리로다

전 우주적인 일곱째 날인 지금 이때 하나님께서 신령한 집으로 세워진 사람인 진리의 성령을 통해 전대미문의 새 언약으로 '새 하늘과 새 땅'을 다시 창조하신다. 그래서 하나님께서 행하신 것은 영원히 있다고 한 것이다. 사람을 향한 하나님의 뜻은 단 한 번도 변함이 없으셨다. 사람이 하나님의 계명을 어긴 것이다. 모든 인간은 반드시 새 언약으로 다시 창조되어야 하고 [시102:18], 이렇게 육체가 살아서 다시 창조되면 영

원히 땅에 거하고 영원히 기뻐하며 즐거워하게 된다 [사65:17~20]. 곧 영생이 실상이 된다. 이 언약의 실상이 되어 이 땅에 보내심을 받은 사람이 현재 나와 은혜로교회 성도들이다. 이런 영원한 복을 받지 못하도록 훼방하는 원수는 바로 사람의 생각, 마음을 잡고 있는 '귀신'이며, 성경과 다른 거짓말로 가르치는 자들에 의해 귀신이 들린 것이다. 물과 성령으로 거듭나지 아니하면 그 사람의 주인은 '귀신'이다. 아무도 예외가 없다. 귀신이 영원히 떠나는 유일한 길이 새 언약의 말씀으로 다시 창조되는 것이다.

이사야 65:20
거기는 날 수가 많지 못하여 죽는 유아와 수한이 차지 못한 노인이 다시는 없을 것이라 곧 백 세에 죽는 자가 아이겠고 백 세 못 되어 죽는 자는 저주 받은 것이라

디모데전서 4:1
그러나 성령이 밝히 말씀하시기를 후일에 어떤 사람들이 믿음에서 떠나 미혹케 하는 영과 귀신의 가르침을 좇으리라 하셨으니

"내가 예루살렘을 즐거워하며 나의 백성을 기뻐하리니"라고 하신 예루살렘은 반드시 '다시 택한 예루살렘'이어야 한다. 빌라델비아 교회[계3:7~13]가 새 예루살렘이며, 나와 새 언약을 받는 성도들이 새 예루살렘이고, 이제 실상이 되었다. 진리는 이렇게 생명책인 성경에 기록된 실상의 주인공들이 나타나면 성경에 기록된 명제가 사실이 되어 성취되는 것이다. 그러나 이 세상은 진리와 상관없이 예수 이름으로 가장한 귀신의 처소이면서 교회 간판을 예루살렘교회라 하고, 100% 가짜면서 순복음교회, 시온교회라 하고, 귀신의 처소인데도 성락교회라고 간판을 걸은 것이다. 귀

스가랴 1:17
다시 외쳐 이르기를 만군의 여호와의 말씀에 나의 성읍들이 넘치도록 다시 풍부할 것이라 여호와가 다시 시온을 안위하며 다시 예루살렘을 택하리라 하셨다 하라

요한계시록 18:2
힘센 음성으로 외쳐 가로되 무너졌도다 무너졌도다 큰 성 바벨론이여 귀신의 처소와 각종 더러운 영의 모이는 곳과 각종 더럽고 가증한 새의 모이는 곳이 되었도다

신의 처소가 어디인지 명백하게 알아야 한다. 그러나 진리의 말씀으로 영 분별을 하지 못하고 세 치 혀에 붙은 거짓말에 놀아나는 교인들이나, 거짓말을 감추기 위해 좋은 말을 다 먼저 써먹은 마귀들이나, 그 관원이 악하면 하인들도 다 악하다고 하신 진리가 참 사실이다[잠29:12]. 완전히 귀신의 혀에 놀아나서 드러내놓고 거짓 자랑하는 곳이 '신천지'다. 귀신이면서 새 하늘, 새 땅이라고 이름을 지어서 흉내 내는 이만희를 보라. 악한 자 아래 종살이하는 30만 명이 넘는 하인들을 보라. 얼마나 미쳤는지 다 보여주어도 가라지 쭉정이들은 소경이요, 귀머거리가 되어서 그 지옥에서 매일 연락하다 육체가 죽으면 다 함께 지옥 불구덩이에 들어간다. 새 하늘, 새 땅을 주장하는 가짜들에게, 그 수장인 마귀에게 절대 더 이상 속지 마라.

'새 예루살렘'은 다윗의 집의 열쇠를 받고 호2:19~20절의 말씀이 실상이 된 목사, 외모로 여자 목사이며, 자신의 말을 하는 것이 아니라 하나님의 가르치심을 대언하며[요6:45], "여자는 교회에서 잠잠하라"고 하신 말씀을 온전히 지켜서 자의로 말하지 않고 하나님의 뜻을 대언하며, 말만 하는 것이 아니라 '하나님의 계명을 지켜 실행하는 목사와 성도들'이 있는 곳이다. 진리의 성

잠언 29:12
관원이 거짓말을 신청하면 그 하인은 다 악하니라

고린도전서 14:23
그러므로 온 교회가 함께 모여 다 방언으로 말하면 무식한 자들이나 믿지 아니하는 자들이 들어와서 너희를 미쳤다 하지 아니하겠느냐

요한계시록 3:7
빌라델비아 교회의 사자에게 편지하기를 거룩하고 진실하사 다윗의 열쇠를 가지신 이 곧 열면 닫을 사람이 없고 닫으면 열 사람이 없는 그이가 가라사대

요한복음 6:45
선지자의 글에 저희가 다 하나님의 가르치심을 받으리라 기록되었은즉 아버지께 듣고 배운 사람마다 내게로 오느니라

고린도전서 14:34
모든 성도의 교회에서 함과 같이 여자는 교회에서 잠잠하라 저희의 말하는 것을 허락함이 없나니 율법에 이른 것같이 오직 복종할 것이요

령이 실상이 되어 장래 일을 말하며 죄에 대하여, 의에 대하여, 심판에 대하여 모든 진리 가운데로 인도해서 '성경적인 개혁'[히9:10]을 하는 교회다. '온전한 것'인 새 언약의 말씀은 부분적으로 하는 모든 것은 다 폐하고 사람이 만든 모든 이론을 다 파하는 강력이다. 이렇게 새 언약으로, 곧 영원한 언약으로 다시 창조되어 다시 택하신 교회와 성도를 '새 예루살렘'이라고 하는 것이다. 아무나 성경을 사용한다고 새 예루살렘, 신천지가 절대 아니다. 또한 다른 세대가 아니고, 반드시 2021년 지금 이 세대에 실상이 되는 것이다.

한 군데, 한 말씀이나 단어 하나를 조각으로 사용해서 자신들이 '신천지'라고 속이는 가짜에게 속지 말라고 주신 것이 성경이다. 그래서 천국은 비밀이다. '새 하늘, 새 땅, 새 예루살렘'이 실상이 되는 때는 이사야서가 기록될 때인 BC 700년에 실상이 되는 것이 아니고, 예수 그리스도께서 이 땅에 계실 때도 아니며, 반드시 예수 그리스도를 통해 하나님께서 약속하신 진리의 성령이 실상으로 와서 기록된 성경이 참 진리라는 것을 밝혀 온 세상의 거짓을 판결하는 이때, 이 말씀이 성취되는 것이다. 반드시 하나님의 말씀으로 다시 창조되어 하나님께로서 난 자는 죄를 짓지 아니한다

히브리서 9:10
이런 것은 먹고 마시는 것과 여러 가지 씻는 것과 함께 육체의 예법만 되어 개혁할 때까지 맡겨 둔 것이니라

고린도전서 13:10
온전한 것이 올 때에는 부분적으로 하던 것이 폐하리라

고린도후서 10:4~5
4 우리의 싸우는 병기는 육체에 속한 것이 아니요 오직 하나님 앞에서 견고한 진을 파하는 강력이라 5 모든 이론을 파하며 하나님 아는 것을 대적하여 높아진 것을 다 파하고 모든 생각을 사로잡아 그리스도에게 복종케 하니

요한일서 3:9
하나님께로서 난 자마다 죄를 짓지 아니하나니 이는 하나님의 씨가 그의 속에 거함이요 저도 범죄치 못하는 것은 하나님께로서 났음이라

고 하신 그대로 거룩한 자가 되어야 하나님이 기뻐하시는 일이다. 이렇게 실상이 된 사람들이 있는 곳이 '새 예루살렘'이고, '새 하늘, 새 땅'이다.

하나님께서 전 성경을 기록하신 목적이 2021년 지금 이 세대다[시102:18]. 진실로 살아 계신 하나님이시고, 지금 이때가 하나님과 화목할 때다. 사람에게 주인 노릇 한 귀신이 영원히 떠나는 때가 이 세대이고, 이미 14년째 완전한 지혜와 모략으로 사람의 생각과 마음에서 원욕, 곧 자신의 정욕대로 살고 싶고 죄 짓게 하는 귀신을 쫓아내시고 계신다. "진리를 알찌니 진리가 너희를 자유케 하리라"하신 말씀이 실상이 되고, 육체를 입고도 영생할 수 있는 보증물이 진리의 성령인 '나'다. 그래서 반드시 육체가 살아 있을 때 천국의 복음인 '새 언약'으로 돌아와야 한다. 불법과 불의에서 돌아서지 아니하면 전 성경에 기록된 모든 재앙이 이 땅에 내린다. 코로나19는 빙산의 일각이다. 육체가 살아 있을 때 진리의 성령을 옥에 가두기까지 패역한 모든 자들은 공개 사과하고 회개해라. 때가 실로 급하다.

'허물'로 죽은 우리를 살리시는 '여호와 하나님의 도'

「조선일보, 동아일보」 2021년 11월 12일 금요일

스마트폰으로 QR 코드를 스캔 하시면
[이제 온 천하는 잠잠하라] 전문을 다운로드 받을 수 있습니다.

'허물'로 인해 죽은 자들

8혹시 그들이 누설에 매이거나 환난의 줄에 얽혔으면 9그들의 소행과 허물을 보이사 그 교만한 행위를 알게 하시고 10그들의 귀를 열어 교훈을 듣게 하시며 명하여 죄악에서 돌아오게 하시나니 11만일 그들이 청종하여 섬기면 형통히 날을 보내며 즐거이 해를 지낼 것이요 12만일 그들이 청종치 아니하면 칼에 망하며 지식 없이 죽을 것이니라 [욥 36:8~12]

사람이 죽는 원인은 무엇일까? 성경에는 "허물로 죽은 우리를 그리스도와 함께 살리셨고 너희가 은혜로 구원을 얻은 것이라"[엡2:5]고 하셨다. '허물'이란 잘못, 그릇된 행실이나 실수, 특히 스스로 알면서 반항하는 언행을 뜻한다. 이 허물은 단순한 실수나 실패가 아니라 '사람이 죽는 원인'이 된다. 허물은 다른 말로 죄악이다. 성경은 여러 부분, 여러 모양으로 기록되어 있으며[히1:1], 욥기를 통해 기록한 허물의 비밀 속에 예수 그리

히브리서 1:1
옛적에 선지자들로 여러 부분과 여러 모양으로 우리 조상들에게 말씀하신 하나님이

스도께서 십자가에 죽으신 비밀이 감추어져 있다. 증명한다.

"혹시 그들이 누설에 매이거나 환난의 줄에 얽혔으면 그들의 소행과 허물을 보이사 그 교만한 행위를 알게 하시고"[욥36:8~9] 14년째 나는 이 말씀대로 사람의 주인이 귀신일 때는 근본이 교만하여 자신에게 무슨 허물이 있는지조차 모르고 계속 허물을 쌓아 죄만 짓는다는 것을 밝혔다. 그러나 하나님께서 택하신 사람들에게는 허물을 보이게 하시고, 알게 하신다. 나를 사용하셔서 은혜로교회 성도들의 허물과 교만, 곧 죄악을 보게 하시고, 하나님의 사랑인 타작마당을 통해 징책하시고, 죄도 짓지 않고 사는 땅, 낙토에서 영원한 가족을 통해 성도들이 자신의 허물을 깨닫게 하시고, 심지어 우리 중에 있던 악인들을 들어서 허물의 근본 원인을 깨닫게 하셔서 영원히 죄에서, 허물에서 돌이키시는 하나님의 '온전한 구원'을 실상으로 알게 하신다.

"그들의 귀를 열어 교훈을 듣게 하시며 명하여 죄악에서 돌아오게 하시나니"[욥36:10] 이 말씀의 "그들"은 현재 은혜로교회 성도들에 대한 지칭이고, 신문이나 유튜브를 통해 이 말씀을 받고 있는 사람들이 "그들"에 해당하는 주인공들인데 자신들은 모르고 있다. 만세 전에 하나님께 택함을 받은 사람들은 하나님의 말씀이 들리고 믿어지도록 은혜를 주신다. 하나님의 교훈을 대언하는 말씀을 듣고, 하나님의 명령인 '영생'을 주시려고 예수 그리스도를 통한 명령에 순종하여 한 몫의 삶을 버리고, 교회를 다니며 지은 죄악, 곧 허물에서 돌이키게 하신다. 이는 자신들이 스스로 돌이키는 것이 아니다. 이미 3421년 전에 예언해 두신 그대로 하나님께서 택하신 자들을 향한 하나님의 사랑이다. 그러나 이런 하나님의 교훈과 명령을 듣고 말씀을 받은 사람들이 자신의 자유의지로 허물에서, 곧 죄악에서 돌아서든지, 아니면 반대로 허물을 그대로 가진 채 자신의 원욕 그대로 사는지에 따라 영생과 영벌의 판결이 실상이 된다.

요한복음 12:50
나는 그의 명령이 영생인 줄 아노라 그러므로 나의 이르는 것은 내 아버지께서 내게 말씀하신 그대로 이르노라 하시니라

> ¹¹만일 그들이 청종하여 섬기면 형통히 날을 보내며 즐거이 해를 지낼 것이요 ¹²만일 그들이 청종치 아니하면 칼에 망하며 지식 없이 죽을 것이니 [욥36:11~12]

히브리서 8:8
저희를 허물하여 일렀으되 주께서 가라사대 볼지어다 날이 이르리니 내가 이스라엘 집과 유다 집으로 새 언약을 세우리라

창세 이래 모든 사람이 '새 언약'의 말씀을 알아듣고 하나님의 명령대로 청종하여 허물로 지은 죄악에서 깨닫고 돌이켜서 말씀대로 살면 형통하고 죽지 아니한다는 뜻이다. 다시 말하면 사람이 죽는 이유는 자

신이 지은 '허물'로 인한 것이라는 뜻이다. 사람이 본능으로 아는 허물, 곧 단순한 실수나 잘못을 뜻하는 것이 아니다. 허물이 있고, 없고는 땅과 하늘 차이이며, 영원한 지옥 불구덩이와 영원한 천국의 차이다. 문자 그대로도 하나님의 교훈하심과 행하심으로 사람의 소행과 허물을 보이시고, 그 사람의 교만한 행위를 알게 하시는 은혜와 사랑을 받고도 하나님의 행하심을 청종치 아니하면 칼에 망하며 하나님을 아는 바른 지식이 없어 죽는다고 하신다. 이것이 실상이다.

전 세계 가장 부자라도 100년을 못 살고 죽는 것이 사람이다. 한국에서 아니, 전 세계 10대 안에 드는 대기업 회장도 죽었다. 기독교인들 중에 이름을 대면 모르는 사람이 없을 정도로 유명한 목사는 수십만 명의 교인을 모아 부자가 되었지만 결국 '칼'에 망하여 죽었다. 혀로 "오직 예수, 예수" 하며 일생을 성경을 가지고 설교했지만, 정작 자신의 허물이 무엇인지조차 모르고 설교했고, 그 설교를 들은 모든 사람들이 다 죽었다. 그도, 그 설교를 들고 죽은 교인들도 지금 그 혼들이 다 지옥 불구덩이에 가 있다. 어떻게 그렇게 단정하여 말할 수 있느냐고 항변하는 자들은 눅 16:19~31절을 보라. 날마다 호화로이 연락하다 음부

누가복음 16:19, 22
19 한 부자가 있어 자색 옷과 고운 베옷을 입고 날마다 호화로이 연락하는데
22 이에 그 거지가 죽어 천사들에게 받들려 아브라함의 품에 들어가고 부자도 죽어 장사되매

에 간 부자는 유명한 부자 목사 부부, 그 장모 목사의 그림자요 모형이다. 하나님의 판결은 이러한데 그 교회와 그를 아는 모든 사람들은 그가 죽어서 천국에 갔다고 거짓말을 한다.

목사인 나는 성경과 다른 거짓말을 할 수 없다. 단 한 절의 진리를 알지 못한 그들은 전부 허물의 사함을 받지 못하고 죽었다. 그래서 "허물로 죽은 우리를"이라고 하신 것이다. 이 말씀은 이미 칼에 죽은 자뿐만 아니라, 육체가 살아 있으나 허물로 인하여 하나님께서 보시기에는 "죽은 자"[계3:1]였다는 뜻이다. 성경을 사용하여 신앙생활 했던 사람들이 허물이 무엇인지 알지 못하고, 도리어 성경과 다른 거짓말로 허물을 더하여 자신의 입이 칼이 되어 자신을 영원히 둘째 사망인 지옥 불에 가게 한 것이라고 하면 누가 믿겠는가? 그러나 사실이다. 이 때문에 "말에 실수가 없으면 온전한 자"[약3:2]라고 하셨던 것이다. 인간이 혀로 얼마나 범죄했는지 어찌 말로 다 할까? 영원히 죽지도 아니하고 살리시려는 하나님의 사랑을 대언하고 지켜 실행하는 나를 이단이라고 정죄한 감리교 권사는 밥벌이 수단으로 인터넷 사이트를 만들어서 죄악을 저지른 결과, 그는 사람이 보기에 살아 있으나 '죽고 또 죽은

요한계시록 3:1
사데 교회의 사자에게 편지하기를 하나님의 일곱 영과 일곱 별을 가진 이가 가라사대 내가 네 행위를 아노니 네가 살았다 하는 이름은 가졌으나 죽은 자로다

요한계시록 20:14
사망과 음부도 불못에 던지우니 이것은 둘째 사망 곧 불못이라

자'가 되어 그가 손가락으로 쓴 글이, 돈 받고 지껄인 말이 칼이 되어 영원히 지옥 불구덩이에 가는 언행을 한 것이다. 자칭 이단감별사라고 하는 자들, 자칭 목사들, 자칭 기독교인들, 잡족들이 만든 잡지를 이용해 진리 한 절 모르면서 하나님의 큰일을 훼방한 자들은 허물의 사하심을 이 세상에서도, 오는 세상에서도 받지 못하고 영원히 지옥 불구덩이에 들어가는 치명적인 실수를 한 것이다.

유다서 1:12
저희는 기탄없이 너희와 함께 먹으니 너의 애찬의 암초요 자기 몸만 기르는 목자요 바람에 불려가는 물 없는 구름이요 죽고 또 죽어 뿌리까지 뽑힌 열매 없는 가을 나무요

'허물' 된 것을 깨닫지 못한 '욥'

'허물'로 인해 자신의 육체가 죽을 뿐만 아니라, 영원히 지옥 불구덩이에서 고통받으며 혀에 물 한 방울 먹지 못하고 살아야 한다. 진리는 이러한데 너무나 쉽게 "허물 없는 사람이 어디 있느냐, 그러니까 예수 믿는거지"라고 경솔하게 말한다. 그런데 욥은 허물에 대해서 어떻게 생각했는지 살펴보자. 욥은 예수 그리스도의 그림자요 표상이다.

내게 가르쳐서 나의 허물 된 것을 깨닫게 하라 내가 잠잠하리라[욥6:24] 사람은 자기의 허물을 알고 깨달으면 하나님 앞에 잠잠해진다. 그러나 이렇게 말씀을 기록

한 것은 욥은 자신의 허물이 무엇인지 알지 못한다는 뜻이다. 사람은 자신의 허물을 자신이 스스로 알 수 없다.

주께서 어찌하여 내 허물을 사하여 주지 아니하시며 내 죄 악을 제하여 버리지 아니하시나이까 내가 이제 흙에 누우 리니 주께서 **나를 부지런히 찾으실찌라도 내가 있지 아니 하리이다** [욥7:21]

사람에게 허물과 죄악이 무엇인지 알고 깨닫게 하여 허물을 사하여 주시고, 죄악을 영원히 버리게 하시는 분은 '창조주 하나님'이시다. 허물의 사함을 소원했던 욥도 결국은 육체가 죽었다. 창세 이래 지금 이 세대가 될 때까지 성경을 사용하여 신앙생활 한 모든 사람들도 다 육체가 죽었다. 육체가 살아서 '허물의 사함'을 받지 못한 것이다. 인간이 하나님 앞에서 무슨 잘못을 했는지 깨닫게 하신 분은 하나님이시다. 이는 당시의 욥만이 아니고, 예수님께서도 이 과정을 거치셨다. 하물며 이 세대에 사는 우리에게 공의의 하나님께서 어떻게 하시겠는가? 당시 욥의 언행을 기록해 두신 목적은 육체가 살아서 '새 언약'의 말씀으로 각각 자신의 허물을 깨닫는 은혜를 받아 순종함으로 모든 염려, 걱정에서 완전히 자유해지는 것이다. 혀로 말만 하는 것이 아니라 실상으로 지켜 실행하여 영생에 이르는 것이다.

> [6]내가 정직하나 거짓말쟁이가 되었고 나는 허물이 없으나
> 내 상처가 낫지 못하게 되었노라 하니 [7]어느 사람이 욥과 같
> 으랴 욥이 훼방하기를 물 마시듯 하며 [8]악한 일을 하는 자들
> 과 사귀며 악인과 함께 다니면서 [9]이르기를 사람이 하나님
> 을 기뻐하나 무익하다 하는구나 [욥34:6~9]

참 이상하지 않은가? 욥은 자신은 정직하고 허물
이 없다고 하는데 왜 이렇게 말씀하셨을까? 당시 욥
은 자신이 고난받는 것을 이해하지 못했으며, 자신의
허물을 알지 못했다는 것을 증명해준다. 이 말씀 속
에는 하나님께서 정하신 때가 될 때까지 예수 이름을
사용하는 자들이 하나님의 행하심을 훼방할 것과 2
천 년간 악한 일에 예수 이름이 사용될 것을 3421년
전에 이미 예언해 두신 것이다.

욥기 34장 속에 감추어 두신 천국의 비밀만 알아도
이 일이 히브리서 8장의 예언이 실상이 되어 14년째
'전대미문의 새 언약'을 행하시는 하나님의 큰일임을
점 하나만큼이라도 이해할 텐데 누가 이 치명적인 일
의 진실을 믿겠는가? 그래서 예수 그리스도를 포도
나무에 비유하시고 포도나무가 온전할 때에도 아무 제조
에 합당치 않다고 하시고[겔15장], 부활하신 후에 세세

에스겔 15:2~3
2 인자야 포도나무가 모
든 나무보다 나은 것이 무
엇이랴 삼림 중 여러 나
무 가운데 있는 그 포도나
무 가지가 나은 것이 무엇
이랴
3 그 나무를 가지고 무엇
을 제조할 수 있겠느냐 그
것으로 무슨 그릇을 걸 못
을 만들 수 있겠느냐

요한계시록 1:18
곧 산 자라 내가 전에 죽었
었노라 볼지어다 이제 세
세토록 살아 있어 사망과
음부의 열쇠를 가졌노니

갈라디아서 3:22
그러나 성경이 모든 것을
죄 아래 가두었으니 이는
예수 그리스도를 믿음으
로 말미암은 약속을 믿는
자들에게 주려 함이니라

토록 "사망과 음부의 열쇠"[계1:18]를 받으실 수밖에 없
으신 이유가 여기에 있다. 성경이 모든 것을 죄 아래
가두어 둔 기간에 2천 년간 예수 이름 사용하는 모든
사람들이 얼마나 성경과 다른 거짓말로 악하고 무익
한 일을 했는지 인정해야 한다. 그래서 모두 허물의
사하심을 받지 못하고 죽은 것이다. 믿든 안 믿든 진
실로 사실이다.

하나님이여 저희를 정죄하사 자기 꾀에 빠지게 하시고 **그
많은 허물로 인하여 저희를 쫓아내소서** 저희가 주를 배역
함이니이다 [시5:10]

결국 '허물'은 하나님을 배역하는 것이다. 이런 허물을 귀
신이 주인일 때는 절대 깨닫지 못한다. 이 기도대로
진실로 악인은 자기 꾀에 빠져 하나님 나라에서 쫓
겨난다. 그래서 깨닫지 못하는 것이 저주요 심판이라
고 한 것이다. 그리고 또 이렇게 기도하신다. "자기 허
물을 능히 깨달을 자 누구리요 나를 숨은 허물에서 벗어나
게 하소서"[시19:12] 전 세계 기독교인들 중 누가 이런
기도를 하였는가? 이렇게 기록된 말씀을 읽는 것 자
체가 바로 성경적인 기도이며, 그래서 "말씀과 기도로 거
룩해진다"[딤전4:5]고 하신 것이다. 그런데도 가르치는
귀신들은 여출일구 예수님이 자신들의 모든 죄를 다

디모데전서 4:5
하나님의 말씀과 기도로
거룩하여짐이니라

지시고 십자가에 죽으셨다고 설교하고, 예수 믿기만
하면 죽어서 천국 간다고 하는 새빨간 거짓말로 얼마
나 치명적인 죄를 짓고 있는지 반드시 알아야 한다.

 지금까지 기독교인들이 안다고 했던 천국은 불신
자들이나 기독교인들이나 누구나 다 안다고 생각했
던 죽어서 좋은 곳, 하늘나라로 가서 이제는 고통도,
슬픔도 없이 평안하게 사는 것이라고 믿는 일반적인
지식 수준이었다. 온 천지 만물을 창조하신 하나님
을 아버지라 부르는 사람들이 아는 수준이, 아무 신
도 안 믿는 무신론자나 다른 신을 믿는 자들과 일반
이면 되겠는가? 이런 지식은 사람이 만들어 낸 이론
이다. 천국은 육체가 살아서 이 땅에서 실상이 되는 것이
다. 그래서 사람에게서 증거를 취하지 아니하신다[요
5:34]고 하셨고, 사람에게서 영광을 취하지 아니하신
다[요5:41]고 하셨으며, "여자는 교회에서 잠잠하라"고
하신 것이다.

[18]그들이 알지도 못하고 깨닫지도 못함은 그 눈이 가리워
져서 보지 못하며 그 마음이 어두워져서 깨닫지 못함이라
[19]마음에 **생각도 없고 지식도 없고 총명도 없으므로** 내가
그 나무의 얼마로 불을 사르고 그 숯불 위에 떡도 굽고 고기
도 구워 먹었거늘 내가 어찌 그 나머지로 가증한 물건을 만

요한복음 5:34
그러나 나는 사람에게서
증거를 취하지 아니하노
라 다만 이 말을 하는 것
은 너희로 구원을 얻게 하
려함이니라

요한복음 5:41
나는 사람에게 영광을 취
하지 아니하노라

고린도전서 14:34
모든 성도의 교회에서 함
과 같이 여자는 교회에서
잠잠하라 저희의 말하는
것을 허락함이 없나니 율
법에 이른 것같이 오직 복
종할 것이요

들겠으며 내가 어찌 그 나무토막 앞에 굴복하리요 말하지 아니하니 ²⁰그는 재를 먹고 미혹한 마음에 미혹되어서 스스로 그 영혼을 구원하지 못하며 **나의 오른손에 거짓 것이 있지 아니하냐 하지도 못하느니라** [사44:18~20]

그러나 허물이 있는 자들은 기록된 말씀은 단 한 절도 안 믿는 자들이며, 지식이 없는 자들이다. 이들의 실상을 이미 예언해 두셨고, 진실로 사실이다. 생각도 없고, 지식도 없고 총명도 없는 영적인 상태는 교회에서 성경과 다른 거짓말을 하고 있어도, 예수 이름으로 행하는 불법을 보고도 '오른손에 거짓 것이 있지 아니하냐'고 말도 하지 못하는 자들이다. 이런 교회에서는 절대 허물을 씻을 수 없다. 그래서 네 오른손이 너를 실족케 하거든 찍어 내버리라고 하셨다.

마태복음 5:30
또한 만일 네 오른손이 너로 실족케 하거든 찍어 내버리라 네 백체 중 하나가 없어지고 온몸이 지옥에 던지우지 않는 것이 유익하니라

또한 "내가 증거하노니 저희가 하나님께 열심이 있으나 지식을 좇은 것이 아니라 하나님의 의를 모르고 자기 의를 세우려고 힘써 하나님의 의를 복종치 아니하였느니라"[롬10:2~3]고 하신 대로 '의'에 대해서 '영원한 의'이신 하나님을 모르고 십자가에 죽으신 예수님이 '의'라고 생각하고, 그것도 혀로 "오직 예수" 말만 하면 이미 예수님이 너 마음에 있고, 너는 이미 의롭게 된 것이라고 하며 이를 두고 '칭의'라고 한다고 너무나 그럴

싸하게 귀신이 만들어 낸 것이다. 큰 교회를 지어놓고 수만 명의 교인들을 끌어모아 로마서 전문가라고 자긍하며 지어낸 거짓말에 얼마나 많은 사람이 미혹되어 지옥에 갔는지 알면 기절할 것이다.

죽은 지 십 년이 넘은 목사의 지옥 불의 소리를 소환하여 듣고 있는 교인들 또한 허물의 사함을 받지 못한다. 관원 목사가 거짓말을 신청하면, 그 하인, 곧 교인들 또한 전부 악한 자들이 되었다고 누가 믿겠느냐? 궁전 같은 교회가 '귀신의 처소'요 **뼈**와 시체가 가득한 '회칠한 무덤'인 줄 모르고 사랑을 전하는 교회인 줄 안다. 그래서 사람이 죽는 이유를 "미련한 자는 지식이 없으므로 죽는다"[잠10:21]고 하신 것이며, 하나님의 말씀에 청종치 아니하면 칼에 망하며, 지식이 없이 죽을 것[욥36:9~12]이라고 하셨다.

절대 사람의 이론은 하나님을 하나님으로 아는 지식이 아니다. 아무도, 성경을 기록한 저자들도 온전한 지식을 알았던 것이 아니다. 전 세계 모든 교회가 지식 없이 망했고, 지식이 없어 다 죽었다. '하나님의 의'를 모르고 죽은 것이다. 그래서 여호와 하나님께서 '진리의 도'인 '전대미문의 새 언약'[히8장]으로 죄인을 교훈하시고 계신 것이 14년째 나를 통한 '하나님의 새 일'이며,

잠언 29:12
관원이 거짓말을 신청하면 그 하인은 다 악하니라

요한계시록 18:2
힘센 음성으로 외쳐 가로되 무너졌도다 무너졌도다 큰 성 바벨론이여 귀신의 처소와 각종 더러운 영의 모이는 곳과 각종 더럽고 가증한 새의 모이는 곳이 되었도다

마태복음 23:27
화 있을찐저 외식하는 서기관들과 바리새인들이여 회칠한 무덤 같으니 겉으로는 아름답게 보이나 그 안에는 죽은 사람의 뼈와 모든 더러운 것이 가득하도다

욥기 36:12
만일 그들이 청종치 아니하면 칼에 망하며 지식 없이 죽을 것이니라

허물과 죄로 죽은 자들을 살리시고 계신 것이다.

'허물의 사하심'을 받는
'여호와의 도'로 돌아서라

7여호와여 내 소시의 죄와 허물을 기억지 마시고 주의 인자하심을 따라 나를 기억하시되 주의 선하심을 인하여 하옵소서 8여호와는 선하시고 정직하시니 그러므로 그 도로 죄인을 교훈하시리로다 [시25:7~8]

하나님께서 택하신 자들이 한 뭇의 삶일 때 지은 죄와 허물에 대해서 다윗을 통해 이렇게 기도하게 하신 것이다[시25:7~8]. 우리가 아무것도 모를 때 하나님께서 우리로 깨닫게 하시려고 미리 기록해 두신 기도다. 이 기도대로 새 언약의 말씀으로 돌아온 택자들의 모든 죄와 허물을 다 용서해 주신다. 그래서 죄와 허물을 사하실 분은 오직 하나님 한 분이시다. 다시는 귀신들이 가르친 소리에, 거짓말에 속지 마라. 혀로 "오직 예수, 오직 예수"라고 말만 하면 어떤 죄도 다 용서받는다고 하는 간교한 '뱀의 소리'에 얼마나 많은 사람들이 속고 있는지 분별해야 한다. 하나님께서 친히 가르치시는 '여호와의 도'를 받을 때 비로소

예레미야 46:22
애굽의 소리가 뱀의 소리 같으리니 이는 그들의 군대가 벌목하는 자같이 도끼를 가지고 올 것임이니라

요한복음 6:45
선지자의 글에 저희가 다 하나님의 가르치심을 받으리라 기록되었은즉 아버지께 듣고 배운 사람마다 내게로 오느니라

죄와 허물을 발견하게 되고, 영원히 죄와 허물에서 벗어나서 자유할 수 있음을 예언하신 것이다. 이 말씀은 2008년 6월 16일부터 땅에서 실상이 되었다. 그래서 온 천하는 이제 잠잠해야 한다. 여호와의 날, 인자의 날은 전대미문의 새 언약으로 온 세상의 모든 이론을 다 파하는 날이기 때문이며, 온전한 것이 올 때에는 부분적으로 하던 것을 폐하는 날이기 때문이다.

고린도후서 10:5
모든 이론을 파하며 하나님 아는 것을 대적하여 높아진 것을 다 파하고 모든 생각을 사로잡아 그리스도에게 복종케 하니

고린도전서 13:10
온전한 것이 올 때에는 부분적으로 하던 것이 폐하리라

모든 불법과 불의가 그치고, 허물의 사하심을 받는 때에 일어날 실상의 일들에 대해 "그때에 불법한 자가 나타나리니 주 예수께서 그 입의 기운으로 저를 죽이시고 강림하여 나타나심으로 폐하시리라"[살후2:8]고 사도 바울을 통해 기록하셨다. 과연 이 말씀이 맞는가? "주 예수께서"라는 말이 맞는 말이며, 주 예수께서 그 입의 기운으로 불법하는 자들을 죽이시고, 그것도 강림하여 나타나셔서 불법하는 자들의 불법을 폐하시는가? 문자 그대로 사람 생각대로 보면 예수 그리스도께서 다시 강림하셔서 나타나심으로 불법하는 자들의 불법을 폐하신다고 보고 말하게 된다. 그러나 이것은 사도 바울 자신이 쓴 고전15:25~28절 말씀과 상치된다. 사도 바울도 자신이 기록한 말씀의 뜻을 모르고 있었던 것이다.

²⁵저가 모든 원수를 그 발 아래 둘 때까지 불가불 왕 노릇 하시리니 ²⁶맨 나중에 멸망받을 원수는 사망이니라 ²⁷만물을 저의 발 아래 두셨다 하셨으니 만물을 아래 둔다 말씀하실 때에 만물을 저의 아래 두신 이가 그 중에 들지 아니한 것이 분명하도다 ²⁸만물을 저에게 복종하게 하신 때에는 **아들 자신도 그때에 만물을 자기에게 복종케 하신 이에게 복종케 되리니** 이는 하나님이 만유의 주로서 만유 안에 계시려 하심이라 [고전15:25~28]

'주'라는 말도 이제 정확하게 사용해야 한다. '성부 하나님' 만이 본래 '주'시다. 예수 그리스도께서 다시 강림하셔서 불법하는 자들을 죽이시고 불법을 폐하시는 것이 아니라, 하나님께서 진리의 성령인 나를 통해 14년째 불법하는 자들의 비밀을 드러내 주시고 그들의 불법을 폐하시고 계셨다. 나는 내 말을 하는 것이 아니다. 하나님께서 하시는 말씀을 대언하는 것이다. 예수 이름을 사용하는 전 세계 모든 자들이 혀로 "오직 예수"라고 말을 하지만 아무도, 그 누구도 예수 그리스도께 복종한 적이 없었다는 것이 사실이다. 그 이유는 진리의 성령의 또 다른 표현인 '믿음'이 실상이 되어 올 때까지[갈3:22~23] 성경 속에 감추어 두신 천국의 비밀이 드러나지 않았고, 그래서 당연히 예수 그리스도께 복종하지 않았던 것이다.

갈라디아서 3:22~23
22 그러나 성경이 모든 것을 죄 아래 가두었으니 이는 예수 그리스도를 믿음으로 말미암은 약속을 믿는 자들에게 주려 함이니라
23 믿음이 오기 전에 우리가 율법 아래 매인 바 되고 계시될 믿음의 때까지 갇혔느니라

이제 14년째 첫 복종, '믿음의 실상'인 내가 복종을 했고, 새 언약을 받는 성도들이 복종한 것이다. 곧 예수 그리스도께서 하신 말씀대로 지켜 실행한 것이 실상으로 복종한 것이다. 이렇게 복종하게 된 것은 여호와 하나님의 가르치심을 받았기 때문이며[요6:45], 또한 복종하지 아니하는 사람들에게는 예수 그리스도께서 왕 노릇 하신 것이다. 그들은 "성자 하나님", "오직 예수" 하면서 실상은 '불순종하는 자들'이며, '허물로 죽은 자들'이었다. 이 기간에는 불가불, 곧 어쩔 수 없이 예수 그리스도께서 왕 노릇 하신 것이다[고전15:25]. 이런 불법하는 자들이 누군지 밝히시고, 불법하는 자들을 그 입 기운으로 죽이시고 불법을 폐하시는 분은 '성부 하나님'이시다.

요한복음 6:45
선지자의 글에 저희가 다 하나님의 가르치심을 받으리라 기록되었은즉 아버지께 듣고 배운 사람마다 내게로 오느니라

고린도전서 15:25
저가 모든 원수를 그 발 아래 둘 때까지 불가불 왕 노릇 하시리니

그러므로 예수 그리스도께서 실상으로 재림하시기 전에 이미 2008년 6월 16일부터 하나님께서 친히 가르치심으로 불법한 자를 입의 기운으로 죽이시고 계신다. 이를 영적으로 말하면 이미 셋, 곧 성부 하나님과 예수 그리스도와 진리의 성령 '셋이 하나가 된 진리의 성령'이 나타나서 법이 무엇인지, 불법이 무엇인지 모든 진리 가운데로 인도하여 불법하는 자들의 불법을 그치게 하고, 폐하고 있는 것이다. 이렇게 불법을 그칠 때 아

요한일서 5:7~8
7 증거하는 이는 성령이시니 성령은 진리니라
8 증거하는 이가 셋이니 성령과 물과 피라 또한 이 셋이 합하여 하나이니라

고린도전서 15:28
만물을 저에게 복종하게
하신 때에는 아들 자신도
그 때에 만물을 자기에게
복종케 하신 이에게 복종
케 되리니 이는 하나님이
만유의 주로서 만유 안에
계시려 하심이라

이사야 55:8~9
8 여호와의 말씀에 내 생
각은 너희 생각과 다르며
내 길은 너희 길과 달라서
9 하늘이 땅보다 높음 같
이 내 길은 너희 길보다
높으며 내 생각은 너희 생
각보다 높으니라

들도 불가불, 곧 부득불 왕 노릇 하던 자리에서 아들
의 자리에 앉게 되고, 결국 예수 그리스도께서도 하나
님께 복종하게 될 것을 뜻하신 것이다[고전15:28]. 불
법하는 자를 죽이시는 것도 하나님이시고, 불법을 폐
하시는 분도 하나님이시다. 사람들이 생각하듯이 예
수 그리스도께서 실상으로 강림하셔서 폐하시는 것
이 아니라는 뜻이다. 그래서 사람의 생각과 하나님
의 생각은 다르다. 사도 바울도 결국 찍어버리고 뽑
아 내버려야 하는 오른눈, 오른손에 해당하여 '허물'
이 있었음이 보이게 된다.

⁴긍휼에 풍성하신 하나님이 우리를 사랑하신 그 큰 사랑을
인하여 ⁵허물로 죽은 우리를 그리스도와 함께 살리셨고 너
희가 은혜로 구원을 얻은 것이라 [엡2:4~5]

요한복음 6:45
선지자의 글에 저희가 다
하나님의 가르치심을 받
으리라 기록되었은즉 아
버지께 듣고 배운 사람마
다 내게로 오느니라

전도서 3:14
무릇 하나님의 행하시는
것은 영원히 있을 것이라
더 할 수도 없고 덜 할 수
도 없나니 하나님이 이같
이 행하심은 사람으로 그
앞에서 경외하게 하려 하
심인 줄을 내가 알았도다

이제 '허물의 사하심'을 받는 일이 실상이 되었다. 2021
년 이제 기초가 세워지고 있으며, 이 말씀은 진리의 성령
과 새 언약을 통해 창조되는 성도들을 통해서 전 세계에
실상이 된다. 하나님께서 친히 당신의 뜻을 가르쳐 주시
는 여호와의 날[요6:45]에 땅에서 사실이 되는 말씀이다.
그래서 하나님께서 행하시는 일은 영원하다고 하신 것이
다[전3:14]. 창세 이래 단 한 세대도 이 말씀이 실상이 된
적이 없었던 것은 지나온 땅의 역사가 증명해준다.

따라서 이때를 '의인의 세대, 오는 세상, 천년왕국'이라고
하며, 진리는 상상이 아니라 실상이며, 반드시 기록된 말
씀이 이 땅에서 이루어진다. 이런 하나님의 선한 일을 훼
방하고 "이단이니" 하며 성령을 훼방한 자는 영원한 죄에
처한다고 하시고, 이 세상과 오는 세상에서도 사함을 받
지 못하는 것이다. 성령을 훼방한 자들은 모두 육체가 살
아 있을 때 반드시 공개 사과하고 회개하라. 코로나19는
재앙의 시작일 뿐이다.

마태복음 12:32
또 누구든지 말로 인자를
거역하면 사하심을 얻되
누구든지 말로 성령을 거
역하면 이 세상과 오는 세
상에도 사하심을 얻지 못
하리라

23

이제 온 천하는 **잠잠하라**

'혀의 권세'를 꺾는
'위에 있는 권세'에게 굴복하라

「조선일보, 동아일보」 2021년 11월 19일 금요일

스마트폰으로 QR 코드를 스캔 하시면
[이제 온 천하는 잠잠하라] 전문을 다운로드 받을 수 있습니다.

¹각 사람은 위에 있는 권세들에게 굴복하라 권세는 하나님
께로 나지 않음이 없나니 모든 권세는 다 하나님의 정하신
바라 ²그러므로 권세를 거스리는 자는 하나님의 명을 거스
림이니 거스리는 자들은 심판을 자취하리라 [롬13:1~2]

성경은 하나님의 말씀을 기록한 대예언서이다. 반
드시 영적인 것은 영적인 것으로 분별해야 하며, 온
전하고 명확하게 분별해서 좌로나 우로나 치우치
지 아니해야 한다. 큰 틀로 말하면 2천 년간은 성
경이 모든 것을 죄 아래 가두어 두는 기간이므로[갈
3:22~23] 교회에서 불의한 재판관일지라도 그 말하
는 것을 들어야 한다[눅18:6]. 즉, 예수 그리스도의 이
름으로 하는 말을 들어야 한다는 것이다. 세상에서는
당연히 국민은 최고 지도자가 말한 것을 들어야 하

고린도전서 2:14
육에 속한 사람은 하나님
의 성령의 일을 받지 아
니하나니 저희에게는 미
련하게 보임이요 또 깨닫
지도 못하나니 이런 일은
영적으로라야 분변함이
니라

갈라디아서 3:22
그러나 성경이 모든 것을
죄 아래 가두었으니 이는
예수 그리스도를 믿음으
로 말미암은 약속을 믿는
자들에게 주려 함이니라

누가복음 18:6
주께서 또 가라사대 불의
한 재판관의 말한 것을 들
으라

고, 각자 자신이 처해 있는 환경에서 질서를 지켜 그 말하는 것을 들어야 한다.

'권세'란 권력과 세력, 권위, 권능을 말하는데 이는 하나님과 관련하여서는 당신이 만든 '피조 세계에 대한 보편적이고 영원한 지배력, 곧 왕권'을 뜻한다. 그래서 모든 피조물은 반드시 다음 말씀이 근본 바탕이 되어야 한다.

> [20]이 사람아 네가 뉘기에 감히 하나님을 힐문하느뇨 지음을 받은 물건이 지은 자에게 어찌 나를 이같이 만들었느냐 말하겠느뇨 [21]토기장이가 진흙 한 덩이로 하나는 귀히 쓸 그릇을, 하나는 천히 쓸 그릇을 만드는 권이 없느냐 [롬 9:20~21]

땅에 사는 모든 사람은 누구든지 반드시 창조주 하나님의 지배하심을 인정해야 한다. 또한 하나님께서 이 땅에 보내신 하나님의 아들 예수 그리스도의 권세를 인정해야 했다. "예수께서 나아와 일러 가라사대 하늘과 땅의 모든 권세를 내게 주셨으니"[마28:18]라고 하셨으므로, 온 땅에 사는 모든 피조물들은 하나님의 아들 예수 그리스도의 말씀에 굴복했어야 했다. 그런데 하나님께서 이 땅에 보내신 아들에게 굴복하기는커녕 도리어 아들을 가장 잔인하게 사형시켰다.

이는 권세를 거스른 것으로 하나님의 명을 거스른 것이다. 그것도 구약시대에 자신들은 하나님을 경배하고 섬긴다는 유대인들이 하나님의 권세를 거스른 것이다. 이에 대한 징벌이 얼마나 무서운지 역사가 증명하고 있다. 유대인들은 나라도 없이 전 세계에 난민이 되어 핍박을 받았고, 압박과 고통 속에 살아야 했으며, 6백만 명이 넘는 유대인이 대학살된 사건이 그 증거다.

지금 이 세대까지 온 땅의 역사는 원욕을 그대로 가진 사람의 지배 아래 살게 된 것이다. 이렇게 된 원인은 하나님의 권세를 거스른 결과로 인한 것이다. 하나님의 명을 거스른 피조물은 결국 영원한 영벌을 받아 땅에서 한 몫의 삶도 극악한 고통의 삶을 살아야 하고 육체가 죽어도 영원한 지옥 유황 불구덩이에서 영원히 고통받으며 살아야함을 유대인들의 삶을 통해 교훈하신 것이다.

사람의 생사를 결정하는 '혀의 권세'

잠언 18:21
죽고 사는 것이 혀의 권세에 달렸나니 혀를 쓰기 좋아하는 자는 그 열매를 먹으리라

하나님께서 아들에게 권세를 주셨고, 아들 예수는 병들지도 죽지도 아니하는 신령한 몸을 받고 부활하

셨으니 이 땅에서 왕이 되셨으면 되는데 왜 승천하셨을까? 왜 부활하시고 하나님께 세세토록 받으신 열쇠가 "사망과 음부의 열쇠"[계1:18]였을까? 지금 이 시간까지 예수 그리스도를 믿는 사람들은 세상을 다스리고 누리고 정복하며 살아야 하는데 그렇게 사는 것이 아니라, 예수 그리스도께 직접 가르침을 받은 제자들도 죽임을 당하고, 지금 이 시간까지 기독교인들은 하나님의 자녀로서 권세를 누리기는커녕 악한 자들에 의해 핍박을 받고, 죽임을 당하기도 하고, 무신론자들이나 다른 종교를 믿는 사람들의 지배 아래 살아야 할까? 왜 하나님의 아들께서 하신 말씀이 사실이 되어 이루어지지 않았을까? 모든 권세를 아들에게 주셨는데도 말이다. 그래서 이렇게 예언해 두신 것이다.

[26]그런즉 형제들아 어찌할꼬 너희가 모일 때에 **각각 찬송시도 있으며 가르치는 말씀도 있으며 계시도 있으며 방언도 있으며 통역함도 있나니 모든 것을 덕을 세우기 위하여 하라** [27]만일 **누가 방언으로 말하거든** 두 사람이나 다불과 세 사람이 차서를 따라 하고 한 사람이 통역할 것이요 [28]**만일 통역하는 자가 없거든** 교회에서는 잠잠하고 자기와 및 하나님께 말할 것이요 [29]**예언하는 자는** 둘이나 셋이나 말하고 다른 이들은 분변할 것이요 [30]만일 곁에 앉은 다른 이에

게 계시가 있거든 먼저 하던 자는 잠잠할찌니라 ³¹너희는 다 모든 사람으로 배우게 하고 모든 사람으로 권면을 받게 하기 위하여 하나씩 하나씩 예언할 수 있느니라 ³²예언하는 자들의 영이 예언하는 자들에게 제재를 받나니 ³³**하나님은 어지러움의 하나님이 아니시요 오직 화평의 하나님이시니라** [고전14:26~33]

이 말씀이 이해가 되는가? 사실 아무도 이해는커녕 이 말씀이 무슨 뜻인지 모르고 혼란스러운 가운데, 마귀가 그 틈을 이용하도록 하는 원인을 제공한 말씀이다. 어떤 마귀는 '방언'을, 어떤 마귀는 '계시'를, 어떤 귀신은 '찬송시' 등등 단어만 **빼서** 사용하여 또 다른 '사람의 이론'을 만들어 낸 것이다. 그래서 부분, 곧 조각을 사용하면 사단이 들어가서 사람의 소리, 곧 사단의 소리가 되는 것이다[요13:27].

요한복음 13:27
조각을 받은 후 곧 사단이 그 속에 들어간지라 이에 예수께서 유다에게 이르시되 네 하는 일을 속히 하라 하시니

하나님의 말씀은 여러 부분, 여러 모양으로 기록하셨다[히1:1]. 고린도전서 14장에서 말씀하는 찬송시, 계시, 방언, 방언통역은 하나님의 말씀을 뜻하는 것이다. 다시 말하면 성경적인 방언은 전 성경 문자적인 기록 자체이며, 이를 다른 말로 계시라고 하고, 또 다른 말로는 예언이라고 한다. 종합해서 큰 틀로 말하면 방언이라고 하는데, 방언은 듣는 사람이나, 보는

히브리서 1:1
옛적에 선지자들로 여러 부분과 여러 모양으로 우리 조상들에게 말씀하신 하나님이

사람이나 잘 알아듣지 못한다. 그래서 이 방언은 하나님 나라 말로서 반드시 통역해야 한다. 그런데 아무것도 모르는 사람이 자신의 본능적인 원욕대로 성경을 보고 지어내서 무슨 큰 능력을 받은 것처럼 "랄랄라 따따따"라는 혀에 붙은 귀신의 소리를 방언이라고 한 것이다. 이는 바로 '사단의 능력'이다. 그래서 죽고 사는 것이 "혀의 권세"[잠18:21]에 달려있다고 한 것이다.

잠언 18:21
죽고 사는 것이 혀의 권세
에 달렸나니 혀를 쓰기 좋
아하는 자는 그 열매를 먹
으리라

¹⁶여호와의 미워하시는 것 곧 그 마음에 싫어하시는 것이 육 칠 가지니 ¹⁷곧 교만한 눈과 **거짓된 혀**와 무죄한 자의 피를 흘리는 손과 ¹⁸악한 계교를 꾀하는 마음과 빨리 악으로 달려가는 발과 ¹⁹**거짓을 말하는 망령된 증인**과 및 형제 사이를 이간하는 자니라 [잠6:16~19]

하나님께서 미워하시는 이 '육 칠 가지'가 사실 다 혀에 의해 자행되는 사람의 죄를 요약한 것이다. 즉, "랄랄라 따따따" 하는 귀신의 소리를 성령받은 증거라고 전 세계를 미혹한 한 영, 곧 사단의 능력으로 목회를 한 목사의 혀의 권세로 인해 얼마나 많은 사람들이 죽었는지 알면 기절할 것이다.

열왕기상 22:22
여호와께서 저에게 이르
시되 어떻게 하겠느냐 가
로되 내가 나가서 거짓말
하는 영이 되어 그 모든
선지자의 입에 있겠나이
다 여호와께서 가라사대
너는 꾀이겠고 또 이루리
라 나가서 그리하라 하셨
은즉

그는 형제이신 예수 그리스도와 예수 그리스도를 믿는 사람 사이를 이간질하는 자, 교만한 눈을 가진 자, 곧 귀신이 주인이 된 자, 다른 말로 하면 원욕이 그대로인 채 진리인 성경을 보고, 원욕을 채우기 위해서 지어낸 거짓말로 미혹하는 사단의 혀의 권세를 가진 자였다. 귀신의 소리 방언을 이용하여 악한 계교를 꾀하는 마음을 품었고, 독수리의 두 날개인 비행기를 타고 빨리 악으로 달려가는 발이 되었으며, 거짓되고 망령된 증인이 되어 일만 악의 뿌리인 돈으로 사람들을 끌어모았다. 이는 결국 자신이 스스로에게 지옥 영벌로 빨리 달려가는 발이 되어 한 몫의 삶을 영원히 결판내고 말았다. 예수 이름 사용하는 선생이 되어 지옥 불에서 나오는 소리로 가르쳐 그 혀의 권세로 70~80만 명뿐만 아니라 전 세계 기독 교계를 어지럽히는 지옥 불의 소리, 곧 사단의 역사로 사용된 것이다.

그래서 잠언서에 "미련한 자의 입은 미련한 것을 쏟느니라"[잠15:2], "패려한 혀는 마음을 상하게 하느니라"[잠15:4], "악을 행하는 자는 궤사한 입술을 잘 듣고 거짓말을 하는 자는 악한 혀에 귀를 기울이느니라"[잠17:4], "오래 참으면 관원이 그 말을 용납하나니 부드러운 혀는 뼈를 꺾느니라"[잠25:15], "의인의 입술은 여러 사람을 교육하나 미련한 자는 지식이 없으므로 죽느니라"[잠10:21]고 하신 것

잠언 6:18
악한 계교를 꾀하는 마음과 빨리 악으로 달려가는 발과

디모데전서 6:10
돈을 사랑함이 일만 악의 뿌리가 되나니 이것을 사모하는 자들이 미혹을 받아 믿음에서 떠나 많은 근심으로써 자기를 찔렀도다

야고보서 3:6
혀는 곧 불이요 불의의 세계라 혀는 우리 지체 중에서 온몸을 더럽히고 생의 바퀴를 불사르나니 그 사르는 것이 지옥 불에서 나느니라

이다. 이렇게 진실로 사람이 죽고 사는 것은 '혀의 권세'에 달려있다. 이 말씀이 참으로 진리라는 것을 예수 그리스도를 통해 보여주셨다. 육체를 입고 이 땅에 오신 하나님의 아들도 한 몫의 삶은 자신이 하나님의 뜻을 온전히 아신 것이 아니었으며, 결국 예수님이 하신 말씀 때문에 죽임을 당하셨는데 악인들은 하나님의 아들의 말을 알아듣지 못하고 사람 수준에서 결판을 내고 죽였다. 그러나 아들 예수 그리스도는 당신의 말씀을 하신 것이 아니라 하나님의 뜻을 이 땅에 행하러 오셨으므로 죽어도, 죽임을 당하셔도 다시 살아나신 것이다. 하나님의 아들 예수를 통해 21세기 지금 이 세대 우리에게 교훈하시는 하나님의 뜻은 하나님의 계명대로 실행하여 한 몫의 삶을 온전히 버리고, 살아서 하나님의 뜻을 알고 믿으면 영원히 육체도 죽지 아니하고 '영생'에 이르게 된다는 것을 친히 가르쳐 주신 것이다.

요한복음14:24
나를 사랑하지 아니하는 자는 내 말을 지키지 아니하나니 너희의 듣는 말은 내 말이 아니요 나를 보내신 아버지의 말씀이니라

히브리서 10:7
이에 내가 말하기를 하나님이여 보시옵소서 두루마리 책에 나를 가리켜 기록한 것과 같이 하나님의 뜻을 행하러 왔나이다 하시니

여호와의 날, '계시' 앞에 모두 잠잠하라

기독교 구원의 핵심은 하나님께서 친히 가르치시고 진리의 성령이 대언하는 '전대미문의 새 언약' [히8장]

을 통한 영생이다. 진리의 성령, 성부, 성자, 성령이 하나 된 자, 호2:19~20절의 말씀이 실상이 되어 하나님과 동행하는 자, 해를 입은 여자인 나를 사용하셔서 하나님께서 정하신 때가 되어 새 언약의 말씀을 선포하는 것이다. 이때가 되기 전까지 불의한 재판관들이 일하는 지난 6일간(구약 4천 년 + 신약 2천 년)은 절대 천국의 비밀이 드러나지 않아서 하나님께서 전성경을 기록하신 목적을 아무도 몰랐던 것이다. 그런 영적인 상태에 방언만 가지고 하나님의 뜻과는 정반대인 지옥 불의 소리를 하여 온 세상을 속인 것이다. 예언하는 자는 '둘이나 셋이나 말하고'라는 말씀에서 둘은 예수 그리스도께서 하신 말씀이 둘에 해당하고, 셋은 2천 년이 지난 후 진리의 성령이 실상이 되어 '완전한 삼위일체'를 이룰 때 셋에 해당하며, 창세 이래 처음으로 2008년 6월 16일부터 셋이 하나 된 진리의 성령을 통해 '성경적인 개혁'[히9:10]을 14년째 행하고 있다. 셋에 해당하는 사람이 실상으로 나타나기 전까지는 예수 그리스도를 진실로 믿는 사람이 아무도 없었기에 모두 육체가 죽은 것이다. 그리고 이 기간 동안에는 하나님께 속한 자들에게 사람이 본능으로 아는 이 세상의 권세도 허락하시지 않으셨다. 증명한다.

요한일서 5:7~8

7 증거하는 이는 성령이시니 성령은 진리니라
8 증거하는 이가 셋이니 성령과 물과 피라 또한 이 셋이 합하여 하나이니라

호세아 2:19~20

19 내가 네게 장가들어 영원히 살되 의와 공변됨과 은총과 긍휼히 여김으로 네게 장가들며
20 진실함으로 네게 장가들리니 네가 여호와를 알리라

요한계시록 12:1

하늘에 큰 이적이 보이니 해를 입은 한 여자가 있는데 그 발 아래는 달이 있고 그 머리에는 열두 별의 면류관을 썼더라

베드로후서 3:8

사랑하는 자들아 주께는 하루가 천 년 같고 천 년이 하루 같은 이 한 가지를 잊지 말라

고린도전서 14:29

예언하는 자는 둘이나 셋이나 말하고 다른 이들은 분변할 것이요

히브리서 9:10

이런 것은 먹고 마시는 것과 여러 가지 씻는 것과 함께 육체의 예법만 되어 개혁할 때까지 맡겨 둔 것이니라

¹여호와를 의뢰하는 자는 시온 산이 요동치 아니하고 영원히 있음 같도다 ²산들이 예루살렘을 두름과 같이 여호와께서 그 백성을 지금부터 영원까지 두르시리로다 **³악인의 권세가 의인의 업에 미치지 못하리니 이는 의인으로 죄악에 손을 대지 않게 함이로다** [시125:1~3]

하나님의 백성들에게 이 세상의 권세를 주시지 않은 이유는 죄악에 손을 대지 않게 하시려는 하나님의 사랑이었다. 또한 악인들에게는 천국의 비밀을 절대 알게 하지 않으셨다. 그러나 "위에 있는 권세들에게 굴복하라"고 하신 말씀이 실상이 되고 있는 지금 이 세대에는 다음 말씀에서 그 해답을 찾을 수 있다.

³⁰만일 곁에 앉은 다른 이에게 계시가 있거든 먼저 하던 자는 잠잠할찌니라 ³¹너희는 다 모든 사람으로 배우게 하고 모든 사람으로 권면을 받게 하기 위하여 하나씩 하나씩 예언할 수 있느니라 [고전14:30~31]

'계시'란 '~로부터 베일을 벗기다, 펼쳐서 보여주다'라는 뜻으로 감추어진 것들을 드러내어 명확하게 밝히는 행위, 즉 하나님께서 당신에게 속한 구원의 신비와 거룩한 진리, 또는 하나님의 섭리를 사람들에게 친히 나타내 보여주시는 거룩한 행위를 뜻한다. 다른 말로는 묵시라고도 한다. 하나님과 관련된 신적 지식은 인간의 지혜로는 도무지 알 수 없기 때문에 하나님께서 친히 보여주셔야만 볼 수 있고 깨달을 수 있다[요6:45]. 하나님은 당신이 친히 택하시고 세우시는 선지자들, 사도들을 통하여 성경을 기록하시고 각 시대마다 때를 따라 말씀하셨지만, 천국의 비밀은 감추어 두시고 사람들로 모르게 하셨다. 그리고 친히 감추어 두신 '구원의 신비함과 거룩한 진리'를 당신이 정하신 때인 여호와의 날, 인자의 날에 명확하게 밝히시되, 예수 그리스도를 통해 미리 예언하신 진리의 성령으로 오신 사람을 사용하셔서 2008년 6월 16일부터 '전대미문의 새 언약'[히8장]을 14년째 행하시는 일이 바로 계시를 하시는 것이다.

고전14:30~31절에 계시가 있거든 땅에 있는 모든 사람으로 배우게 하고 권면을 받으라고 했지만 이는 '사람의 소리'이고, 감추어진 뜻은 계시가 사실이 된 지금 이때, '피조물인 인간은 창조주 하나님의 음성을 받고 복종하며 잠잠하여 권세에 굴복해야 한다'는 뜻이다. 이때가 될 때까지 성경이 모든 것을 죄 아래 가두어 두었고, 이렇게 경영하신 이유는 모든 입을 막고 온 세상으로 하나님의 심판 아래 있게 하려 하신 것이다[롬3:19]. 그래서 이날은 여호와의 날이며, 이미 전 성

요한복음 6:45
선지자의 글에 저희가 다 하나님의 가르치심을 받으리라 기록되었은즉 아버지께 듣고 배운 사람마다 내게로 오느니라

히브리서 8:8
저희를 허물하여 일렀으되 주께서 가라사대 볼찌어다 날이 이르리니 내가 이스라엘 집과 유다 집으로 새 언약을 세우리라

로마서 3:19
우리가 알거니와 무릇 율법이 말하는 바는 율법 아래 있는 자들에게 말하는 것이니 이는 모든 입을 막고 온 세상으로 하나님의 심판 아래 있게 하려 함이니라

경에 "오직 여호와는 그 성전에 계시니 온 천하는 그 앞에서 잠잠할찌니라"[합2:20]고 하신 날이자, "주 여호와 앞에서 잠잠할찌어다 이는 여호와의 날이 가까웠으므로 여호와가 희생을 준비하고 그 청할 자를 구별하였음이니라"[습1:7]고 하신 이 언약이 사실이 되어 만세 전에 예비해 두신 땅에 다시 택하신 하나님의 자녀들을 구별하여 온 천하로 알게 하시는 날이며, 악한 자들에 대한 심판 또한 이 세대에 다 일어난다.

온전한 구원을 위해
'위에 있는 권세'에게 굴복하라

여호와의 날, 인자의 날인 이때 "각 사람은 위에 있는 권세들에게 굴복하라"[롬13:1]고 하신다. 이 권세들은 하나님께서 오는 세상, 곧 의인의 세대에 세우실 영영한 사역자들이며, 창세 이래 단 한 세대도, 한 사람도 없었던 하나님의 증인들, 하나님의 제사장들이다. 이들은 오는 세상에서 '왕 노릇 할 자들'이다. 그래서 모든 사람, 각 사람, 즉 온 천하는 잠잠하라고 하신 것이고, 이는 '모든 사람을 살리시고 긍휼을 베푸시기 위한 하나님의 사랑'이다. 이때 잠잠치 아니하고 계속 불의한 자들이 불의한 말로 대적하면 다음 판결대로 실상이 된다.

²여호와께서 가라사대 내가 지면에서 모든 것을 진멸하리라 ³내가 사람과 짐승을 진멸하고 공중의 새와 바다의 고기와 거치게 하는 것과 악인들을 아울러 진멸할 것이라 내가 사람을 지면에서 멸절하리라 나 여호와의 말이니라 ⁴내가 유다와 예루살렘 모든 거민 위에 손을 펴서 바알의 남아 있는 것을 그곳에서 멸절하며 그마림이란 이름과 및 그 제사장들을 아울러 멸절하며 ⁵무릇 지붕에서 하늘의 일월성신에게 경배하는 자와 경배하며 여호와께 맹세하면서 말감을 가리켜 맹세하는 자와 ⁶여호와를 배반하고 좇지 아니한 자와 여호와를 찾지도 아니하며 구하지도 아니한 자를 멸절하리라 [습1:2~6]

그마림은 바알을 숭배하는 제사장이다. 하나님 외에 다른 신을 섬기는 제사장들, 우상들, 우상 숭배자들을 멸절하시는 심판 날이 2021년 지금 이 세대다. '말감'이란 '그들의 왕'이라는 뜻으로 암몬 족속과 모압 족속이 섬기는 국가 신이다. 말감 신 숭배에는 어린 아이를 희생 제물로 드리는 인신 제사가 행하여졌다. 다른 모양으로 말하면 '밀곰, 몰렉'이라고 한다. 암몬 족속과 모압 족속은 소돔과 고모라 성이 멸망할 때, 그 성에서 건짐받은 롯의 두 딸이 아버지 롯과 근친상간하여 낳은 아들들의 후손들이다. 오늘날 근친상간하여 죄를 짓고도 아무 두려움 없이 예수 이름으로 가장한 자칭 기독교인들의 조상이다. 은혜로 교회에서 나가 후욕하는 자들, 진리의 성령과 성도들을 세상 법에 고소한 자들의 조상이 바로 암몬 족속과 모압 족속이다. 이들로 인해 심판이 임하기 전에 피하라고 스가랴 선지자를 통해 다음과 같이 예언하셨다.

> [6]여호와의 말씀에 내가 너를 하늘의 사방 바람같이 흩어지게 하였거니와 **이제 너희는 북방 땅에서 도망할찌니라** 나 여호와의 말이니라 [7]바벨론 성에 거하는 시온아 **이제 너는 피할찌니라** [슥2:6~7]

'북방'이란 동서남북 중 한 곳으로 '추운 곳, 비를 일으키는 곳, 침략자들의 거처, 겨울이 있는 곳'을 말한다. 영적으로는 '귀신의 처소 바벨론'을 북방의 철과 놋이라고 하였으며, 북이스라엘을 멸망시키는 앗수르 군대를 북쪽 군대라 하였고, 유다 백성을 괴롭히는 수리아 왕도 북방 왕이라고 하셨다. 대체로 불순종하는 하나님의 백성을 심판하기 위해서 하나님의 형벌의 도구로 사용되는 나라들을 '북방'이라고 지칭하신 것이다. 그래서 "너희의 도망하는 일이 겨울에나 안식일에 되지 않도록 기도하라"[마24:20, 막13:18]고 하셨으며, 하나님께서 아브라함에게 "너는 너의 본토, 친척, 아비 집을 떠나 내가 네게 지시할 땅으로 가라"고 하셨을 때 아브라함은 점점 남방으로 옮겨 갔더라고 하셨던 것이다[창12장]. 아브라함에게 영원한 언약을 하신 하나님께서 아브라함의 자손으로 이 땅에 오신 하나님의 아들 예수를 사용하셔서 또 이렇게 말씀하신 것이다.

창세기 12:9
점점 남방으로 옮겨 갔더라

²⁹예수께서 가라사대 내가 진실로 너희에게 이르노니 **나와 및 복음을 위하여 집이나 형제나 자매나 어미나 아비나 자식이나 전토를 버린 자는** ³⁰금세에 있어 집과 형제와 자매와 모친과 자식과 전토를 백 배나 받되 핍박을 겸하여 받고 내세에 영생을 받지 못할 자가 없느니라 [막10:29~30]

예수 그리스도를 통해 마19장, 막10장, 눅18장에 더 구체적으로 지시하신 계명대로 나와 은혜로교회 성도들은 그대로 지켜 실행하여 남방으로 이사한 것이다. 이는 하나님의 지시대로 보고 듣고 지켜 실행한 것이며, 하나님을, 예수 그리스도를 믿은 것이다. 그런데 이 일로 인하여 실상으로 핍박을 14년째 받았으며, 4년째 감옥에 갇혀 있다. 말씀을 믿고 지켜 순종한 것이 이단인가? 하나님의 계명대로 낙토에 이사한 것을 세상 법에 고소한 자들은 '위에 있는 권세에게 굴복하지 않는 것이고 이는 하나님의 명을 거스르는 것'이다.

에스겔 12:3
인자야 너는 행구를 준비하고 낮에 그들의 목전에서 이사하라 네가 네 처소를 다른 곳으로 옮기는 것을 그들이 보면 비록 패역한 족속이라도 혹 생각이 있으리라

네가 소경의 눈을 밝히며 갇힌 자를 옥에서 이끌어 내며 흑
암에 처한 자를 간에서 나오게 하리라 [사42:7]

또한 택한 자녀들을 지금 북방에서 도망하게 하려
고 나를 '대적의 땅'에 가두어 두시는 하나님의 사랑을
누가 알아듣고 이 말씀에 굴복할까? 감옥에 갇혀있
는 택한 자녀들을 불러내기 위해 나를 감옥에 가둘
것을 이미 전 성경에 예언해 두셨음을 옥에 있는 자
들은 알까? 실제 "흑암에 처한 자를 간에서 나오게 하리
라"고 하신 말씀이 이미 실상이 되었고, 실상이 될 것
이다. 지금은 내가 북방에 있지만, 이 북방에서 완전
히 떠나면 한국에 있는 사람들, 특히 위에 있는 권세
들에게 굴복하지 않고 대적한 자들이 그때에야 가슴
을 치고 이를 갈며 후회할 것이다.

하나님을 두려워하지 않고 죄를 밥 먹듯이 지으며,
죽어서 천국 간다는 새빨간 거짓말로 속인 목사들
아, 더 이상 하나님의 명령을 거스르지 마라. 더 이상
자해하지 마라. 온 천하가 하나님의 명령에 잠잠하고 굴
복해야 한다. 나도 내 말이 아니라 하나님의 명령에 굴
복하여 하나님의 뜻을 보고 듣고 믿고 깨달은 것을
대언하는 것이다[요16:15]. 나를 통한 이 일이 '여호와
하나님의 명령'이며, '위에 있는 권세'다. 위에 있는 권세

요한복음 16:15
무릇 아버지께 있는 것은
다 내 것이라 그러므로 내
가 말하기를 그가 내 것을
가지고 너희에게 알리리
라 하였노라

들에게 굴복하는 것은 당신들을 구원하되 영원히 육체도 죽지 아니하고 영생하게 하시려는 '하나님의 사랑'이다. 그래서 사랑은 영원히 있는 것이다.

사람에게는 사랑이 없다. 오직 하나님만이 사랑이시다. 이제 북방에서 하나님께서 약속하신 땅으로 도망해야 한다. 전 세계에서 가장 위험한 나라가 한국이다. 이 권고를 농담으로 여기는 자들에게 노아의 홍수, 소돔, 고모라의 불 심판, 이스라엘이 애굽 땅에서 출애굽 할 때 있었던 모든 재앙이 이 온 땅에 내린다. 절대 농담도 허언도 과언도 아닌 '하나님의 명령'이다.

북방 땅에서 도망해야 하고, 성경과 다른 거짓말하는 귀신의 처소에서 도망해야 하며, 애굽에서 하나님께서 약속하신 땅으로 도망해야 한다. 아무 땅으로 도망하는 것이 아니라, 이미 전 성경에 약속해 두신 땅, 하나님께서 이때를 위해 예비해 두신 땅, 함 족속이 원주민인 땅, 기독교 국가인 땅, 작은 섬나라, 사시사철 푸른 초장이 있는 나라, 키가 장대한 족속들인 백합화들이 사는 땅, 바다에 둘러 쌓여 있는 땅, 산 위에도 길이 있는 나라, 비를 잘 흡수하는 땅으로 도망해야 한다. 반드시 히브리서 8장의 "새 언약"을 받고, 시102:18절의 예언대로 장래 세대, 곧 일곱째 날, 셋째 날, 진리의 성

창세기 19:14
롯이 나가서 그 딸들과 정혼한 사위들에게 고하여 이르되 여호와께서 이 성을 멸하실터이니 너희는 일어나 이곳에서 떠나라 하되 그 사위들이 농담으로 여겼더라

히브리서 8:8
저희를 허물하여 일렀으되 주께서 가라사대 볼찌어다 날이 이르리니 내가 이스라엘 집과 유다 집으로 새 언약을 세우리라

시편 102:18
이 일이 장래 세대를 위하여 기록되리니 창조함을 받을 백성이 여호와를 찬송하리로다

령이 실상이 되어 하나님께서 친히 밝히시는 장래 일을, 2021년 지금 이 세대로부터 시작되는 일을 대언하는 대로 좇아 약속하신 땅에 에스겔 12장의 말씀 그대로 이사해야 한다.

요한복음 16:13
그러나 진리의 성령이 오시면 그가 너희를 모든 진리 가운데로 인도하시리니 그가 자의로 말하지 않고 오직 듣는 것을 말하시며 장래 일을 너희에게 알리시리라

에스겔 12:3, 7
3 인자야 너는 행구를 준비하고 낮에 그들의 목전에서 이사하라 네가 네 처소를 다른 곳으로 옮기는 것을 그들이 보면 비록 패역한 족속이라도 혹 생각이 있으리라
7 내가 그 명대로 행하여 낮에 나의 행구를 이사하는 행구같이 내어 놓고 저물 때에 내 손으로 성벽을 뚫고 캄캄할 때에 행구를 내어다가 그 목전에서 어깨에 메고 나가니라

너무 명확하고 명백하게 은혜로교회 성도들은 진리를 따라 인도함을 받고 마음에 깨달아 다시 창조되었으며, 이들을 두고 '거룩한 자, 하나님의 성전 된 자, 성도'라고 하며, 이들이 '위에 있는 권세들'이다. 위에 있는 권세들에게 혀를 놀려 이단이라 비방하고 옥에 가두기까지 핍박하는 것은 하나님의 행하시는 일을 비방하고 멸시한 것이며, 하나님의 명을 거스르는 것이다.

하나님의 완전한 지혜로 새 언약을 선포하여 살리시려는 사랑을 대적하는 자들은 하나님을 대적하는 원수들이다. 진리의 성령을 훼방한 자들은 모두 공개 사과하고 회개하라. 부당한 판결을 속히 철회해야 한다. 코로나19 온역 재앙은 빙산의 일각이다. 이 경고를 무시하면 전 성경에 기록된 재앙이 이 땅에 다 내린다.

여호와의 날, 인자의 날에 하나님의 행하신 일을 '와서' 보라

24

「조선일보, 동아일보」 2021년 11월 26일 금요일

스마트폰으로 QR 코드를 스캔 하시면
[이제 온 천하는 잠잠하라] 전문을 다운로드 받을 수 있습니다.

유일하신 참 하나님께서
'행하신 일'을 와서 보라

요한계시록 11:15

일곱째 천사가 나팔을 불매 하늘에 큰 음성들이 나서 가로되 세상 나라가 우리 주와 그 그리스도의 나라가 되어 그가 세세토록 왕 노릇 하시리로다 하니

이제 이 세상에 속한 자들은 심판을 받아 영원한 지옥 불못에 던져지든지, 죄가 없는 '오는 세상'에서 하나님을 영원히 찬양하든지 둘 중에 한 가지로 결말이 날 것이다.

[6]또 내가 들으니 허다한 무리의 음성도 같고 많은 물 소리도 같고 큰 뇌성도 같아서 가로되 할렐루야 **주 우리 하나님 곧 전능하신 이가 통치하시도다** [7]우리가 즐거워하고 크게 기뻐하여 그에게 영광을 돌리세 어린 양의 혼인 기약이 이르렀고 그 아내가 예비하였으니 [8]그에게 허락하사 빛나고 깨끗한 세마포를 입게 하셨은즉 이 세마포는 성도들의 옳은 행실이로다 하더라 [9]천사가 내게 말하기를 기록하라 어린 양의 혼인 잔치에 청함을 입은 자들이 복이 있도다 하고 또 내게 말하되 이것은 하나님의 참되신 말씀이라 하기로 [10]내가 그 발 앞에 엎드려 경배하려 하니 그가 나더러 말하기를

64   이제 온 천하는 **잠잠하라**

나는 너와 및 예수의 증거를 받은 네 형제들과 같이 된 종이
니 삼가 그리하지 말고 **오직 하나님께 경배하라 예수의 증**
거는 대언의 영이라 하더라 [계19:6~10]

계19장의 이 예언은 2021년 지금 이 세대에 사실이
되어 땅에서 이루어진다. 분명히 주 하나님께서 통치
하시는 세상이 우리가 살고 있는 이 세대에 사실이
된다. 오직 여호와 하나님만이 '주인'이시고, '주권자'이심
을 온 천하에 선포한다. 반드시 진리의 성령인 나를 통
한 이 일은 계19장의 예언을 성취하시려고 이미 기초
를 세우시고 계신다. 혀로 "오직 예수"라고 말을 한
다고 구원을 받는 것이 절대 아니다. 창세 이래 단 한
세대도 없었던 "하나님께서 통치하시는 온 땅, 온 천하 만
물"이 우리가 살고 있는 2021년 이 세대에 온전히 이
루어진다. 주는 오직 성부 하나님, 곧 여호와 하나님
한 분뿐이시다.

³하나님께 고하기를 주의 일이 어찌 그리 엄위하신지요 주
의 큰 권능으로 인하여 주의 원수가 주께 복종할 것이며 ⁴온
땅이 주께 경배하고 주를 찬양하며 주의 이름을 찬양하리
이다 할찌어다 ⁵**와서 하나님의 행하신 것을 보라 인생에게**
행하심이 엄위하시도다 [시66:3~5]

어디에 '와서 보라'고 하셨을까? 여호와 하나님께서 행

하신 엄위하신 일은 2008년 6월 16일부터 시작하여 14년째 사실이 되어 이루어진 새 예루살렘, 다른 말로 시온성, 거룩한 산, 여호와 하나님께서 영원히 거하시는 성전, 낙토, 고토, 본향에 와서 "하나님의 행하신 것을 보라"고 하셨다. 하나님의 행하신 것은 반드시 전 성경에 기록해 두신 예언이 실상이 되는 것이며, 2021년 11월 26일 이 시간에도 계속 실상으로 실행되고 있는 일이다.

온 세상 만물이 다 하나님께서 창조하신 것인데 왜 와서 하나님의 행하신 것을 보라고 하실까? 여기서 모두가 반드시 알아야 할 핵심은 "무릇 하나님의 행하시는 것은 영원히 있을 것이라 더 할 수도 없고 덜 할 수도 없나니 하나님이 이같이 행하심은 사람으로 그 앞에서 경외하게 하려 하심인 줄을 내가 알았도다"[전3:14]라고 하신 말씀이다. 온 천하 만물이 다 하나님께서 창조하신 것인데, 굳이 와서 하나님께서 행하신 것을 보라고 하신 이유는 "사람으로 하나님 앞에서 경외하게 하시려고 와서 보라"고 하신 것이다.

하나님께서 창조하신 만물 중에 최고 으뜸은 사람인데, 사람이 하나님께서 만드신 피조물 중 가장 하나님을 대적한다. 이로 인하여 사람 만드심을 후회하신 하나님께서 사람의 한 몫의 삶을 100년도 못 살고 죽게 하신 것이다. 이렇게 한 세대는 가고 한 세대는 오고 반복되어 이어져 오다가 하나님께서 친히 강림하셔서 요6:45절의 약속이 사실이 되는 때를 '일곱째 날'로 정해 두셨다.

> 선지자의 글에 저희가 다 하나님의 가르치심을 받으리라 기록되었은즉 아버지께 듣고 배운 사람마다 내게로 오느니라 [요6:45]

'일곱째 날'을 복 주사 사람이 거룩하게 되어 하나님이 영원히 거처하시는 처소, 다른 말로 성전이 되어 육체도 죽지 아니하여 하나님께서 친히 행하시는 것은 영원히 있다는 것을 실상으로 보고, 그때에야 하나님께서 진실로 창조주이심을 시인하고 경외하게 하시려고 행하신 것을 와서 보라고 하신 것이다. 지금 이때 육체도 죽지 않고 영생하는 것을 믿으라고 성경에 이미 예언하신 대로 BC 4년에 하나님의 아들 예수 그리스도를 이 땅에 보내셨고, 당시 하나님을 믿는다고 하는 유대인들, 대제사장, 서기관, 장로들이 대적하여 아들을 사형시켰어도, 하나님께서 친히 약속하신 대로 다시 살리셨던 것은 2021년 지금 이 세대 우리로 하여금 '하나님의 행하심'을 믿으라고 보여주셨던 것이

창세기 2:3
하나님이 일곱째 날을 복 주사 거룩하게 하셨으니 이는 하나님이 그 창조하시며 만드시던 모든 일을 마치시고 이 날에 안식하셨음이더라

다. 그런데 유대인들은 하나님의 행하심에는 관심이 없고, 자신들의 원욕대로 자긍하며, 자신들은 이미 하나님을 잘 믿는다고 생각하여 치명적인 죄를 지었다.

그로부터 2천 년이 흐른 지금 이 세대까지 하나님의 아들을 믿는다고 자칭하는 천주교인들, 기독교인들도 하나님의 행하심에는 관심이 없고, 아들을 통해 주신 계명을 지키지도 않으면서 혀로 "오직 예수"라고 말만 하고 더 타락하고 부패하여 오늘에까지 이른 것이다. 구약의 이 예언은 아무도 안 믿고, 귀신이 그럴싸하게 만들어 낸 이론대로 "죽어서 천국에 간다"는 거짓말을 가르치고 믿은 것이다. 그러니 아무도 하나님을 경외하여 두렵고 떨림으로 경배하고 찬양하는 자가 없었다. 하나님께서 이렇게 될 것도 이미 다 알고 계시기에 사람에게서 증거를 취하시지 않는다[요 5:34]고 하셨고, 사람에게서 영광을 취하시지도 않는다[요5:41]고 하셨으며, 지금 이때까지 하나님처럼 영원히 사는 사람이 실상이 되지 못했던 것이다.

그러나 예수 그리스도를 통하여 "내가 아버지께 구하겠으니 그가 또 다른 보혜사를 너희에게 주사 영원토록 너희와 함께 있게 하시리니 저는 진리의 영이라 세상은 능히 저를 받지 못하나니 이는 저를 보지도 못하고 알지도 못함이라 그러나 너희는 저를 아나니 저는 너희와 함께 거하심이요 또 너희 속에 계시겠음이라"[요14:16~17]고 약속하신다. 이는 '또 다른 보혜사'와 '너희'에 해당하는 실상의 주인공들은 영원히 육체도 죽지 아니하고 함께 있을 것을 이미 1990년 전에 약속하신 것이다. 그리고 아들 예수 그리스도를 통해 "나를 믿는 자는 죽어도 살겠고 무릇 살아서 나를 믿는 자는 영원히 죽지 아니하리니"[요11:25~26]라고 하셨고, "아들을 믿는 자는 영생이 있고 아들을 순종치 아니하는 자는 영생을 보지 못하고"[요3:36], "내 아버지의 뜻은 아들을 보고 믿는 자마다 영생을 얻는 이것이니"[요6:40], "나는 그의 명령이 영생인 줄 아노라"[요12:50]라고 영생에 대해 계속 약속하셨는데, 2천 년 동안 아무도 안 믿은 것이다. 그래서 모두 육체가 죽은 것이다.

하나님께서 영생에 대해 하신 약속이 땅에서 사실이 될 때까지 성경이 모든 것을 다 죄 아래 가두어 두었던 것이다[갈3:22~23]. 그리고 성경을 사용하는 모든 신앙인들은 다 상상 속에 자신들은 하나님을 믿는다고 자긍하며 살았고, 사람은 누구든지 한 번 죽는 것을 보았고 경험하며 고착화되어 육체도 죽지 아니한다는 영생은 아예 생각조차 안 하게 된 것이다. '왜

갈라디아서 3:22~23
22 그러나 성경이 모든 것을 죄 아래 가두었으니 이는 예수 그리스도를 믿음으로 말미암은 약속을 믿는 자들에게 주려 함이니라
23 믿음이 오기 전에 우리가 율법 아래 매인 바 되고 계시될 믿음의 때까지 갇혔느니라

창세기 5:25~27

25 므두셀라는 일백팔십 칠 세에 라멕을 낳았고

26 라멕을 낳은 후 칠백 팔십 이 년을 지내며 자녀 를 낳았으며

27 그는 구백육십구 세를 향수하고 죽었더라

창세기에는 969세까지 살았던 사람[창5:25~27]도 있는데 지금은 그렇게 못살까' 하는 의문을 가진다고 해도 사람이 죽는 원인과 결과를 알지 못한 채 사람들의 증거 수준에 머물러 있었고, 그 틈을 교회에서 가르치는 귀신들이 알고 혀로 "오직 예수, 하나님" 하며 일생 헛된 삶을 살게 하고, 육체가 죽으면 천국 가는 것이 아니라 그 혼은 지옥 불못에서 영원히 고통받으며 살게 한 것이다.

이 기간에는 하나님을 믿고 복음을 전한 자들, 하나님께서 사용하신 사람들은 도리어 죽임을 당하였다. 그러니 누가 하나님의 행하신 것을 믿었으며, 하나님의 행하신 것은 영원히 있다고 믿었겠느냐? 사실 아무도 안 믿었다. 그래서 혀로만 믿는다고 하는 천주교인, 기독교인들이나 다른 종교인들이나 무신론자들이나 다 일반이 된 것이다[전9:2]. 곧 천국의 비밀인 하나님의 뜻을 사람으로 모르게 하신 것이다. 그러니 성경만이 참 진리라는 사실을 아무도 몰랐으며, 성경을 기록한 저자들도, 예수 그리스도께서도 진리를 온전히 몰랐던 것이다.

전도서 9:2

모든 사람에게 임하는 모든 것이 일반이라 의인과 악인이며 선하고 깨끗한 자와 깨끗지 않은 자며 제사를 드리는 자와 제사를 드리지 아니하는 자의 결국이 일반이니 선인과 죄인이며 맹세하는 자와 맹세하기를 무서워 하는 자가 일반이로다

"믿음"[갈3:22~23]이 실상으로 올 때까지 예수 그리스도를 통하여 약속하신 영생도 실상이 되지 않았고,

이 기간 안에는 예수 그리스도께서 불가불 왕 노릇 하신 것이다[고전15:25]. 하나님께서 정하신 때에 관한 비밀도 전 성경에 다 예언되어 있었지만 사람에게 알게 하지 않으셨던 것이다. 그러나 이제 때가 되어 하나님께서 미리 언약해 두신 대로 믿음이 실상이 되어 하나님의 약속을 처음으로 믿은 것이 바로 '나, 신옥주 목사'다. 나는 호2:19~20절의 말씀을 믿었고, 요14, 15, 16장의 말씀도 믿었으며, 전 성경에 감추어 두신 하나님의 나라 비밀을 하나님께서 친히 보게 하시고, 깨달아 믿게 하셔서 계명을 지켜 실행한 것이다.

따라서 14년째 나를 통해 행하신 일은 진실로 하나님께서 행하시는 일이다. 그래서 이 일에 대한 실상을 와서 보라고 하신 것이다. 이미 3421년 전부터 전 성경에 미리 다 예언해 두신 대로 사실이 되어 악한 자는 '영벌'로, 하나님을 믿는 의인들은 '영생'으로 인도하시는 하나님의 행하시는 일을 '와서 보라'고 하신 것이다.

고린도전서 15:25
저가 모든 원수를 그 발아래 둘 때까지 불가불 왕 노릇하시리니

호세아 2:19~20
19 내가 네게 장가들어 영원히 살되 의와 공변됨과 은총과 긍휼히 여김으로 네게 장가들며
20 진실함으로 네게 장가들리니 네가 여호와를 알리라

마태복음 25:46
저희는 영벌에, 의인들은 영생에 들어가리라 하시니라

일곱째 날에 '질려'와 '형극'을 제하여 버리시며

¹그날에 여호와께서 그 견고하고 크고 강한 칼로 날랜 뱀 리워야단 곧 꼬불꼬불한 뱀 리워야단을 벌하시며 바다에 있는 용을 죽이시리라… ⁴나는 포도원에 대하여 노함이 없나니 질려와 형극이 나를 대적하여 싸운다 하자 내가 그것을 밟고 모아 불사르리라 ⁵그리하지 아니할 것 같으면 나의 힘을 의지하고 나와 화친하며 나로 더불어 화친할 것이니라 [사27:1~5]

히브리서 8:8
저희를 허물하여 일렀으되 주께서 가라사대 볼찌어다 날이 이르리니 내가 이스라엘 집과 유다 집으로 새 언약을 세우리라

2008년 6월 16일부터 시작하여 창세 이래 처음으로 히브리서 8장의 전대미문의 새 언약을 하나님께서 온 땅에 행하시고 계신다. 이제 하나님께서 엄위하시다는 것을 온 땅이 알고 시인하게 된다. 하나님의 위력은 엄하여 죄인을 향하여 단호하게 심판하신다. "견고하고 크고 강한 칼로 날랜 뱀 리워야단 곧 꼬불꼬불한 뱀 리워야단을 벌하시며 바다에 있는 용을 죽이시리라"고 하신 예언대로 전 세계를 미혹케 하는 수많은 용들을 죽이시고 계신다. 혁로 교인들의 생의 바퀴를 영원히 불사르는 자들, 귀신의 소리 방언으로 수십만 명의 교인들을 끌어모았던 용이 최근에 죽었다. 또한 예수 이름으로 귀신을 쫓아낸다는 용도 죽이신다. 귀신의

처소가 된 교회 안에서 지옥 불의 소리로 설교하는 혀가 얼마나 많은 사람들을 섶나무처럼 불살라 죽였는지, 죽이고 있는지[사9:19] 알면 기절할 것이다.

어떤 화도 복도 내릴 수 없는 흉악한 귀신이 교인 머리 위에 손을 얹고 "성령받을지어다, 귀신아 떠날지어다, 병이 나을지어다. 대학에 합격할지어다" 등등, 달콤한 말로 복술가 노릇 하고 있다. 우상이 된 목사가 손으로 머리에 안수하는 것을 축복받은 것으로 생각하고, 그 말만 믿고 교회 다니는 자들 또한 전부 하나님과 아무 관계가 없다. 돈을 받고 부흥사로 돌아다니는 복술가들, 탐욕스러운 우상들이 누군지 성경대로 명확히 알아야 한다. 다시 말하면 에덴동산에서 하와를 간사한 말로 유혹하여 선악과를 먹게 하는 뱀이 사람이 본능으로 아는 뱀이 아니라 성경을 가지고 성경과 다른 거짓말을 하는 설교자, 성경을 가르치는 지도자들을 뜻하신 것이다.

창세기에 에덴동산에 있었던 미혹하는 뱀에 관한 말씀은 이 세상에 악한 자들이 높은 자리에 앉아서 선생 노릇 하며, 성경을 가지고 "하나님, 예수님" 하면서 공감하고 사기치는 종교 지도자들의 모형이다. 원욕이 그대로인 채 성경을 가지고 하나님의 뜻과

이사야9:19
만군의 여호와의 진노로 인하여 이 땅이 소화되리니 백성은 불에 타는 섶나무와 같을 것이라 사람이 그 형제를 아끼지 아니하며

이사야41:23
후래사를 진술하라 너희의 신 됨을 우리가 알리라 또 복을 내리든지 화를 내리라 우리가 함께 보고 놀라리라

는 아무 상관이 없는 말을 지어내서 가르치는 자들의 머리다. 이런 자들을 '옛 뱀, 사단, 마귀, 독사, 광명의 천사로 가장한 자, 불법하는 자, 불의한 재판관들, 아바돈, 아볼루온, 이리, 악어, 가르치는 귀신, 거짓 선지자, 발람, 거짓 선생, 적그리스도, 원수, 미운 물건, 우상'이라고 비유하신 것이다. 이런 악한 자들의 실체가 낱낱이 드러나는 때가 일곱째 날이며, 신약으로 말하면 셋째 날이자, 이사야 27장의 그날이다.

이사야 27:1
그날에 여호와께서 그 견고하고 크고 강한 칼로 날랜 뱀 리워야단 곧 꼬불꼬불한 뱀 리워야단을 벌하시며 바다에 있는 용을 죽이시리라

¹내가 나의 사랑하는 자를 위하여 노래하되 나의 사랑하는 자의 포도원을 노래하리라 나의 사랑하는 자에게 포도원이 있음이여 심히 기름진 산에로다 ²땅을 파서 돌을 제하고 **극상품 포도나무를 심었었도다** 그 중에 망대를 세웠고 그 안에 술틀을 팠었도다… ⁴**내가 좋은 포도 맺기를 기다렸거늘 들포도를 맺힘은 어찜인고** ⁵이제 내가 내 포도원에 어떻게 행할 것을 너희에게 이르리라 내가 그 울타리를 걷어 먹힘을 당케 하며 그 담을 헐어 짓밟히게 할 것이요 ⁶내가 그것으로 황무케 하리니 다시는 가지를 자름이나 북을 돋우지 못하여 **질려와 형극이 날 것이며** 내가 또 구름을 명하여 그 위에 비를 내리지 말라 하리라 하셨으니 ⁷…그들에게 공평을 바라셨더니 도리어 포학이요 그들에게 의로움을 바라셨더니 도리어 부르짖음이었도다 [사5:1~7]

'극상품 포도나무'는 예수 그리스도를 뜻하신 예언

이다. 2021년 동안 예수 이름 사용하는 망대, 곧 교회를 세우고 강단에서 좋은 포도 맺기를 바라셨는데 들포도가 맺혔다는 이 예언이 진실로 사실이었다. 2021년 지금 이 세대에 믿음이 올 때까지 온 세상 교회들이 이러한 들포도에 해당한다고 누가 믿었겠는가? 성경이 모든 것을 죄 아래 가두어 둔 기간에 신앙생활 한다는 사람들 전부가 이에 해당하여 썩는 양식을 위해 일한 것이다.

요한복음 6:27
썩는 양식을 위하여 일하지 말고 영생하도록 있는 양식을 위하여 하라 이 양식은 인자가 너희에게 주리니 인자는 아버지 하나님의 인치신 자니라

'질려'란 황무지에서 자라며 온몸에 거센 털이 있는 가시나무와 동의어다. 하나님의 뜻은 단 한 절도 보이지도 들리지도 아니하여 믿지 아니하는 곳에서 '돈'이 신이 되어 교회 강단에서 오직 돈 이야기만 하고, 진리의 도를 훼방하는 자들이 바로 '질려'와 '형극'이다. 자신들이 스스로 말씀을 찾아와서 자원하여 헌금하고도 나를 사기죄로 고소한 자들, 이단이란 거짓말로 정죄하여 감옥에까지 가둔 모든 자들이 질려와 형극이다. 그러나 이제 "이스라엘의 빛은 불이요 그 거룩한 자는 불꽃이라 하루 사이에 그의 형극과 질려가 소멸되며 그 삼림과 기름진 밭의 영광이 전부 소멸되리니"[사10:17~18]라고 하신 말씀이 이미 실상이 되고 있다. '하루 사이에'라는 말씀은 여호와의 날, 인자의 날인 이때 질려

와 형극인 '가시나무들'이 다 소멸된다는 뜻이다.

"형극과 질려가 내 백성의 땅에 나며 희락의 성읍, 기뻐하는 모든 집에 나리니 대저 궁전이 폐한 바 되며 인구 많던 성읍이 적막하며 산과 망대가 영영히 굴혈이 되며 들나귀의 즐거하는 곳과 양 떼의 풀 먹는 곳이 될 것임이어니와"[사 32:13~14]라고 하신 예언대로 전 세계 교회들이 이렇게 실상이 되고 있다. "새 언약"[히8장]으로 돌아서지 아니하면 반드시 이 판결대로 된다. 그 징조가 진리의 성령인 나와 새 언약으로 창조함을 받은 성도, 영생을 이미 받은 자들이 실상이 된 것이다. 그래서 "온 천하는 하나님 앞에 잠잠하라"고 한 것이다.

히브리서 8:8
저희를 허물하여 일렀으되 주께서 가라사대 볼찌어다 날이 이르리니 내가 이스라엘 집과 유다 집으로 새 언약을 세우리라

다른 말로 성경을 가지고 성경과 다른 거짓말로 설교하여 악행하는 것을 막기 위함이다. 또한 이 일은 자신들을 영원히 살리시는 하나님의 사랑이며, 그 어떤 것으로도 갚을 수 없는 은혜다. 그러나 질려와 형극인 자들은 성경을 읽어도 자신들에 대한 예언인지 알지 못한다. 그래서 재앙이 실상이 되기 전에 하나님께서 '예비해 두신 땅'으로 이사하라고 하신 것이다.

'북방'에서, '부정한 곳'에서
속히 빠져나오라 하신다

내가 한 사람을 일으켜 북방에서 오게 하며 내 이름을 부르는 자를 해 돋는 곳에서 오게 하였나니 그가 이르러 방백들을 회삼물같이, 토기장이의 진흙을 밟음같이 밟을 것이니
[사41:25]

이 '한 사람'이 바로 나에 대한 예언이다. 내가 태어난 곳이 북방, 곧 겨울이 있는 한국이다. 증명한다. 이 북방은 "여호와는 광대하시니 우리 하나님의 성, 거룩한 산에서 극진히 찬송하리로다 터가 높고 아름다워 온 세계가 즐거워함이여 큰 왕의 성 곧 북방에 있는 시온 산이 그러하도다"[시48:1~2]라고 하신 말씀이 실상이 된 곳이다. 다시 택하신 예루살렘, 다른 말로 시온 산, 큰 왕이신 하나님이 영원히 거하시는 성, 낙토, 본토, 고토, 본향, 우리 하나님의 성, 거룩한 성, 거룩한 자들이 거하는 산, 온전한 상층의 소리를 발하기에 터가 높고 아름답다고 하신 큰 왕의 성의 주인들은 성경대로 보고 듣고 믿고 행동한 나와 은혜로교회 성도들이며, 북방, 곧 겨울이 있는 곳, 추운 계절이 있는 곳에서 태어났다. 하나님께서 정하신 때가 되어 집이나 형제나 자매나 부모나 자식이나 전토를 다 두고 계명을 지켜 '여호와의 이름', 곧 하나님의 이름으로 부르신 '예비하신 땅'에 오게 하셨다는 뜻이다. 따라서 이 예언의 실상인 사람들은 '전대미문의 새 언약'을 선포하는 진리의 성령과 함께 한 성도들이다. 온전한 믿음인 한 사람을 일으켜 북방에서 나오게 하라고 하신 말씀은 이제 예언이 아니라 실상이 되었다. 그래서 예언도 폐하는 것이다.

'방백들'이란 '높은 자'라는 뜻으로 오늘날로 하면 성경을 사용하여 설교하는 모든 지도자들, 세상의 지도자들을 말씀하신 것이다. 이런 지도자들을 "회삼물같이 토기장이의 진흙을 밟음같이" 밟을 것이라고 하신 말씀은 나를 사용하셔서 천국의 비밀을 열어 전대미문의 새 언약을 밝히시는 이 일이 방백들을 밟는 것이다. 이 말씀은 반드시 여호와의 날, 인자의 날인 일곱째 날에 하나님께서 친히 전대미문의 새 언약으로 모든 이론을 파하시며, 모든 원수를 다 굴복시키시므로 실상이 된다. 이에 대해서 이미 3021년 전에 "우리가 주를 의지하여 우리 대적을 누르고 우리를 치려 일어나는 자를 주의 이름으로 밟으리이다"[시44:5]라고 예언되어 있고, 이 기도대로 "위에 있는 권세들"[롬13:1]인 하나님의 아들들이 일어나서 전대미문의 새 언약

고린도전서 13:8
사랑은 언제까지든지 떨어지지 아니하나 예언도 폐하고 방언도 그치고 지식도 폐하리라

고린도후서 10:5
모든 이론을 파하며 하나님 아는 것을 대적하여 높아진 것을 다 파하고 모든 생각을 사로잡아 그리스도에게 복종케 하니

누가복음 20:43
내가 네 원수를 네 발의 발등상으로 둘 때까지 내 우편에 앉았으라 하셨도다 하였느니라

로마서 13:1
각 사람은 위에 있는 권세들에게 굴복하라 권세는 하나님께로 나지 않음이 없나니 모든 권세는 다 하나님의 정하신 바라

으로 북방에서, 부정한 곳에서 반드시 빠져 나오라고 광포
하고 있다. 그래서 이사야 선지자를 통해 이렇게 예
언하셨다.

> ¹⁰여호와께서 열방의 목전에서 그 거룩한 팔을 나타내셨
> 으므로 모든 땅 끝까지도 우리 하나님의 구원을 보았도다
> **¹¹너희는 떠날찌어다 떠날찌어다 거기서 나오고 부정한 것**
> **을 만지지 말찌어다 그 가운데서 나올찌어다** 여호와의 기
> 구를 메는 자여 스스로 정결케 할찌어다 [사52:10~11]

귀신이 주인인 자, 원욕이 그대로인 사람의 소리는
다 부정하다. 영적인 소경, 귀머거리, 벙어리인 자들
은 다 부정하다. 부분적으로 성경을 보고 사람 수준에
서 말하는 자는 다 부정하다. 성경이 모든 것을 죄 아
래 가두어 둔 기간은 다 부정하다. 그래서 한 몫의 삶
을 완전히 떠나라고 하신 것이다[마19:29, 막10:29~30,
눅18:29~30]. 이런 부정한 자, 곧 살았다 하는 이름을
가졌으나 영적으로 죽은 자들[계3:1]이 설교하는 곳이
귀신의 처소요, 귀신의 가르침을 받는 곳이다.

이런 교회에서, 세상에서 떠나고 나오라고 하신다. 곧 영
적으로 애굽 같은 세상[계11:8]을 떠나고, 귀신의 처소 바벨
론에서 나오라고 하신다. 부정한 것을 만진 자들은 일
곱째 날, 제삼일인 2021년 지금 이 세대에 '영원한 언

마가복음 10:29~30
29 예수께서 가라사대 내
가 진실로 너희에게 이르
노니 나와 및 복음을 위하
여 집이나 형제나 자매나
어미나 아비나 자식이나
전토를 버린 자는
30 금세에 있어 집과 형
제와 자매와 모친과 자식
과 전토를 백 배나 받되
핍박을 겸하여 받고 내세
에 영생을 받지 못할 자가
없느니라

누가복음 18:29~30
29 이르시되 내가 진실로
너희에게 이르노니 하나
님의 나라를 위하여 집이
나 아내나 형제나 부모나
자녀를 버린 자는
30 금세에 있어 여러 배
를 받고 내세에 영생을 받
지 못할 자가 없느니라 하
시니라

요한계시록 3:1
...내가 네 행위를 아노니
네가 살았다 하는 이름은
가졌으나 죽은 자로다

요한계시록 11:8
저희 시체가 큰 성 길에
있으리니 그 성은 영적으
로 하면 소돔이라고도 하
고 애굽이라고도 하니 곧
저희 주께서 십자가에 못
박히신 곳이니라

요한복음 6:27
썩는 양식을 위하여 일하
지 말고 영생하도록 있는
양식을 위하여 하라 이 양
식은 인자가 너희에게 주
리니 인자는 아버지 하나
님의 인치신 자니라

약'을 받고 씻으라고 하신다. 은혜로교회 성도들은 이미 이곳에서 빠져 나와 하나님께서 약속하신 땅에서 영생하는 양식을 영, 육으로 온전히 먹으며 일하고 있다. 지금 이때 새 언약의 말씀으로 부정한 것을 만진 것 때문에 더러워진 것을 씻지 아니하면 그는 이스라엘에서 끊어질 것이라고 하셨다.

시편 102:18
이 일이 장래 세대를 위하
여 기록되리니 창조함을
받을 백성이 여호와를 찬
송하리로다

마가복음 12:27
하나님은 죽은 자의 하나
님이 아니요 산 자의 하나
님이시라 너희가 크게 오
해하였도다 하시니라

요한계시록 12:7~8
7 하늘에 전쟁이 있으니
미가엘과 그의 사자들이
용으로 더불어 싸울쌔 용
과 그의 사자들도 싸우나
8 이기지 못하여 다시 하
늘에서 저희의 있을 곳을
얻지 못한지라

다시 말하면 전 성경 기록 목적이 일곱째 날, 여호와의 날, 인자의 날인 지금 이 세대 하나님의 택한 백성들을 위함[시102:18]이라는 사실을 인지해야 전 세상이 분별이 되고, 하나님은 죽은 자의 하나님이 아니라 살아 있는 산 자의 하나님이시라는 것을 깨달아 진리로 돌아서게 된다. 1930여 년 전에 예언하신 대로 하늘의 군대인 '미가엘과 그의 군사들'이 마귀의 세력, 곧 용과 그의 사자들과 영적인 전쟁[계12:1~17]을 하고 있다. 이 전쟁으로 인하여 2년이 다 되도록 땅에 내린 재앙이 '코로나19 온역 재앙'이다. 그러나 이 재앙은 빙산의 일각일 뿐이다.

하나님의 행하신 일을 와서 보라고 하시는 은혜의 때에 모두 진리로 돌아서야 한다. 코로나19 온역 재앙으로 하나님의 징벌하심을 받고도 돌아서지 않는 인생들에게 "가지가 마르면 꺾이나니 여인이 와서 그것을 불사를 것이라 이 백성이 지각이 없으므로 그들을 지으신 자가 불쌍히 여기지 아니하시며 그들을 조성하신 자가 은혜를 베풀지 아니하시리라"[사27:11] 하신 말씀이 실상이 되어 지각이 없는 자들을 불쌍히 여기지 않으신다. '하나님의 도', '생명의 도인 새 언약'을 밝히는 진리의 성령을 훼방한 자는 육체가 살아 있을 때 공개 사과하고 회개해야 한다. 부당한 판결을 속히 돌이키지 아니하면 전 성경에 기록된 재앙이 이 땅에 다 내린다.

25

예수님이 타신 **'나귀'**의 비밀을 푸는 **'명철'**을 찾아라

「조선일보, 동아일보」 2021년 12월 3일 금요일

스마트폰으로 QR 코드를 스캔 하시면
[이제 온 천하는 잠잠하라] 전문을 다운로드 받을 수 있습니다.

하나님께서는 '지각이 없는 자'를 불쌍히 여기시지 않는다

⁷네가 하나님의 오묘를 어찌 능히 측량하며 전능자를 어찌 능히 온전히 알겠느냐 ⁸하늘보다 높으시니 네가 어찌 하겠으며 음부보다 깊으시니 네가 어찌 알겠느냐 ⁹그 도량은 땅보다 크고 바다보다 넓으니라 ¹⁰하나님이 두루 다니시며 사람을 잡아 가두시고 개정하시면 누가 능히 막을소냐 ¹¹하나님은 허망한 사람을 아시나니 악한 일은 상관치 않으시는 듯하나 다 보시느니라 [욥11:7~11]

'허망한 사람'은 일생 교회를 다니며 혀로 "주여 주여" 하지만 살았다 하는 예수 이름을 가지고 있으나 영적으로 "죽은 자"[계3:1]다. 더 넓게는 귀신이 주인이 된 사람으로 한 몫의 삶을 일생 헛되게 살다가 육체가 죽는 사람이다. 따라서 자신에게 단 한번뿐인 인생을 자기 소견대로, 곧 원욕대로 살다가 죽어서 자신의 영혼이 어디로 가는지 알지 못하고, 관심도 없

요한계시록 3:1
사데 교회의 사자에게 편지하기를 하나님의 일곱 영과 일곱 별을 가진 이가 가라사대 내가 네 행위를 아노니 네가 살았다 하는 이름은 가졌으나 죽은 자로다

이 사는 사람이 허망한 사람이다. 이를 알게 해주는 곳이 사람들이 흔히 말하는 '종교'다. 그러나 모든 종교는 사람이 만든 것이다. 그러므로 허망한 사람이 만든 종교를 통해서는 절대 허망함에서 벗어날 수 없다.

온 세상 어느 종교 경전에 "내가 이 천지 만물을 창조했다"고 하시는 참 신이 어디 있느냐? 오직 창조주 하나님 한 분밖에 없으시다. 그런데 왜 성경을 경전으로 삼고 종교생활을 하는 사람들도 다른 종교인들과 일반이고, 무신론자들과 일반[전2:16]일까? 욥기 11장의 말씀에 같은 종교인인 소발이 고난받는 욥에게 "너는 하나님의 오묘하심을 알지 못한다"고 책망하며 허망한 사람 취급을 한다. 욥은 예수 그리스도의 그림자요 표상이다. 욥과 욥의 세 친구간의 논쟁은 욥기 37장까지 이어진다. 문자 그대로 보면 소발의 책망이 맞는 것 같지만, 하나님은 이미 1장에서 욥을 순전하고 정직하여 악에서 떠난 자[욥1:1]라고 하시는데 사단은 욥이 까닭 없이 하나님을 경외하겠느냐고 변쟁한다. 이는 하나님의 아들 예수 그리스도께서 이 땅에 오셨을 때 사단, 곧 마귀가 예수 그리스도를 시험할 것[마4:1~11, 막1:13, 눅4:1~13]을 예언하신 것이고, 결국 예수 그리스도께서도 사건을 만나 십자가에 달리셔서

전도서 2:16
지혜자나 우매자나 영원토록 기억함을 얻지 못하나니 후일에는 다 잊어버린지 오랠 것임이라 오호라 지혜자의 죽음이 우매자의 죽음과 일반이로다

욥기 1:1
우스 땅에 욥이라 이름하는 사람이 있었는데 그 사람은 순전하고 정직하여 하나님을 경외하며 악에서 떠난 자더라

마가복음 1:13
광야에서 사십 일을 계셔서 사단에게 시험을 받으시며 들짐승과 함께 계시니 천사들이 수종들더라

"엘리 엘리 라마 사박다니(나의 하나님 나의 하나님 어찌하여 나를 버리셨나이까)"[마27:46, 막15:34]라고 하나님을 원망할 것을 미리 예언하신 것이다.

결국 욥도, 욥의 세 친구도 논쟁을 끝내지 못하고 하나님께서 욥을 책망하시자, 그때 욥이 진실로 "내가 스스로 깨달을 수 없는 일을 말하였고 스스로 알 수 없고 헤아리기 어려운 일을 말하였나이다"[욥42:3]라고 회개하며, "귀로 듣기만 하였삽더니 이제는 눈으로 주를 뵈옵나이다"[욥42:5]라고 고백한다. 그래서 온 세상에 성경을 사용하는 모든 사람들은 반드시 욥을 통한 하나님의 뜻을 깨달아 알아야 한다. 자신들은 이미 하나님을, 예수 그리스도를 잘 알고 믿고 있다고 생각하는데, 하나님께서는 '지각이 없는 자'를 불쌍히 여기시지도, 은혜를 베푸시지도 않는 하나님이시라는 것을 깨달아야 한다.

> 가지가 마르면 꺾이나니 여인이 와서 그것을 불사를 것이라 이 백성이 지각이 없으므로 그들을 지으신 자가 불쌍히 여기지 아니하시며 그들을 조성하신 자가 은혜를 베풀지 아니하시리라 [사27:11]

욥이 가진 모든 것을 다 잃고 고난을 받지 않았다면, 욥도 허망한 사람으로 끝날 뻔했다. 이런 영적인 상태를 예수

마태복음 27:46
제구시 즈음에 예수께서 크게 소리질러 가라사대 엘리 엘리 라마 사박다니 하시니 이는 곧 나의 하나님, 나의 하나님, 어찌하여 나를 버리셨나이까 하는 뜻이라

마가복음 15:34
제구시에 예수께서 크게 소리지르시되 엘리 엘리 라마 사박다니 하시니 이를 번역하면 나의 하나님 나의 하나님 어찌하여 나를 버리셨나이까 하는 뜻이라

님을 통해서 명백하게 보여주셨건만, '십자가의 도의 비밀'을 모르고 2천여 년간 예수님이 십자가에서 우리의 죄를 다 지시고 죽으셨기에 "오직 예수" 입으로 믿는다고 시인만 하면 죽어서 천국 간다고 가르친 것이 지옥 불의 소리가 되어 일생 교회를 다녀도 진리 한 절 모른 채 둘째 사망인 영원한 영벌에 처한다는 기막힌 사실을 지금 전 세계에 살고 있는 77억의 사람들, 특히 성경을 가지고 종교생활을 하는 사람들 중 누가 알았는가? 아무도, 그 누구도 몰랐다는 것을 온 세상 사람들은 몰라도 이제 은혜로교회 성도들은 안다.

요한계시록 20:14
사망과 음부도 불못에 던지우니 이것은 둘째 사망 곧 불못이라

사람이 종교를 만들거나 찾고 신앙하는 목적은 영생과 하나님 나라에 들어가서 천국의 삶을 사는 것이다. 창세 이래 모든 인간은 자신이 인지하든 인지하지 못하든 죽지 않고 영원히 사는 것을 염원한다. 하나님을 모르는 다른 종교는 전부 근본부터 사람의 이론에 기초하여 사람 수준을 벗어나지 못하고 오늘 이 시간까지 허망하게 이어져 왔고, 성경을 사용하여 종교생활 하는 사람들도 자신들이 착각했을 뿐 영생과 천국을 소망하지만 허망하게 살고 있다. 이는 창세 이래 사람 차원은 하나님을 알 수 없도록 기록하신 것이 성경이라는 사실을 2008년 6월 16일이 될 때

까지 아무도 모르고 있었기 때문이다. 이렇게 하나님께서 온 세상을 경영해 오신 목적은 "이 일이 장래 세대를 위하여 기록되리니 창조함을 받을 백성이 여호와를 찬송하리로다"[시102:18]라고 하신 말씀을 이루시기 위해서다.

하나님께서 정하신 때가 될 때까지 천국은 비밀로 이어져 왔음을 아무도 모르고 있다가 나로 알게 하신 것이 세상에 알리시는 시작이었다. 그래서 믿음이 올 때까지 성경이 모든 것을 죄 아래 가두어 두었다고 하신 것이며[갈3:22~23], 이는 모든 사람들이 하나님을 하나님으로 아는 지각이 없었음을 판결하신 것이다[사27:11]. 지각이 없이 한 뭇의 삶을 살고 죽으면 영원한 지옥 불구덩이에 들어간다. 이런 지옥 불에 들어가는 것을 막고 영생을 얻어 하나님 나라, 곧 천국에 들어가도록 돕는 역할이 '또 다른 보혜사 진리의 성령'이 하는 일이다.

갈라디아서 3:22~23
22 그러나 성경이 모든 것을 죄 아래 가두었으니 이는 예수 그리스도를 믿음으로 말미암은 약속을 믿는 자들에게 주려 함이니라
23 믿음이 오기 전에 우리가 율법 아래 매인 바 되고 계시될 믿음의 때까지 갇혔느니라

이사야 27:11
가지가 마르면 꺾이나니 여인이 와서 그것을 불사를 것이라 이 백성이 지각이 없으므로 그들을 지으신 자가 불쌍히 여기지 아니하시며 그들을 조성하신 자가 은혜를 베풀지 아니하시리라

예수님이 타신 '나귀' 속에 감추어둔 '천국의 비밀'

¹저희가 예루살렘에 가까이 와서 감람산 벳바게에 이르렀

을 때에 예수께서 두 제자를 보내시며 이르시되 ²너희 맞은 편 마을로 가라 곧 매인 나귀와 나귀 새끼가 함께 있는 것을 보리니 풀어 내게로 끌고 오너라 ³만일 누가 무슨 말을 하거든 주가 쓰시겠다 하라 그리하면 즉시 보내리라 하시니 ⁴이는 선지자로 하신 말씀을 이루려 하심이라 일렀으되 ⁵시온 딸에게 이르기를 네 왕이 네게 임하나니 그는 겸손하여 나귀, 곧 멍에 메는 짐승의 새끼를 탔도다 하라 하였느니라 [마21:1~5]

사람으로 하여금 '지각'이 생기게 하기 위해 예수님께서 '나귀를 타신 비밀'을 밝힌다. '나귀'는 말(馬)과에 속하는 짐승으로 고대 사회에서는 짐을 나르거나 농사를 짓는 등 노동 수단이나 지체 높은 자들의 교통 수단으로 재산 가치가 있었고, 이방 나라에서는 식용으로 사용되기도 했지만, 하나님을 섬기는 이스라엘에게는 발굽은 갈라지나 새김질을 못 하는 짐승이어서 '부정한 짐승'이다.

나귀에 대한 해답을 성경에서 찾으면 "소는 밭을 갈고 나귀는 그 곁에서 풀을 먹는데"[욥1:14]라고 하신 말씀에서 나귀는 가축으로, 풀을 먹는다. 또한 "고아의 나귀를 몰아 가며 과부의 소를 볼모 잡으며"[욥24:3]라는 말씀에 풀을 먹는 나귀의 주인은 고아다. "누가 들나귀를 놓아 자유하게 하였느냐 누가 빠른 나귀의 매인 것을 풀었느냐 내가 들로 그 집을, 짠 땅으로 그 사는 처소를 삼았느니라 들나귀는 성읍의 지꺼리는 것을 업신여기니 어거하는 자의 지르는 소리가 그것에게 들리지 아니하며 초장이 된 산으로 두루 다니며 여러 가지 푸른 것을 찾느니라"[욥39:5~8]고 하신 말씀에서 들나귀는 '지각이 없는 허망한 자'를 뜻하신다. 여기까지 들나귀에 대하여 종합하면 나귀의 주인은 '고아'이고, 먹이는 '풀'이며, 들나귀의 집은 '짠 땅', 즉 '소금 땅'이다.

이 말이 무슨 뜻일까? 영적으로 고아는 하나님 아버지도, 어미도 없는 자다. 이런 고아가 나귀의 주인이다. 이 나귀의 먹이는 풀이다. 모든 육체는 풀이라고 하셨듯이 사람이 원욕대로, 곧 죄를 짓고 일생 자기 뜻대로 사는 인생을 풀에 비유하신 것이다[사40:6~7]. 이런 인생인 사람들은 나귀의 먹이가 된다. 나귀도, 풀도 다 사람을 말씀하시는 것이다. 들나귀의 거처는 짠물을 내는 곳, 소금 땅으로 야고보서 3장에 성경을 가지고 선생 노릇 하며 혀로 성경과 다른 거짓말, 곧 지옥 불로 보내는 설교를 하는 자가 서 있는 '교회'를 지칭하신 것이다[약3:6~12]. 이렇게 기록된 성경의 단어, 곧 말의 뜻을 알지 못하면 일생 교회를 다녀도 '들나귀'에 해당한다.

이사야 40:6~7
6 말하는 자의 소리여 가로되 외치라 대답하되 내가 무엇이라 외치리이까 가로되 모든 육체는 풀이요 그 모든 아름다움은 들의 꽃 같으니
7 풀은 마르고 꽃은 시듦은 여호와의 기운이 그 위에 붊이라 이 백성은 실로 풀이로다

^{6}혀는 곧 불이요 불의의 세계라 혀는 우리 지체 중에서 온몸을 더럽히고 생의 바퀴를 불사르나니 그 사르는 것이 지옥 불에서 나느니라… ^{10}한 입으로 찬송과 저주가 나는도다 내 형제들아 이것이 마땅치 아니하니라 ^{11}샘이 한 구멍으로 어찌 단물과 쓴물을 내겠느뇨 ^{12}내 형제들아 어찌 무화과나무가 감람 열매를, 포도나무가 무화과를 맺겠느뇨 이와 같이 짠물이 단물을 내지 못하느니라 [약3:6~12]

혀로 죽이는 독이 가득한 설교, 말에 실수를 하는 선생이 성경을 가지고 사람의 소리, 곧 세속적인 사단의 소리로 하는 설교가 교인들을 죽이는 독이요, 저주하는 것이며, 따라서 이런 가르침은 짠물이며, 쓴물이라는 뜻이다. 이런 선생의 설교는 천국의 복음이 아니라 지옥 불에서 나는 소리이며, 이런 지도자가 있는 교회가 바로 소금 땅인 짠 땅이라고 한 것이다. 곧 지옥의 사자인 용, 사단, 마귀, 가르치는 귀신, 옛 뱀, 독사의 소리가 있는 곳이 바로 들나귀가 거처하는 땅이라는 것이다. 들나귀의 주인은 하나님 아버지를 알지 못하는 고아다. 지옥 불의 소리를 하는 자는 사실 고아 정도가 아니라, 대적자요 원수다. 불의한 재판관이요 불법하는 자들이다.

^{33}이와 같이 너희 중에 누구든지 자기의 모든 소유를 버리지 아니하면 능히 내 제자가 되지 못하리라 ^{34}소금이 좋은

것이나 소금도 만일 그 맛을 잃었으면 무엇으로 짜게 하리
요 ³⁵땅에도, 거름에도 쓸데없어 내어 버리느니라 들을 귀
가 있는 자는 들을찌어다 하시니라 [눅14:33~35]

누가복음 14:33~35

"너희는 세상의 소금이니"[마5:13]라고 하신 말씀은
예수 그리스도를 진실로 믿는 사람을 '소금'에 비유
하셨고, 하나님의 영원하신 언약을 소금 언약이라고
하셨으며, 예수 그리스도의 제자가 되려면 누구든
지 자기의 모든 소유를 다 버려야 한다고 하셨다[눅
14:33]. 곧 자기의 원욕, 정욕뿐만 아니라 가지고 있
는 모든 소유를 다 버리지 아니하면 예수 그리스도의
제자도 안 되고, 소금 역할을 할 수 없다는 뜻이다[눅
14:34~35].

33 이와 같이 너희 중에
누구든지 자기의 모든 소
유를 버리지 아니하면 능
히 내 제자가 되지 못하
리라
34 소금이 좋은 것이나
소금도 만일 그 맛을 잃
었으면 무엇으로 짜게 하
리요
35 땅에도, 거름에도 쓸
데없어 내어버리느니라
들을 귀가 있는 자는 들을
찌어다 하시니라

  예수님께서 제자들에게 "곧 매인 나귀와 나귀 새끼가
함께 있는 것을 보리니 풀어 내게로 끌고 오너라"[마21:2]고
말씀하셨지만, 이 말씀 속에 감추어 두신 천국의 비
밀을 모르셨다. 예수님께서 모르실 것을 이미 욥기서
에 기록해 놓으셨다. 하나님께서 욥에게 "누가 빠른 나
귀의 매인 것을 풀었느냐"[욥39:5]고 하신 질문에 대답을
할 수가 없었던 것이 그 증거이다. 그러나 욥기서에
기록된 하나님의 뜻을 3421년이 지난 지금 이 세대
까지도 아무도 알지 못한 채, 예수님께서 나귀를 풀

고린도전서 14:23
그러므로 온 교회가 함께
모여 다 방언으로 말하면
무식한 자들이나 믿지 아
니하는 자들이 들어와서
너희를 미쳤다 하지 아니
하겠느냐

고린도전서 14:28
만일 통역하는 자가 없거
든 교회에서는 잠잠하고
자기와 및 하나님께 말할
것이요

고린도전서 14:7~9
7 혹 저나 거문고와 같이
생명 없는 것이 소리를 낼
때에 그 음의 분별을 내지
아니하면 저 부는 것인지
거문고 타는 것인지 어찌
알게 되리요
8 만일 나팔이 분명치 못
한 소리를 내면 누가 전쟁
을 예비하리요
9 이와 같이 너희도 혀로
서 알아 듣기 쉬운 말을
하지 아니하면 그 말하는
것을 어찌 알리요 이는 허
공에다 말하는 것이라

시편 32:9
너희는 무지한 말이나 노
새 같이 되지 말찌어다 그
것들은 자갈과 굴레로 단
속하지 아니하면 너희에
게 가까이 오지 아니하리
로다

어 오라고 하셨다고 각자 사람 소견대로 생각했던 것
이다. 이렇게 예수님이 나귀를 타셨다고만 알고 있는
것은 자신의 영혼과 아무 상관이 없는 성경적인 방언
만 되어 말씀을 전하는 자나, 듣는 교인들이나, 자신
들의 영혼과는 관계없는, 아무 유익이 없는 말이 된
다. 그래서 방언으로만 말하면 너희를 미쳤다 하지 않겠느
냐고 하셨고, 만일 통역하는 자가 없거든 교회에서 잠잠하
라고 말씀하셨던 것이다[고전14장].

또한 이렇게 성경적인 방언만 말하는 것은 생명 없
는 것이 내는 소리이며, 분명치 못한 나팔 소리만 될
뿐이다. 이런 설교를 일생 하고, 일생 들어도 영적인
전쟁이 무엇인지도 모른 채 영적인 전쟁을 할 수 없
으며, 더 치명적인 것은 '허공'에다가 말하는 것이 된
다는 사실이다. 그러니 열매는 단 하나도 맺을 수 없
고, 설교하는 자신도, 듣는 교인들도 안 믿는 자들이
된다고 하셨다. 그런데 이런 말씀을 누가 알았으며,
누가 믿었는가? 14년째 증거를 해도 안 믿고 대적하
고 '이단'이라 정죄하며 옥에 가두기까지 핍박하고 있
다. 그래서 나귀에게 재갈을 먹이지 아니하면 너희에
게로 나아오지 않는다고 하셨던 것이다. 이제는 허망
한 소리를 그치고 온 천하는 잠잠해야 한다.

하나님께서 온 세상 만유인 '모든 것, 우주 만물이나 세상에 존재하는 모든 것들'이 다 하나님을 알게 될 때까지 성경이 모든 것을 죄 아래 가두어 두는 기간에 예수님께서 불가불 왕 노릇 하게 두신 것이다 [고전15:24~28]. 그래서 "누가 들나귀를 놓아 자유하게 하였느냐 누가 빠른 나귀의 매인 것을 풀었느냐"[욥39:5]라고 욥을 책망하신 것이다.

들나귀는 하나님을 하나님으로 아는 지식, 분별력이 없이 자신들이 스스로 예수를 잘 믿는다고 자긍하는 자칭 기독교인들을 비유하신 것이다. 2021년 지금 이 시간에도 전 세계를 미혹하는 용들인 목사 아래 말과 나귀, 당나귀에 해당하는 비류와 잡배들이 있다. 그러나 이런 실상이 다 드러나도 아무도 그 교회가 하나님께 제사하지 않고 마귀에게 제사하는 교회, 우상이 강단에 서 있는 교회라는 것을 모르고 있다[신32:17].

⁶내가 들로 그 집을, 짠 땅으로 그 사는 처소를 삼았느니라 ⁷들나귀는 성읍의 지꺼리는 것을 업신여기니 어거하는 자의 지르는 소리가 그것에게 들리지 아니하며 ⁸초장이 된 산으로 두루 다니며 여러 가지 푸른 것을 찾느니라… ¹¹네 수고하는 일을 그것에게 맡기겠느냐 ¹²그것이 네 곡식을 집으로 실어 오며 네 타작 마당에 곡식 모으기를 그것에게 의탁

고린도전서 15:24~28
24 그 후에는 나중이니 저가 모든 정사와 모든 권세와 능력을 멸하시고 나라를 아버지 하나님께 바칠 때라
25 저가 모든 원수를 그 발아래 둘 때까지 불가불 왕 노릇 하시리니
26 맨 나중에 멸망받을 원수는 사망이니라
27 만물을 저의 발아래 두셨다 하셨으니 만물을 아래 둔다 말씀하실 때에 만물을 저의 아래 두신 이가 그 중에 들지 아니한 것이 분명하도다
28 만물을 저에게 복종하게 하신 때에는 아들 자신도 그때에 만물을 자기에게 복종케 하신 이에게 복종케 되리니 이는 하나님이 만유의 주로서 만유 안에 계시려 하심이라

신명기 32:17
그들은 하나님께 제사하지 아니하고 마귀에게 하였으니 곧 그들의 알지 못하던 신, 근래에 일어난 새 신, 너희 열조의 두려워하지 않던 것들이로다

하겠느냐 [욥39:6~12]

그래서 예수 이름으로는 아무것도 제조할 수가 없다는 것을 "인자야 포도나무가 모든 나무보다 나은 것이 무엇이랴 삼림 중 여러 나무 가운데 있는 그 포도나무 가지가 나은 것이 무엇이랴"[겔15:2]라고 구체적으로 이미 예언해 두셨으며, 이는 진실로 사실이었다. 그러나 예수 이름을 진실로 믿어 계명을 지켜 실행한 자들을 "타작마당"[욥39:12]인 은혜로교회로 영원한 복음인 "새 언약"[히8장]의 말씀으로 모았으며, 이는 하나님께서 친히 매여 있던 나귀를 풀어 타작마당에 오게 하신 것이었다. 이런 자들 중에 들나귀, 들소에 해당하는 자들은 스스로 자원하여 하나님께서 약속하신 땅에 갔어도 절대 쟁기를 잡지 않고, 뒤를 돌아보고 자신들이 영원히 사는 곳인 짠 땅으로 돌아가 결국 곧 지옥 불에 갈 자들이었다.

하나님께서는 절대 이런 들나귀 같은 자들, 들소들을 사용하셔서 타작마당에 곡식을 모으게 하시지 않고, 반드시 진리의 성령을 사용하여 곡식들을 모으신다. 이렇게 모은 곡식들이 낙토에 있는 성도들, 전 은혜로교회 성도들이다. 그러나 들나귀, 들소에 해당하는 자들은 하나님께서 예비하신 땅에까지 갔어도 결국 뽑혀 나와 새빨간 거짓말로 모해하고 세상 법에 고소하였으며, 하나님의 정한 타작마당을 '폭행, 특수폭행'이라고 더러운 죄를 씌워 나와 성도들을 감옥에 가두기까지 핍박했다. 하지만 하나님께서는 타작마당을 통해 알곡으로 판결이 난 은혜로교회 성도들을 두고 "나의 타작한 곡식이여"[사21:10]라고 하셨다.

이사야 21:10
너 나의 타작한 것이여 나의 마당의 곡식이여 내가 이스라엘의 하나님 만군의 여호와께 들은 대로 너희에게 고하였노라

나귀의 맨 것을 푸는 '명철'

지금 전 세계 성경을 사용하는 모든 사람들이 욥기 말씀을 깨닫지 못하면 구원과 아무 관계가 없다. 전 성경 문자적인 기록은 다 사람의 증거에 해당하여, 도리어 이치를 더 어둡게 하는 말이 된다. 그 증거가 "시온의 딸아 크게 기뻐할찌어다 예루살렘의 딸아 즐거이 부를찌어다 보라 네 왕이 네게 임하나니 그는 공의로우며 구원을 베풀며 겸손하여서 나귀를 타나니 나귀의 작은 것 곧 나귀새끼니라"[슥9:9]고 하신 말씀을 예수님께서 문자적으로만 보고 나귀를 타신 것이다[마21:5]. 예수님은 슥9:9절의 말씀 속에 감추어져 있는 하나님의 뜻은 모르셨고, 결국 "무지한 말로 이치를 가리우는 자가 누구니이까 내가 스스로 깨달을 수 없는 일을 말하였고 스스로 알 수 없고 헤아리기 어려운 일을

마태복음 21:5
시온 딸에게 이르기를 네 왕이 네게 임하나니 그는 겸손하여 나귀, 곧 멍에 메는 짐승의 새끼를 탔도다 하라 하였느니라

말하였나이다"[욥42:3]라고 고백한 욥처럼 예수 그리스도께서도 사리의 해석을 할 수 없음을 감추어 두신 것이다. 그래서 예수 그리스도께서 나귀 새끼를 타신 것이며, '가시면류관'을 쓰신 것이다.

갈라디아서 3:22~23
22 그러나 성경이 모든 것을 죄 아래 가두었으니 이는 예수 그리스도를 믿음으로 말미암은 약속을 믿는 자들에게 주려 함이니라
23 믿음이 오기 전에 우리가 율법 아래 매인 바 되고 계시될 믿음의 때까지 갇혔느니라

2천여 년 동안 성경이 모든 것을 죄 아래 가두어 두는 기간에는 사람들로 하여금 천국의 비밀을 모르게 하셨다. 또한 하나님께 택함을 입은 자들이나 나귀, 노새, 당나귀에 해당하는 비류, 잡류, 가르치는 귀신들이 예수 이름 사용하여 왕 노릇 할 것까지 다 비밀로 감추어 두셨던 것이다. 사실이 이런데도 2021년 지금 이때까지 혀로 "오직 예수, 하나님"이라고 말만 하면 믿는다고 착각하고, 죽어서 천국 간다고 하는 거짓말에 모두 속은 것이다. 이것은 아무리 입으로 "하나님, 오직 예수"라고 해도 하나님과 예수 그리스도와 아무 관계가 없고, 무지한 말로 이치를 어둡게 하는 자들일 뿐임을 증명하신 것이다. 그래서 온전한 것이 올 때에는 부분적으로 하던 것은 다 폐하신다[고전13:10]고 하셨고, 포도나무로는 제조하기에 곧 다시 창조하기에 합당치 않다[겔15장]고 하신 것이다.

고린도전서 13:10
온전한 것이 올 때에는 부분적으로 하던 것이 폐하리라

에스겔 15:3
그 나무를 가지고 무엇을 제조할 수 있겠느냐 그것으로 무슨 그릇을 걸 못을 만들 수 있겠느냐

이제는 반드시 하나님을 아는 지각, 지식이 생기게 하는 '명철'을 찾아야 한다. '명철'은 '총명하고 사리에 밝다'는 뜻

이다. 하나님께서는 명철을 두고 "늙은 자에게는 지혜가 있고 장수하는 자에게는 명철이 있느니라"[욥12:12]고 하신다. 사람이 본능적으로 아는 장수하는 자를 말씀하시는 것이 아니라, 영생하는 자를 지칭하시는 것이다. 또한 "지혜와 권능이 하나님께 있고 모략과 명철도 그에게 속하였나니"[욥12:13]라고 하셨듯이 명철한 자도, 명철한 자의 명철도 하나님께 속했다는 뜻이다.

또한 잠언서에는 "아들들아 아비의 훈계를 들으며 명철을 얻기에 주의하라 내가 선한 도리를 너희에게 전하노니 내 법을 떠나지 말라"[잠4:1~2]고 하셨고, "내 아들아 내 지혜에 주의하며 내 명철에 네 귀를 기울여서"[잠5:1]라고 하셨으며, "아들들아 이제 내게 들으라 내 도를 지키는 자가 복이 있느니라"[잠8:32]고 하신다. 그렇다면 아비의 훈계, 아버지의 가르치심, 내 말, 선한 도리, 내 명령, 내 입의 말, 내 지혜, 선한 도리를 아들들에게 전하는 "명철", "명철을 얻기에 주의하라"고 하신 '명철'은 누구일까? 하나님께서는 친히 진술하지 않으시는데 어떻게 아들들에게 말씀하실까? 이 아들들은 누구일까? 이 아들들은 하나님의 영으로 인도함을 받는 피조물들이 고대하는 "하나님의 아들들"[롬8:14, 19]이다.

명철은 사리의 해석을 아는 자[전8:1]이며 "신령한 자

로마서 8:14, 19
14 무릇 하나님의 영으로 인도함을 받는 그들은 곧 하나님의 아들이라
19 피조물의 고대하는 바는 하나님의 아들들의 나타나는 것이니

전도서 8:1
지혜자와 같은 자 누구며 사리의 해석을 아는 자 누구냐 사람의 지혜는 그 사람의 얼굴에 광채가 나게 하나니 그 얼굴의 사나운 것이 변하느니라

는 모든 것을 판단하나 자기는 아무에게도 판단을 받지 아니하느니라"[고전2:15]고 하신 사람이다. 이를 두고 "누가 여호와의 신을 지도하였으며 그의 모사가 되어 그를 가르쳤으랴 그가 누구로 더불어 의논하셨으며 누가 그를 교훈하였으며 그에게 공평의 도로 가르쳤으며 지식을 가르쳤으며 통달의 도를 보여주었느뇨"[사40:13~14]라고 하신 것이다. 이것은 하나님의 성령, 하나님의 영, 여호와의 신이 상상이 아니라 실상이며, 진리의 성령인 나에게 통달의 도를 보여준 사람이 없다는 뜻이다. 즉 하나님께서 친히 가르치시고, 의논하시고, 교훈하셨으며, 공평의 도를 가르치셨고, 하나님을 아는 지식으로 통달의 도를 보이실 것을 2721년 전에 예언해 두신 이대로 14년째 사실이 되어 이루어지고 있다.

욥기 12:12~13
12 늙은 자에게는 지혜가 있고 장수하는 자에게는 명철이 있느니라
13 지혜와 권능이 하나님께 있고 모략과 명철도 그에게 속하였나니

디모데전서 5:9~10
9 과부로 명부에 올릴 자는 나이 육십이 덜 되지 아니하고 한 남편의 아내이었던 자로서
10 선한 행실의 증거가 있어 혹은 자녀를 양육하며 혹은 나그네를 대접하며 혹은 성도들의 발을 씻기며 혹은 환난당한 자들을 구제하며 혹은 모든 선한 일을 좇은 자라야 할것이요

그래서 지혜와 권능, 모략과 명철이 하나님께 있다[욥12:12~13]고 하신 것이다. 또한 반드시 "내가 네게 장가들어 영원히 살되 의와 공변됨과 은총과 긍휼히 여김으로 네게 장가들며 진실함으로 네게 장가들리니 네가 여호와를 알리라"[호2:19~20]는 예언이 실상이 된 여자라야 사리의 이치를 통달하며, 명철이다. 따라서 하나님께서 영원히 거하시는 성전이 되었으므로 장수하는 자에게 명철이 있고, 나이 육십이 넘은 참 과부[딤전5:9~10]이며,

늙은 자에게 지혜가 있다고 하신 것이다. 아무 늙은 자, 아무나 장수한다고 명철한 것이 아니라는 뜻이다.

2천 년 전 예수께서 나귀를 타신 사건 속에 감추어 두신 비밀을 밝히는 자가 명철이 있는 자이며, 해를 입은 여자이고, 빌라델비아 교회의 사자이며 또 다른 보혜사 진리의 성령이다. 그래서 "보혜사 곧 아버지께서 내 이름으로 보내실 성령 그가 너희에게 모든 것을 가르치시고 내가 너희에게 말한 모든 것을 생각나게 하시리라"[요14:26] 하신 말씀을 실상으로 이루고 있으며, "진리의 성령이 오실 때에 그가 나를 증거하실 것이요"[요15:26] 하신 말씀대로 14년째 사실이 되어 '예수 그리스도에 대한 비밀'을 밝히고 있다.

진리는 기록된 명제인 말씀이 사실과 일치해야 하는 것이다. 그래서 '진리의 하나님'이시고, 예수 그리스도께서는 내가 길이요 진리요 생명이라고 하셨으며, 신령한 것은 신령한 것으로 분별하여 모든 진리 가운데로 인도하여 진리를 증거하므로 나는 진리의 성령이며, 믿음이고, 하나님의 모든 것을 통달하는 명철이다. 그래서 진리의 성령을 훼방하는 자는 이 세상에서도 오는 세상에서도 영원히 죄 사하심을 받지 못하고 '지옥 영벌'에 떨어지기에 육체가 살아 있을 때 공개 사과하고 회개해야 한다. 진

고린도전서 2:13~14
13 우리가 이것을 말하거니와 사람의 지혜의 가르친 말로 아니하고 오직 성령의 가르치신 것으로 하니 신령한 일은 신령한 것으로 분별하느니라
14 육에 속한 사람은 하나님의 성령의 일을 받지 아니하나니 저희에게는 미련하게 보임이요 또 깨닫지도 못하나니 이런 일은 영적으로라야 분변함이니라

요한복음 16:13
그러하나 진리의 성령이 오시면 그가 너희를 모든 진리 가운데로 인도하시리니 그가 자의로 말하지 않고 오직 듣는 것을 말하시며 장래 일을 너희에게 알리시리라

리의 성령을 옥에 가두는 패역을 당장 멈추어야 한다. 코로나19는 빙산의 일각이다. 전 성경에 기록된 모든 재앙이 이 땅에 다 내린다.

'롯'의 후손들인
모압과 암몬 자손들의 실체

「조선일보, 동아일보」 2021년 12월 10일 금요일

스마트폰으로 QR 코드를 스캔 하시면
[이제 온 천하는 잠잠하라] 전문을 다운로드 받을 수 있습니다.

소돔과 고모라 성에서 빠져나온
'롯'과 '두 딸'

또 사람에게 이르시기를 주를 경외함이 곧 지혜요 악을 떠
남이 명철이라 하셨느니라 [욥28:28]

'악'이란 선에 대립되는 나쁘고 부정한 것이나, 인간
에게 유익을 주지 못하며 해롭고 바람직하지 못한 것,
또는 결핍이나 부족함 등을 의미하는 광범위한 개념
이다. 하나님의 측면에서는 하나님을 떠난 상태나 하나님을
떠나서 행하는 모든 것이 악에 속한다고 하셨다. 그리고 인
간적 측면에서는 상호 선한 관계성을 파괴하는 악행,
악한 생각, 계획, 그릇된 욕심, 정치적, 물리적인 힘을
겸비한 악한 세력 등, 원욕이 그대로인 사람의 생각은
항상 악할 뿐이라고 이미 판결해 두셨다.

'악'을 여러 부분, 여러 모양으로 말하면 화, 해, 악독,

죄악, 사악, 악의 등으로 표현한다. 악의 결과로 인하여 나타나는 실상은 열매 맺지 못하는 나무, 질병, 자연 재해 등등 죄의 결과로 인해 나타나는 파괴적인 현상 과 현실을 일컬을 때 사용되는 단어가 '악'이다. 곧 인 간은 하나님의 말씀으로 다시 창조되지 아니하면 악 에서 온전히 떠날 수가 없다. 창조주 하나님을 진리 대로 모르는 것 자체가, 하나님을 경외함이 없는 것 자체가 '악'의 근본이다. 그래서 "주는 죄악을 기뻐하는 신이 아니시니 악이 주와 함께 유하지 못하며 오만한 자가 주의 목전에 서지 못하리이다 주는 모든 행악자를 미워하시 며 거짓말하는 자를 멸하시리이다 여호와께서는 피 흘리기 를 즐기고 속이는 자를 싫어하시나이다"[시5:4~6]라고 판 결하셨다.

'복 있는 사람'은 악인의 꾀를 좇지 아니하며, 죄인의 길에 서지 아니하며, 오만한 자의 자리에 앉지 아니 한다고 하셨는데, 기독교, 곧 성경을 사용하는 모든 종교가 부패하고 타락하게 된 결정적인 원인은 "예 수님이 십자가에 죽으실 때 이미 인간의 모든 죄를 다 지시고 십자가에 죽으셨다"고 하는 뱀의 혀, 간사 하고 그럴듯하며 달콤한 거짓말 때문이라는 것을 누 가 알며, 이 결과가 얼마나 치명적인 것인지 누가 알

시편 1:1
복 있는 사람은 악인의 꾀를 좇지 아니하며 죄인의 길에 서지 아니하며 오만한 자의 자리에 앉지 아니하고

까? 모든 사람에게 단 한번뿐인 인생을 일생 헛되고 헛되게 보내게 하고 영원을 지옥 영벌로 가게 만드는 말이다. 영원을 영원히 파괴하는 것이다. 오죽하면 지옥 불에서 나온 소리라고 하셨겠는가?

하나님께서 욥에게 폭풍 가운데서 책망하시기를 "무지한 말로 이치를 어둡게 하는 자가 누구냐"[욥38:2]라고 하신 이 말씀은 당시 욥뿐만이 아니라, 전 세계에서 예수 이름, 하나님의 이름 사용하는 모든 종교, 크게 유대교, 천주교, 기독교가 실상으로 이렇게 하고 있는 것을 책망하신 말씀이다. 예수 그리스도께서 신령한 몸으로 부활하셨는데 왜 "사망과 음부의 열쇠"[계1:18]를 세세토록, 곧 영원토록 받으셨는지에 대한 해답이다. 예수 이름으로 악, 일만 악의 뿌리인 돈, 원욕, 정욕을 다 가리우고 더 악행을 하고 있다는 천국의 비밀이 "무지한 말로 이치를 어둡게 하는 자가 누구냐"고 하신 말씀이다.

곧 하나님의 일, 하나님의 뜻에 맞는 도리에서 벗어나게 만들어서 영원을 지옥 불에서 영벌받는 것으로 결판내 버리는 것이 이치에서 벗어난 성경과 다른 거짓말을 하는 '혀의 권세'에서 시작된 것이다. 욥의 이름의 뜻이 '핍박받는, 미움받는'으로 예수 그리스도의

야고보서 3:6
혀는 곧 불이요 불의의 세계라 혀는 우리 지체 중에서 온몸을 더럽히고 생의 바퀴를 불사르나니 그 사르는 것이 지옥 불에서 나느니라

요한계시록 1:18
곧 산 자라 내가 전에 죽었었노라 볼찌어다 이제 세세토록 살아 있어 사망과 음부의 열쇠를 가졌노니

디모데전서 6:10
돈을 사랑함이 일만 악의 뿌리가 되나니 이것을 사모하는 자들이 미혹을 받아 믿음에서 떠나 많은 근심으로써 자기를 찔렀도다

창세기 19:30~38
30 롯이 소알에 거하기를 두려워하여 두 딸과 함께 소알에서 나와 산에 올라 거하되 그 두 딸과 함께 굴에 거하였더니

그림자요 표상이다. 욥 당시의 말씀이 아니라, 지금 이 세대를 향한 교훈이 감추어져 있다.

'롯'은 이름의 뜻이 '감추어진, 덮개'이다. 롯은 아브라함의 조카로 아브라함이 갈대아 우르에서 떠날 때 아브라함과 함께 가나안에 이주했으나, 가축이 많아져서 아브라함과 동거할 수 없게 되자 그와 헤어져 자신의 눈에 보기 좋은 곳, 초장이 넉넉하고 비옥한 사해 연안 도시 소돔 근처에 정착했다. 그러나 그돌라오멜 연합군과 사해 연맹국들 사이에 발생한 전쟁 중에 포로가 되었고, 이에 아브라함의 도움으로 구출되었으며, 타락한 소돔과 고모라를 멸하시는 하나님의 불 심판에서 믿음이 없어 뒤를 돌아본 아내를 잃고, 두 딸과 함께 소알로 피신한다. 그들은 바른 길, 곧 바른 이치를 떠나 근친상간의 죄를 지음으로 불륜의 후사인 '모압과 벤암미'를 얻었는데, 이 두 아들이 '모압'과 '암몬'의 조상이 된 것이다[창19:30~38]. '롯'의 이기적이고 물질적인 선택의 결과로 인해, 인간의 원욕이 해결되지 않은 한 사람의 선택으로 인해 오늘날까지 그 후손들에게 그릇된 판단과 행동을 하게 만들었으며, 치명적인 죄를 짓게 하였다.

창세기 19:30~38
31 큰 딸이 작은 딸에게 이르되 우리 아버지는 늙으셨고 이 땅에는 세상의 도리를 좇아 우리의 배필 될 사람이 없으니
32 우리가 우리 아버지에게 술을 마시우고 동침하여 우리 아버지로 말미암아 인종을 전하자 하고
33 그 밤에 그들이 아비에게 술을 마시우고 큰 딸이 들어가서 그 아비와 동침하니라 그러나 그 아비는 그 딸의 눕고 일어나는 것을 깨닫지 못하였더라
34 이튿날에 큰 딸이 작은 딸에게 이르되 어제밤에는 내가 우리 아버지와 동침하였으니 오늘밤에도 우리가 아버지에게 술을 마시우고 네가 들어가 동침하고 우리가 아버지로 말미암아 인종을 전하자 하고
35 이 밤에도 그들이 아비에게 술을 마시우고 작은 딸이 일어나 아비와 동침하니라 그러나 아비는 그 딸의 눕고 일어나는 것을 깨닫지 못하였더라
36 롯의 두 딸이 아비로 말미암아 잉태하고
37 큰 딸은 아들을 낳아 이름을 모압이라 하였으니 오늘날 모압 족속의 조상이요
38 작은 딸도 아들을 낳아 이름을 벤암미라 하였으니 오늘날 암몬 족속의 조상이었더라

'원욕'이 그대로인 '롯과 두 딸'이 지은 치명적인 '근친상간의 죄'

소돔, 고모라 성의 불 심판에서 구출되었어도 인간의 근본 '원욕'이 그대로인 채 삶은 끝까지 바른 도리, 곧 명철의 길을 떠나 세상의 도리라는 명분을 내세워 꾀를 내어 근친상간이라는 치명적인 죄를 짓는다. 이 죄가 얼마나 무서운지, 나와 성도들을 고소한 자들 중 일부가 근친상간의 죄를 지었으며, 그 죄로 말미암아 거짓 증인이 되어 영원이 지옥 불의 심판으로 결판이 났다. 더 직설적으로 말하면 그들은 모압, 암몬의 후손들이다. 명철의 길, 곧 바른 길, 가장 선한 길에서 영원을 결판내어 영벌을 받는 모든 자들이 일만 악의 뿌리인 '돈을 선택한 자, 롯'에게서 비롯된 것이다. 롯의 선택이 2021년 이 세대까지 이어져 왔으며, 악인이 지배하는 이 세상에 속한 자들의 결과는 앞으로 마지막 대환난 끝까지 이어져 다음 판결대로 실상이 된다.

디모데전서 6:10
돈을 사랑함이 일만 악의 뿌리가 되나니 이것을 사모하는 자들이 미혹을 받아 믿음에서 떠나 많은 근심으로써 자기를 찔렀도다

⁸내가 모압의 훼방과 암몬 자손의 후욕을 들었나니 그들이 내 백성을 훼방하고 스스로 커서 그 경계를 침범하였느니라 ⁹그러므로 만군의 여호와 이스라엘의 하나님이 말하노라 내가 나의 삶을 두고 맹세하노니 장차 모압은 소돔 같

으며 암몬 자손은 고모라 같을 것이라 찔레가 나며 소금 구
덩이가 되어 영원히 황무하리니 나의 끼친 백성이 그들을
노략하며 나의 남은 국민이 그것을 기업으로 얻을 것이라
[10]그들이 이런 일을 당할 것은 교만하여 스스로 커서 만군
의 여호와의 백성을 훼방함이니라 [습2:8~10]

"내가 모압의 훼방과 암몬 자손의 후욕을 들었나니"라고
하신 말씀은 이미 14년째 실상이 되어 하나님의 큰
일을 훼방하고 이단이라 정죄했으며, 진리의 성령인
나를 거짓말로 세상 법에 고소하여 온 세상에 치욕
을 당하게 하는 이 일에 앞장선 자들, 우리에게서 나
간 대적자들의 언행에 대해 이미 2671년 전에 판결
해 두셨다. 이들의 조상은 롯과 롯의 두 딸의 근친상
간으로 지은 '죄의 씨들'이었다. 우리에게서 나가 후욕
하는 그들은 자신들 스스로 커서 하나님의 선한 일
을 훼방하고 명철의 길에 왔다가도 자신들 스스로 이
판결의 주인공들임을 증명한 것이다. 롯 한 사람의
원욕이 낳은 결과가 얼마나 치명적이며, 무지한 말로
이치를 어둡게 한 결과가 어떠한지 보라.

악을 떠남이 명철이다. 바른 길에서 떠나 굽은 길, 어
두운 길을 일생 살고, 육체는 죽어 흙으로 돌아가도
본래 하나님께서 창조하셨다는 증거로 주신 인간의

영혼(음부에 가는 자는 '혼')은 절대 죽지 않고 영원히 존재하며, 음부에 간 혼은 천년왕국 후에 육체가 부활하여 영원한 지옥에 처하게 된다. 그래서 인간은 하나님을 하나님으로 바르게 모르면 절대 '악'에서 떠날 수 없다. 절대 구원에 이를 수 없다.

"스스로 커서 그 경계를 침범하였느니라" 하나님께서는 정하신 때까지 사람에게 이 말씀 속에 감추어 두신 천국의 비밀, 곧 하나님의 뜻을 알게 하시지 않았다. 성경은 사람 차원으로는 하나님의 뜻을 알 수도 볼 수도 없도록 기록해 두셨는데, 언약궤에 손을 대지 말라고 한 계명을 어기고 아무나 아무 때나 너도나도 목사가 되고 사제가 되어 성경, 곧 언약궤에 손을 대어 함부로 사용한 것이 경계를 침범한 것이다. 구약시대는 아무나 성경을 보지도 못하고 사용할 수도 없었다. 따라서 이 판결은 2021년 지금 이 세대에 실상이 되는 예언이다. 구약, 신약성경이 한 권으로 주어지고, 누구나 성경을 사서 볼 수 있게 되면서부터다. 모압, 암몬 자손에 대한 이 판결은 롯의 때부터 시작되었지만, 이들에 대해 감추어 두신 비밀은 하나님께서 친히 가르치시는 새 언약[히8장]의 말씀으로 그 비밀이 드러나서 근친상간 한 죄를 지은 자의 보응이 얼마나 무

히브리서 8:8
저희를 허물하여 일렀으되 주께서 가라사대 볼찌어다 날이 이르리니 내가 이스라엘 집과 유다 집으로 새 언약을 세우리라

서운지 창세 이래 처음으로 밝히고 있다.

그래서 주신 계명이 바로 "예수께서 가라사대 내가 진실로 너희에게 이르노니 나와 및 복음을 위하여 집이나 형제나 자매나 어미나 아비나 자식이나 전토를 버린 자는 금세에 있어 집과 형제와 자매와 모친과 자식과 전토를 백 배나 받되 핍박을 겸하여 받고 내세에 영생을 받지 못할 자가 없느니라"[막10:29~30]고 하신 것이다. 아브라함의 친척, 곧 조카 롯의 선택이 '영원한 죄에 처하는 자들'이라는 판결이 한 치의 오차도 없이 현재도 진행되고 있으며, 마지막 7년 대환난까지 이어진다. 오죽하면 "한 사람이 두 주인을 섬기지 못할 것이니 혹 이를 미워하며 저를 사랑하거나 혹 이를 중히 여기며 저를 경히 여김이라 너희가 하나님과 재물을 겸하여 섬기지 못하느니라"[마6:24]고 하셨을까? '돈'이 '일만 악의 뿌리'가 되고 선, 악의 분별이 영원을 결판내는 기초가 되는 것이다.

이렇게 인간의 원욕, 곧 정욕이 해결되지 않으면 소돔과 고모라 성의 불 심판에서 구원을 받아도, '꾀'를 내어 더 치명적인 죄를 짓는 근원이 되는 것이다. 이는 귀신이 주인인 상태의 인간은 자신이 스스로 절대 악에서 벗어날 수 없다는 것과 그런 인간의 결과는 다 한 곳, 영원한 지옥 불못으로 들어간다는 것을 교훈하시는 것이다. 그래서 사람의 생각, 사람의 소리는 곧 '사탄의 소리'라고 하신 것이고, 반드시 모든 인간에게 주어진 판결이 "한 번 죽는 것이 정한 이치"[히 9:27]라고 하신 것이다. 그러나 이 판결을 이기는 길을 십자가의 도 속에 감추어 두셨고, 이것이 바로 악인과 의인의 경계선이다.

"그러므로 만군의 여호와 이스라엘의 하나님이 말하노라 내가 나의 삶을 두고 맹세하노니"라고 하신 이 말씀은 스바냐 선지자 때 사실이 되는 것이 아니라, 2021년 지금 이때 사실이 되어 이루어진다. 영생을 믿으라고 보증물로 주셔서 하나님께서 장가드셔서 영원히 살되 의와 공변됨과 은총과 긍휼히 여김으로 네게 장가들며 진실함으로 네게 장가들리니 네가 여호와를 알리라[호2:19~20]고 하신 말씀대로 실상이 된 '나, 진리의 성령'을 통해 지금 맹세하신다.

'맹세'는 자신이 말하는 내용의 진실함을 불변하는 진리 혹은 불변하는 권세의 심판 아래 건다는 뜻이다. 성경을 가지고 교회 강단에서 설교하는 자체가 맹세. 하나님 앞에서 자신의 말과 행동이 신실하며 약속한 바를 반드시 이루겠다는 서약, 혹은 신의를 지키기 위해 사람과 사람 사이에 행하는 약속을 뜻한다. 맹세는 하나님의 이름, 예수 이름을 걸고 하는 것인데, 예수 그리스도께서는 "어떤 것으로도 맹세하지 말라"고 하신 것이다.

> ³³또 옛 사람에게 말한 바 헛맹세를 하지 말고 네 맹세한 것을 주께 지키라 하였다는 것을 너희가 들었으나 ³⁴나는 너희에게 이르노니 도무지 맹세하지 말찌니 하늘로도 말라 이는 하나님의 보좌임이요 ³⁵땅으로도 말라 이는 하나님의 발등상임이요 예루살렘으로도 말라 이는 큰 임금의 성임이요 ³⁶네 머리로도 말라 이는 네가 한 터럭도 희고 검게 할 수 없음이라 ³⁷오직 너희 말은 옳다 옳다, 아니라 아니라 하라 이에서 지나는 것은 악으로 좇아 나느니라 [마5:33~37]

어떤 것으로도 맹세하지 말라는 이유는 하나님께서 친히 맹세하실 때, 곧 "나의 삶을 두고 맹세하노니"라고 하신 말씀이 사실이 되어 이루어질 이때, 하나님께서 진리의 성령을 통해 하시는 일 외에 모든 맹세는 다 '헛된 맹세'이기 때문이다. 하나님께서 맹세하시는 이유는 하나님의 아들들, 백성들에게는 예비하신 모든 복을 주시려고 맹세하시는 것이지만, 반대로 14년째 이 일을 훼방하고 대적하며 이 세상 법에 고소하고, 자신들을 살리되 영원히 살리시려는 하나님의 행하심을 '이단'이라 정죄하고, 성경대로 보고 듣고 믿고 깨달아 지켜 실행한 일임을 본인들 두 눈으로 다 보고도 '폭행, 특수폭행, 감금, 특수감금, 중감금, 아동학대, 방임, 유기, 교사죄'라고 거짓 송사한 모든 자들에게는 심판의 말씀이 되어 영원히 영벌을 받아 지옥 불구덩이에서 고통받으며 살게 된다.

또한 14년째 나를 통한 이 일처럼 하나님의 말씀을 전하지 않고 성경과 다른 거짓말로 가르친 사람들은 '헛된 맹세'를 한 것이다. 나의 삶, 곧 진리의 성령을 사용하셔서 하나님께서 가르치시는 히브리서 8장의 "새 언약"으로 "내 명령을 지키라 그리하면 살리라"고 하신 모든 말씀이 사실이 되어 이루어진다고 하나님 아버지께서 맹세하시고 계신다. 이제 모두 진리로 돌아서야 한다.

히브리서 8:8
저희를 허물하여 일렀으되 주께서 가라사대 볼찌어다 날이 이르리니 내가 이스라엘 집과 유다 집으로 새 언약을 세우리라

"장차 모압은 소돔 같으며 암몬 자손은 고모라 같을 것이라 찔레가 나며 소금 구덩이가 되어 영원히 황무하리니" 2671년 전에 기록할 때 '장차'이었지만, 이 일은 2658년이 지난 2008년 6월 16일에 진리의 성령을 사용하셔서 하나님께서 친히 가르치시는 전대미문의 새 일이다. 이 일을 이단이라 정죄하고, 악마의 편집을 한 SBS '그것이 알고 싶다'와 해외 언론에까지 나를 어리석은 목사로 소문나게 한 그들, 얼굴에 맷돌질하여 온 세상에 치욕을 당하게 만든 우리에게서 나가 후욕하는 자들은 '모압, 암몬 자손의 후손들'이다. 새 언약의 말씀

을 받고 귀신도 믿고 떨어서 자신들 스스로 근친상간의 죄를 자백하고도, 결국 죄의 보응을 벗어나지 못하고 영원히 영벌에 갈 자들로 스스로 결판을 낸 것이다. 창세 이래 이처럼 타락하고 부패한 세대가 없었다. 이 모든 말씀은 내 말이 아니라, 하나님께서 친히 가르치시고, 심판하시는 판결의 말씀이다.

요한복음 6:45
선지자의 글에 저희가 다 하나님의 가르치심을 받으리라 기록되었은즉 아버지께 듣고 배운 사람마다 내게로 오느니라

'찔레'는 사람이 본능적으로 아는 찔레 나무를 말씀하시는 것이 아니라, 죄로 말미암아 하나님께 버림을 받은 '저주'와 '황폐'의 상징이다. 다른 말로 하면 엉겅퀴, 가시라고 한다. 창세기에 "아담에게 이르시되 네가 네 아내의 말을 듣고 내가 너더러 먹지 말라 한 나무 실과를 먹었은즉 땅은 너로 인하여 저주를 받고 너는 종신토록 수고하여야 그 소산을 먹으리라 땅이 네게 가시덤불과 엉겅퀴(찔레, 질려, 가시, 형극)를 낼 것이라"[창3:17~18]고 하신 이 판결이 계속되어 신약에서는 "아담 안에서 모든 사람이 죽고"[고전15:22]에 해당하는 모든 자들이 다 '찔레'에 해당한다. 그래서 예수님이 머리에 쓰신 것이 '가시면류관'이며, 이미 이 땅에 오셔서 십자가에 죽으실 것도 감추어져 있었던 것이다. 이런 찔레, 가시, 엉겅퀴, 질려, 형극은 원욕이 해결되지 않은 채 일생 교회를 다녀도 도리어 죄에 죄를 더하며 혀로 예수

이름, 하나님의 이름만 사용할 뿐, 하나님 나라와 아무 관계가 없는 자들이다.

요한계시록 1:18
곧 산 자라 내가 전에 죽었노라 볼찌어다 이제 세세토록 살아 있어 사망과 음부의 열쇠를 가졌노니

육체대로 예수 그리스도를 아는 모든 자들이 다 이러하다. 이들은 모두 "사망과 음부의 열쇠"[계1:18]를 사용하며 한 몫의 삶도 헛되게 살고, 영원한 영벌에 들어가는 자들이다. 이들은 모두, 영적인 소경이요 귀머거리들이라 결국 두려움이 없는 것이다. 이런 저주와 황폐에서 영원히 벗어나서 안식하는 날이 여호와의 날인 지금 이 세대이며, 하나님께서 이미 계획해 두신 대로 약속하신 땅을 예비해 두시고, 이런 저주와 황폐된 곳에서 이사하게 하여 영원히 저주에서 벗어나게 하는 하나님의 지극하신 사랑이 바로 14년째 나를 통한 이 일이다.

지금 이 세대에 실상이 될
소돔과 고모라의 '불 심판'을 피하라

요한복음 6:45
선지자의 글에 저희가 다 하나님의 가르치심을 받으리라 기록되었은즉 아버지께 듣고 배운 사람마다 내게로 오느니라

롯과 두 딸의 이야기가 그때로 끝난 것이 아니라, 전 성경 기록 목적인 일곱째 날, 신약성경으로 하면 삼 일째 되는 이때, 여호와의 날, 인자의 날인 이때를 위해서 기록되었으며, 하나님께서 친히 가르치시는

전대미문의 새 언약인 히브리서 8장의 말씀이 사실이 되어 2008년 6월 16일부터 이루어지고 있다. 하나님께서 친히 진술하시지 않고 예수 그리스도 안에 "한 새 사람"[엡2:15]인 나를 사용하셔서 대언하시는 14년째 이 일이 하나님의 행하시는 일이다. 그러나 아무것도 모르면서 거짓말로 훼방하고, 전 세계에 진리의 성령을 어리석은 사람으로 소문나게 만들어서 이 세상 법에 고소하고 대적하는 자들은 하나님의 나라를 함께 유업으로 받을 수 없는 자들이다.

온 세상에 천명한다. 진리의 성령인 나를 통한 이 일을 대적하고 훼방하는 자는 소돔, 고모라가 받은 불 심판이 그때로 끝난 것이 아니라, 지금 이 세대에 온전히 실상이 되어 소금 구덩이가 되어 영원히 황무하게 되는 심판을 받는다. 이것은 성령을 훼방한 자들이 받는 판결과 동일하다.

> [31]그러므로 내가 너희에게 이르노니 사람의 모든 죄와 훼방은 사하심을 얻되 성령을 훼방하는 것은 사하심을 얻지 못하겠고 [32]또 누구든지 말로 인자를 거역하면 사하심을 얻되 누구든지 말로 성령을 거역하면 이 세상과 오는 세상에도 사하심을 얻지 못하리라 [마12:31~32]

이 말씀으로 '성령'이 기독교인들이 상상하는 '성령'이 아님

히브리서 8:8
저희를 허물하여 일렀으되 주께서 가라사대 볼찌어다 날이 이르리니 내가 이스라엘 집과 유다 집으로 새 언약을 세우리라

에베소서 2:15
원수 된 것 곧 의문에 속한 계명의 율법을 자기 육체로 폐하셨으니 이는 이 둘로 자기의 안에서 한 새 사람을 지어 화평하게 하시고

전도서 3:11
하나님이 모든 것을 지으시되 때를 따라 아름답게 하셨고 또 사람에게 영원을 사모하는 마음을 주셨느니라 그러나 하나님의 하시는 일의 시종을 사람으로 측량할 수 없게 하셨도다

이 명백하게 증명된다. '훼방'이란 악의를 가지고 욕하고 비방하고 방해하는 것을 말한다. 다른 말로는 모독, 비방이라고 한다. 상상하는 성령이라면 누가 욕하고 비방하며 모독하나? '욕하다'라는 말도 남을 저주하고 명예를 더럽히는 말, 남을 조롱하고 수치를 주며 낙심시키고자 하는 모욕이나 비난과 책망, 다른 말로 능욕, 수치라고 한다. '모독하다'란 상대방의 인격과 권위와 영향력을 침범하여 더럽히고 욕되게 하다. 원어로 말하면 '어리석은, 명성'의 합성어로 어리석은 자로 소문나게 하다라는 뜻이다.

너무도 정확하게 온 세상에 나를 어리석은 자로 소문나게 하고, 인격을 짓밟고, 권위와 영향력을 멸시하며, 수치와 치욕을 14년째 받고 있으며, 3년이 넘도록 옥에 갇혀서 온 세상으로부터 모독을 받고 있다. 지옥 불구덩이에 갈 자신들을 영원히 살리는 '하나님의 큰일'을 행하는 나를 그토록 잔인하게 오랜 시간 멸시, 천대하고 훼방하고 있다. 그래서 이렇게 판결해 두셨다.

> [26]우리가 진리를 아는 지식을 받은 후 짐짓 죄를 범한즉 다시 속죄하는 제사가 없고 [27]오직 무서운 마음으로 심판을 기다리는 것과 대적하는 자를 소멸할 맹렬한 불만 있으리

라 ²⁸모세의 법을 폐한 자도 두 세 증인을 인하여 불쌍히 여
김을 받지 못하고 죽었거든 ²⁹하물며 하나님 아들을 밟고
자기를 거룩하게 한 언약의 피를 부정한 것으로 여기고 은
혜의 성령을 욕되게 하는 자의 당연히 받을 형벌이 얼마나
더 중하겠느냐 너희는 생각하라 ³⁰원수 갚는 것이 내게 있
으니 내가 갚으리라 하시고 또 다시 주께서 그의 백성을 심
판하리라 말씀하신 것을 우리가 아노니 ³¹살아 계신 하나님
의 손에 빠져 들어가는 것이 무서울진저 [히10:26~31]

성령을 훼방하는 자, 욕되게 하는 자는 하나님께서
원수를 갚으신다고 하신 이 언약이 이미 실상이 되어
나에게 7년 징역형을 판결 확정함과 동시에 온 세상
인 애굽에 내린 형벌이 여호와의 칼인 코로나19 온역 재
앙이다. 내가 우리 아이들을 학교 못 가게 했다고 거
짓 주장하는 악인들의 말만 듣고 아동학대, 유기, 방임,
교사죄를 씌운 미친 판결에 대해 유치원부터 대학교
까지 학생들이 학교를 못 가고 온라인 수업을 받는
등 하나님의 원수 갚음을 2년이 다 되도록 온 세상이
경험하고 있어도 두려워하지 않는 자들을 보았다.
이제 가슴 치고 후회를 해도 소용이 없다.

롯과 두 딸의 후손들을 두고 "암몬 사람과 모압 사람
은 여호와의 총회에 들어오지 못하리니"[신23:3]라고 하신
이 판결은 절대 변치 아니하고 이 세대까지 이어져

왔으며, 여호와의 날인 지금 이 세대에 심판을 받아 끝이 난다. 이들은 자신들의 근본이 어디서 왔는지, 이 땅에 왜 태어났는지, 육체가 죽어서 영원히 가는 곳이 어디인지 알지 못하고, 헛되고 헛된 삶을 살고 있다. 귀신이 주인이 된 사람의 결과는 모두 영원한 영벌인 지옥 불구덩이에 들어간다. 여호와의 총회는 하늘에 기록한 장자들의 총회로 새 언약의 말씀으로 약속하신 땅에 모은 '진리의 성령'과 '다시 창조함을 받은 성도들'을 지칭하는 것이다. 장자의 총회 안에 들어오지 못한다는 것은 하나님의 나라인 '천국'에 들어가지 못한다는 판결이다.

일만 악의 뿌리인 돈을 좇아 원욕대로 산 '롯과 두 딸'이 지은 죄에서 돌이키는 '생명의 길'을 하나님께서 미리 다 계획해 두셨고, 정하신 때가 되어 진리의 성령을 통해 이 뜻을 알게 해주시고 인도하신 분은 '하나님'이시다. 그래서 행함으로 구원받는 것이 아니라 '하나님의 은혜로 받은 구원'이다. 이제라도 늦지 않았다. 진리로 모두 돌아서면 된다. 육체를 입고도 죽지 아니하고 영원히 사는 '명철의 길'을 14년째 열고 계신다. 그러나 진리의 성령을 훼방한 자들은 반드시 공개 사과하고 회개하라. 코로나19 온역 재앙은 빙산의 일각이다.

이제 온 천하는 **잠잠하라**

27

'주의 얼굴'을
보게 되는 일곱째 날,
'하나님의 절기'를 지켜라

「조선일보, 동아일보」 2021년 12월 17일 금요일

스마트폰으로 QR 코드를 스캔 하시면
[이제 온 천하는 잠잠하라] 전문을 다운로드 받을 수 있습니다.

이제는 '**하나님의 공의**'로
세상을 통치할 때다

    '공의'는 하나님의 거룩한 성품 중 하나로 선과 악을 정확하게 분별하여 죄가 무엇인지? 죄의 결과는 어떤 심판을 받게 되는지? 하나님의 온전한 법을 기준으로 선, 악을 분별하는 것이다. 그래서 주신 계명대로 좌로나 우로나 어느 한 쪽으로 치우치지 아니하고, 바른 길인 정로를 따라 행함으로 나타나는 결과가 공의다. 다른 말로 하면 '심판, 법, 권리, 정의'라고 한다. 따라서 '원욕'이 그대로인 사람에게서는 절대 찾을 수 없다. '공의'는 하나님의 완전하고 의로운 법을 기준으로 잘못된 것이나 잘된 것을 가감 없이 판단하고 심판하는 행위를 일컫는 동시에, 하나님께서 인간을 판단하시는 도덕적 기준이다. 하나님의 말씀으로 거듭나지 아니하면 '공의'나 '정의'라는 단어를 사용할

이사야 30:21
너희가 우편으로 치우치든지 좌편으로 치우치든지 네 뒤에서 말 소리가 네 귀에 들려 이르기를 이것이 정로니 너희는 이리로 행하라 할 것이며

수 없다. 이 사실을 모르면 온 땅에서 좌편, 우편의 진영 논리는 절대 끝날 수 없다. 이는 이미 지나온 역사가 증명하고 있다.

2021년 6월 16일부터 "온 천하는 잠잠하라 하나님의 법으로 온 세상의 거짓을 판결한다"라는 광고를 하는 이유를 밝힌다. 이것은 '사람의 증거'가 아닐 뿐만 아니라 예수 그리스도께서 이 땅에 계실 때 '공의, 정직, 선, 의'로 심판하시는 실상이 아니라는 것을 전 성경을 성경으로 해석해서 변증하고 있으며, 오직 성부 하나님과 아들 예수 그리스도, 진리의 성령, 곧 셋이 하나가 되어 '전대미문의 새 언약'을 통해 밝히시는 '하나님의 증거'이다. 따라서 이 심판의 말씀 앞에 전 세계 모든 사람이 반드시 무릎을 꿇게 된다.

요한복음 5:34
그러나 나는 사람에게서 증거를 취하지 아니하노라 다만 이 말을 하는 것은 너희로 구원을 얻게 하려 함이니라

요한일서 5:7~9
7 증거하는 이는 성령이시니 성령은 진리니라
8 증거하는 이가 셋이니 성령과 물과 피라 또한 이 셋이 합하여 하나이니라
9 만일 우리가 사람들의 증거를 받을진대 하나님의 증거는 더욱 크도다 하나님의 증거는 이것이니 그 아들에 관하여 증거하신 것이니라

⁷그러하나 내가 너희에게 실상을 말하노니 내가 떠나가는 것이 너희에게 유익이라 내가 떠나가지 아니하면 보혜사가 너희에게로 오시지 아니할 것이요 가면 내가 그를 너희에게로 보내리니 ⁸그가 와서 죄에 대하여, 의에 대하여, 심판에 대하여 세상을 책망하시리라 [요16:7~8]

예수 그리스도를 통해 하신 이 예언, 약속이 실상이 되어야 '공의'가 이 세상에 세워진다. 곧 하나님이 '하나님'이 되시고, 하나님의 법으로 선, 악을 분별하게 되므로 하

요한계시록 12:1
하늘에 큰 이적이 보이니
해를 입은 한 여자가 있는
데 그 발 아래는 달이 있
고 그 머리에는 열두 별의
면류관을 썼더라

호세아 2:19~20
19 내가 네게 장가들어
영원히 살되 의와 공변됨
과 은총과 긍휼히 여김으
로 네게 장가들며
20 진실함으로 네게 장가
들리니 네가 여호와를 알
리라

나님을 믿는 사람들이 죄, 곧 '악'을 버리고 의롭게 되
어 심판을 받지 않게 된다. 이때가 삼 일, 칠 일이 되
는 지금 이 세대이며, 공의를 베풀 때 사용하시는 사
람이 참 과부이며, 다른 말로 '진리의 성령'이고, "해를
입은 여자"[계12:1]이며, 하나님께서 장가 드신 실상의
"사람"[호2:19~20]이다. 지금 이 세대는 소돔 같고 고
모라 같다. 이때 하나님께서 친히 공의와 선이 무엇
인지 가르치실 것을 예언하신 이사야 1장의 말씀이다.

¹⁰너희 소돔의 관원들아 여호와의 말씀을 들을찌어다 너희
고모라의 백성아 우리 하나님의 법에 귀를 기울일찌어다
¹¹여호와께서 말씀하시되 너희의 무수한 제물이 내게 무엇
이 유익하뇨 나는 수양의 번제와 살진 짐승의 기름에 배불
렀고 나는 수송아지나 어린 양이나 수염소의 피를 기뻐하
지 아니하노라 [사1:10~11]

이렇게 2721년 전에, 곧 예수 그리스도께서 이 땅
에 오시기 700년 전에 이미 십자가에서 흘리시는 피
와 창세 이래 오는 세상이 될 때까지 순교자들이 흘
리는 피도 기뻐하지 않으신다고 판결해 두셨다[사
1:11]. 그러나 이 사실은 진리의 성령이 실상이 되기
전까지는 아무도 모르는 천국의 비밀이었다. 그래서
히브리서에서 "새 언약의 중보이신 예수와 및 아벨의 피

보다 더 낫게 말하는 뿌린 피니라"[히12:24]고 예언해 두신 것이다. 그러나 문제는 "더 낫게 말하는 뿌린 피"라고 하신 말씀의 뜻을 모르니 "예수의 십자가의 피로 씻음 받을지어다", "예수의 피로, 피로" 하는 미친 소리를 하며, 믿음 좋은 척 가장하고 순교하자고 설교한다. 그래서 예수 그리스도께서 당신이 하나님 우편으로 승천하시는 것이 너희에게 유익이라고 하셨던 것이다[요16:7].

요한복음 16:7
그러하나 내가 너희에게 실상을 말하노니 내가 떠나가는 것이 너희에게 유익이라 내가 떠나가지 아니하면 보혜사가 너희에게로 오시지 아니할 것이요 가면 내가 그를 너희에게로 보내리니

"더 낫게 말하는 뿌린 피"라고 하신 것은 하나님께서 '전대미문의 새 언약'[히8장], 곧 '영원한 언약'을 말씀하시는 지금 이때, 하나님의 말씀을 대언하는 사람인 내가 옥에 갇히고 세상 사람들에게서 수치를 겪어야 할 고난과 땅에 있는 모든 이론을 다 파하고, 2천 년간 성경을 사용하며 기득권 세력이 되어 있던 크고 넓은 문에 선 자들이 일할 시기가 끝났음을 선언하여 세상 사람과 반대편에 서서 하나님의 법으로 죄에 대하여 세상을 책망하기 때문이다. 또한 새 언약의 말씀으로 인해 '하나님의 새 일'을 대적하는 자들이 영원한 심판을 받기 때문에 "더 낫게 말하는 뿌린 피"라고 하신 것이다. '전대미문의 새 언약'으로 의인은 영원히 의롭게 되어 전 성경에 기록된 모든 복을 다 받아 누리

히브리서 8:8
저희를 허물하여 일렀으되 주께서 가라사대 볼찌어다 날이 이르리니 내가 이스라엘 집과 유다 집으로 새 언약을 세우리라

요한복음 16:8
그가 와서 죄에 대하여, 의에 대하여, 심판에 대하여 세상을 책망하시리라

되 영원히 누리지만, 반대로 악인들은 성령을 훼방하는 죄를 지음으로 영원히 지옥 불의 심판을 받아 죽게 되기 때문이다.

지금 전 세계 교회들이 지키고 있는
'모든 절기'는 다 폐해야 한다

[13]헛된 제물을 다시 가져오지 말라 분향은 나의 가증히 여기는 바요 월삭과 안식일과 대회로 모이는 것도 그러하니 성회와 아울러 악을 행하는 것을 내가 견디지 못하겠노라 [14]내 마음이 너희의 월삭과 정한 절기를 싫어하나니 그것이 내게 무거운 짐이라 내가 지기에 곤비하였느니라 [사 1:13~14]

전 세계 기독교와 천주교에서 행하는 '사순절, 부활절, 오순절, 추수감사절, 성탄절, 송구영신예배' 등은 하나님과 아무 관계가 없이 사람이 만든 절기일 뿐이다. 특히, 성경에 성탄절이 어디에 있는가? 없는 것을 만들어서 지키고 있는 천주교, 기독교를 보라. '이방 풍속'을 따르는 것이다. 이 때문에 "그것이 내게 무거운 짐이라"고 말씀하신다. 이런 이방의 절기를 지키고 있는 전 세계 성경을 사용하는 모든 사람들에게 하나님께서 "수고하고 무거운 짐진 자들아 다 내게로 오라 내가 너희를 쉬게 하리라"[마11:28]고 하신 것이다. '사람 생각대로 만들어 낸 절기'를 지키는 것이 사람들에게도 무거운 짐이며, 하나님께도 무거운 짐이라고 하시건만, 2021년 이때까지 지키고 있다. 지금 이 세대는 전 우주적인 일곱째 날로서 반드시 영혼을 정결케 하여 죄를 영원히 대속함을 받는 대속죄일이자 안식일이며, 여호와의 날, 인자의 날, 심판 날, 형벌의 날, 의인의 세대가 열리는 은혜의 때이다. '정한 절기'가 도래했는데 알지도 못하고, 지키지도 않고 있다.

> 저희가 여호와께 전제를 드리지 못하며 여호와의 기뻐하시는 바도 되지 못할 것이라 저희의 제물은 거상 입은 자의 식물과 같아서 무릇 그것을 먹는 자는 더러워지나니 저희의 식물은 자기 먹기에만 소용될 뿐이라 여호와의 집에 드릴 것이 아님이니라 [호9:4]

'거상'이란 상을 입은 자가 애곡하는 기간, 곧 사람이 죽어서 상중에 있는 자를 말한다. 현재 전 세계 교회가 '거상 입은 자'와 같은 영적인 상태다. 진실로 나는 영적으로 죽은 자들 앞에서 애통해 하며 그렇게 울었고, 지금도 울고 있다. 그 중에 영적인 잠에서 깨어 일어난 성도들은 말씀을 받고 행동했지만, 후욕하

요한계시록 3:1
사데 교회의 사자에게 편지하기를 하나님의 일곱 영과 일곱 별을 가진 이가 가라사대 내가 네 행위를 아노니 네가 살았다 하는 이름은 가졌으나 죽은 자로다

는 자들은 새 언약의 말씀을 받고 여호와의 땅인 낙토에까지 갔다가 거하지 못하고 스스로 떨어지거나, 하나님께서 뽑아 내시거나, 혹은 쟁기를 잡고 가다가 되돌아 간 자들이다. 또한 살았다 하는 이름인 예수 이름을 가졌으나 완전히 죽은 자들[계3:1]은 절기를 모르고 성경과 다른 거짓말로 강대상에서 자기 일을 하는 전 세계 목회자들과 그 아래 하인 노릇 하는 교인들이다. 이런 자들을 두고 신약성경에서는 "하나님 나라에 합당치 않은 자들"[눅9:62]이라고 판결하셨다. 이들은 모두 '육에 속한 자들'로서, 하나님의 성령의 일을 받지 않는 자들이며[고전2:14], 귀신이 주인인 채 원욕에서 벗어나지 않고, 하나님의 말씀으로 다시 창조되지 않는 자들로 이미 심판을 받은 것이다.

이스라엘 백성이 바다의 모래 같을지라도 하나님께 택함을 입은 자는 적다고 하셨고[사10:21~22], 아무나 하나님 나라에 들어가는 것이 아니라고 미리 예언하신 대로 참 사실이었다. 그래서 "거상 입은 자의 식물"이라고 한 것이다. 혀로 "주여, 주여" 말만 하고, 적당히 교회를 다니면 죽어서 천국 간다고 생각하는 성경과 다른 거짓말로 인해 이미 마귀가 자기 것이라고 '짐승표를 한 자들'[계13:16~18]이다. 그래서 '생명의 길'

<누가복음 9:62>
예수께서 이르시되 손에 쟁기를 잡고 뒤를 돌아보는 자는 하나님의 나라에 합당치 아니하니라 하시니라

<고린도전서 2:14>
육에 속한 사람은 하나님의 성령의 일을 받지 아니하나니 저희에게는 미련하게 보임이요 또 깨닫지도 못하나니 이런 일은 영적으로라야 분변함이니라

<이사야 10:21~22>
21 남은 자 곧 야곱의 남은 자가 능하신 하나님께로 돌아올것이라
22 이스라엘이여 네 백성이 바다의 모래 같을찌라도 남은 자만 돌아오리니 넘치는 공의로 훼멸이 작정되었음이라

<요한계시록 13:17>
누구든지 이 표를 가진 자 외에는 매매를 못하게 하니 이 표는 곧 짐승의 이름이나 그 이름의 수라

은 좁고 협착한 길[마7:14]이라고 하신 것이다.

마태복음 7:14
생명으로 인도하는 문은 좁고 길이 협착하여 찾는 이가 적음이니라

> 너희가 명절일과 여호와의 절일에 무엇을 하겠느냐 [호 9:5]

지금 전 세계 교회가 여호와의 절일과 명절을 모르고 있다. 자신들이 만들어 내서 지키는 절기들은 자신들의 원욕을 채우기 위해 헌금을 받아내는 절기가 되었다. 입으로 "하나님, 예수님" 하지만 전부 죽은 자들에게 드리는 제사상의 식물 같아서 우상 앞에, 곧 마귀에게 제사드리며 자신들이 먹는 식물이 되었고, 이들은 여호와 하나님께서 정하신 절일에 드릴 수 없는 자들이 될 것을 이렇게 예언하신 것이다. 우리에게서 나가 나와 성도를 세상 법에 고소하고 후욕하는 자들은 여호와의 날, 인자의 날인 이때 하나님의 가르치심을 받고 영생하게 하는 양식을 먹고 온전히 거룩한 자, 곧 '성도'가 되어 영원히 하나님을 기쁘시게 하고 영화롭게 되는 생명의 길을 저버리고 배반한 자들이다. 여호와의 절일과 명절에 여호와 하나님께로 돌아오지 아니하는 자들은 전부 '썩는 양식'을 위해 일하는 자들이다. 일생 성경을 가지고 교회를 다니며 종교생활 해도 절대 하나님과 아무 관계가 없다.

에스겔15:2
인자야 포도나무가 모든
나무보다 나은 것이 무엇
이랴 삼림 중 여러 나무 가
운데 있는 그 포도나무 가
지가 나은 것이 무엇이랴

욥기25:5
하나님의 눈에는 달이라
도 명랑치 못하고 별도 깨
끗지 못하거든

지금 전 세계 교회들에서 지키는 모든 절기는 다 폐해야 한다. 그래서 포도나무, 곧 예수 이름으로는 아무것도 제조할 수 없다고 하셨으며[겔15장], 달이라도 명랑치 못하다고 하신 것이다[욥25:5]. 믿든 안 믿든 이는 명백한 사실이다.

형벌의 날이 이르렀고 보응의 날이 임한 것을 이스라엘이 알찌라 선지자가 어리석었고 신에 감동하는 자가 미쳤나니 이는 네 죄악이 많고 네 원한이 큼이니라 [호9:7]

사실 이미 전 세계 모든 사람들이 영적으로 보면 '형벌'을 다 겪고 있는 상태다. 다만 이런 형벌이 실상으로 이루어지는 것만 형벌인 줄 알고 있을 뿐, 이 또한 진리대로 아는 것이 아니다. 악인들에게는 심판이 쉬지 않고 진행되어 왔는데 자신들이 모를 뿐이며, 육체가 죽어서야 자신의 혼은 죽지 않고 지옥 불구덩이에 들어갔다는 것을 알게 된다. 이는 누구에게나 동일하게 적용되며, 육체를 입고 사는 동안 살아온 결과대로 심판, 곧 형벌을 받게 된다[히9:27]. 그래서 반드시 육체가 살아 있을 때 진리로 돌아서야 한다.

'가장 지혜로운 자'는 육체가 살아 있을 때 죄의 보응을 다 받고, 한 몫의 삶을 버리고, 하나님, 곧 창조주 하나님의 계명대로 삶을 사는 자들이다.

그들의 가장 선한 자라도 가시 같고 가장 정직한 자라도 찔
레 울타리보다 더하도다 그들의 파숫군들의 날 곧 그들의
형벌의 날이 임하였으니 이제는 그들이 요란하리로다 [미
7:4]

'형벌의 날'은 악인이 지배하는 세상이 끝나는 날이
며, 전 성경에 기록된 모든 형벌을 다 내리시기로 하
나님께서 정하신 날이다. 선한 사람, 정직한 사람은
단 한 명도 세상에 없고, 인간 중에 없다고 하신 이
판결이 진실로 사실이었다. 하나님께서는 반드시 성
경을 가지고 성경과 다른 거짓말로 악행을 한 지도자
들에게 책임을 물으신다. 파숫군들의 날은 이미 악인
들의 악행을 영원히 형벌하시는 날, 일곱째 날인 지
금 이 세대다. 이제 그 누구도 이러한 하나님의 법대
로 심판하심에 항변할 수 없고, 변론할 수 없다. 이미
수많은 날들을 시간으로 주셨고, 하나님의 법도 한
권으로 다 주셨고, 누구나 사서 읽을 수 있다. 무엇보
다 '전대미문의 새 언약'[히8장]을 14년째 광포하고 있
다. 그런데 누가 얼마나 인정했는가?

욥기 33:13
하나님은 모든 행하시는
것을 스스로 진술치 아니
하시나니 네가 하나님과
변쟁함은 어찜이뇨

여호와의 날인 지금 이때 여호와의 절기를 지키라고
법(성경)을 주셨고, 이 절기가 실상으로 땅에 이루어

지고 있는데도 불구하고 사람들이 임의로 만든 절기가 참인 것처럼 지키면서 여호와 하나님의 행하심에는 아무 관심이 없는 이 세대는 진실로 전 성경에 기록된 예언대로 '형벌'을 받게 된다. 형벌의 날은 2021년 지금 이 세대 여호와의 날이자, 전 성경에 기록된 모든 것을 이루는 날이다. 악인들에게는 전 성경에 기록된 형벌의 날이요, 하나님께 택하심을 입은 자들에게도 한 몫의 삶의 보응과 함께 히브리서 8장의 "새 언약"으로 '다시 창조'되어 하나님께서 예비해 두신 모든 복을 받아 누리는 때가 일곱째 날, 셋째 날인 지금 이 세대다. 이때를 알게 하시려고 '절기'를 지키라고 말씀하신 것이었다.

히브리서 8:8
저희를 허물하여 일렀으되 주께서 가라사대 볼찌어다 날이 이르리니 내가 이스라엘 집과 유다 집으로 새 언약을 세우리라

이미 이 형벌의 날이 시작되었다. 전 성경의 예언이 사실이 되어 이루어지는 날이며, 누가 악인인지, 누가 의인인지 밝혀져서 심판을 받는 때가 지금 이 세대이다. 그 징조가 진리의 성령이 실상이 된 것이며, 하나님의 아들들이 나타난 것이다. 나와 성도들은 하나님께서 약속하신 땅으로 에스겔 12장의 말씀대로 이사를 했고, 그 일로 인하여 옥에 갇힌 이 사건이 온 세상에 '형벌의 날'이라고 알리는 징조이며, 경고다. 이는 공의의 하나님께서 친히 행하시는 '심판 날'이기

에스겔 12:3~4
3 인자야 너는 행구를 준비하고 낮에 그들의 목전에서 이사하라 네가 네 처소를 다른 곳으로 옮기는 것을 그들이 보면 비록 패역한 족속이라도 혹 생각이 있으리라
4 너는 낮에 그 목전에서 네 행구를 밖으로 내기를 이사하는 행구같이 하고 저물 때에 너는 그 목전에서 밖으로 나가기를 포로 되어 가는 자같이 하라

때문이다.

'주의 얼굴'을 실상으로 보게 되는 이때 '주의 절기'를 지켜야 한다

⁶너희로 환난받게 하는 자들에게는 환난으로 갚으시고 ⁷환난받는 너희에게는 우리와 함께 안식으로 갚으시는 것이 하나님의 공의시니 주 예수께서 저의 능력의 천사들과 함께 하늘로부터 불꽃 중에 나타나실 때에 ⁸하나님을 모르는 자들과 우리 주 예수의 복음을 복종치 않는 자들에게 형벌을 주시리니 ⁹이런 자들이 주의 얼굴과 그의 힘의 영광을 떠나 영원한 멸망의 형벌을 받으리로다 [살후1:6~9]

사도 바울이 기록한 "주 예수의 복음"이라는 말씀은 문자 그대로는 '사람의 증거'[요5:34]에 해당하고, 이 증거로는 하나님께서 영광을 취하지 아니하신다[요5:41]고 판결하셨다. 이제 '주 예수'라는 말을 사용하면 안 된다. '주'라는 단어는 '오직 하나님' 한 분에게만 해당하는 용어다. 복음 또한 '우리 주 예수의 복음'이라고 하지 말아야 한다. 말 그대로 전 성경을 성경으로 해석하여 하나님의 뜻을 친히 밝히시는 영원한 언약 자체가 복음이다. 그래서 '전대미문의 새 언약'[히8장]이라고 하고, "천국 복음"[마24:14]이라고 한 것이다.

요한복음 5:34
그러나 나는 사람에게서 증거를 취하지 아니하노라 다만 이 말을 하는 것은 너희로 구원을 얻게 하려 함이니라

요한복음 5:41
나는 사람에게 영광을 취하지 아니하노라

마태복음 24:14
이 천국 복음이 모든 민족에게 증거되기 위하여 온 세상에 전파되리니 그제야 끝이 오리라

신령하신 하나님께서 언약하신 그대로 이 땅에 보내신 아들 예수를 하나님을 믿는다고 하는 유대인들이 잔인하게 죽여도 삼 일 만에 신령한 몸으로 다시 부활하게 하시는 하나님께서 "육체가 살아서 하나님을 믿으면 육체도 죽지 아니하고 영원히 살리라"고 하신 언약대로 '영생'에 이르게 하시는 길을 누가복음 24장에 감추어 두셨다. 부활하신 그리스도께서 구약성경을 가지고 자세히 당신에 대해 밝히신 것처럼 14년째 천국의 비밀을 드러내고 있는 이 일이 진실로 복음이다. 새 언약의 말씀으로 육체도 죽지 않는 영생의 길, 생명의 길을 밝히고 있는데도 이 복음에 복종치 않는 자들은 전 성경에 기록된 모든 재앙으로 형벌하시는 것이 하나님의 공의다. 각자 자신들이 행한 그대로 다 갚으시는 공의의 하나님이심을 실상으로 나타내시는 이때가 하나님께서 미리 정해두신 '형벌의 날'이다.

"주의 얼굴과 그의 힘의 영광을 떠나 영원한 멸망의 형벌을 받으리로다"라고 하신 '주의 얼굴'이 예수 그리스도의 얼굴일까? 그렇다면 예수 그리스도께서 실상으로 강림하셔서 형벌하셔야 한다. 그러나 예수 그리스도께서는 하나님의 원수가 무릎 꿇어 발등상이 되고 난 후에야 강림하신다[시110:1, 행2:35]. 혀로 "우리 주 예

누가복음 24:27
이에 모세와 및 모든 선지자의 글로 시작하여 모든 성경에 쓴 바 자기에 관한 것을 자세히 설명하시니라

시편 110:1
여호와께서 내 주에게 말씀하시기를 내가 네 원수로 네 발등상 되게 하기까지 너는 내 우편에 앉으라 하셨도다

사도행전 2:35
내가 네 원수로 네 발등상 되게 하기까지 너는 내 우편에 앉았으라 하셨도다 하였으니

수 그리스도", "주 예수여"라고 말한다고 주의 얼굴이냐? 땅에 사는 모든 만물을 창조하시고 경영하시는 분은 오직 '창조주 하나님'이다. 천하 만물, 만유의 주는 여호와 하나님 한 분뿐이시다[엡4:6]. 하나님의 얼굴, 곧 주의 얼굴을 "오직 예수"라고 말하고 믿는 자들은 영원히 하나님의 얼굴을 볼 수 없다. 주의 얼굴은 반드시 형벌의 날인 지금 이 세대에 하나님께서 영원히 거하시는 성전이 된 '진리의 성령'과 새 언약의 말씀으로 다시 창조된 '성도'를 통하여 볼 수 있고, 실상이 된다. 상상에서, 영적인 깊은 잠에서 깨어 일어나야 한다.

에베소서 4:6
하나님도 하나이시니 곧 만유의 아버지시라 만유 위에 계시고 만유를 통일하시고 만유 가운데 계시도다

시편 102:18
이 일이 장래 세대를 위하여 기록되리니 창조함을 받은 백성이 여호와를 찬송하리로다

> [15]원수 된 것 곧 의문에 속한 계명의 율법을 자기 육체로 폐하셨으니 이는 이 둘로 자기의 안에서 한 새 사람을 지어 화평하게 하시고 [16]또 십자가로 이 둘을 한 몸으로 하나님과 화목하게 하려 하심이라 원수 된 것을 십자가로 소멸하시고 [엡2:15~16]

'주의 얼굴'을 실상으로 보게 되는 것은 에베소서 2장의 말씀이 실상이 된 새 사람을 통해서이며, 이 사람은 예수 그리스도께서 이 땅에 태어나기 전 BC 750년경에 호세아 선지자를 통해 예언하신 그대로 하나님께서 장가드신 사람[호2:19~20]이다. 외모로 여자이

호세아 2:19~20, 23
19 내가 네게 장가들어 영원히 살되 의와 공변됨과 은총과 긍휼히 여김으로 네게 장가들며
20 진실함으로 네게 장가들리니 네가 여호와를 알리라
23 내가 나를 위하여 저를 이 땅에 심고 긍휼히 여김을 받지 못하였던 자를 긍휼히 여기며 내 백성 아니었던 자에게 향하여 이르기를 너는 내 백성이라 하리니 저희는 이르기를 주는 내 하나님이시라 하리라

요한계시록 11:15
일곱째 천사가 나팔을 불
매 하늘에 큰 음성들이나
서 가로되 세상 나라가 우
리 주와 그 그리스도의 나
라가 되어 그가 세세토록
왕 노릇 하시리로다 하니

어야 하고, 목사라야 한다. 한 새 사람이 된 여자, 하
나님께서 장가드셔서 육체도 죽지 아니하고 신령한
사람이 되는 자인 '나'를 "내가 나를 위하여 저를 이 땅에
심고"[호2:23]라고 하신 말씀대로 예비하신 땅에 심으
신다. 이 땅은 하나님만 경배하는 오는 세상[계11:15]
에서 수도가 되는 시온성, 새 예루살렘이며, 낙토다. 이
렇게 심으신 지금 이 세대가 명백하게 '형벌의 날'이
다. 긍휼히 여김을 받지 못하고 한 몫의 삶을 살던 나
를 긍휼히 여기시고 사용하셔서 히브리서 8장의 새
언약으로 "내 백성 아니었던 자에게 향하여 이르기를 너는
내 백성이라 하리니 저희는 이르기를 주는 내 하나님이시라
하리라"[호2:23]고 하신다는 말씀이 사실이 되었다.

또한 이 '한 새 사람'을 두고 "나의 비둘기, 나의 완전한
자는 하나뿐이로구나 그는 그 어미의 외딸이요 그 낳은 자
의 귀중히 여기는 자로구나 여자들이 그를 보고 복된 자라
하고 왕후와 비빈들도 그를 칭찬하는구나"[아6:9]라고 하
신 예언과 온전히 일치해야 하고, 일치한 자는 '하나'
뿐이다. 이를 두고 780년 후에 예수 그리스도를 통해
서는 진리의 성령이라고 다시 예언하셨으며, 이 사람
은 반드시 창세기부터 요한계시록까지 미리 예언해
두신 모든 말씀과 일치하는 사람이어야 하고, 이렇게

실상이 된 '나'를 통해 신령한 것을 신령한 것으로 분별하여 모든 진리 가운데로 인도하는 14년째 이 일이 바로 "주의 얼굴"[살후1:9]을 실상으로 보는 것이다. '진리의 성령'은 상상하는 무형의 존재가 아니라 '실상의 사람'이다.

고린도전서 2:13
우리가 이것을 말하거니와 사람의 지혜의 가르친 말로 아니하고 오직 성령의 가르치신 것으로 하니 신령한 일은 신령한 것으로 분별하느니라

데살로니가후서 1:9
이런 자들이 주의 얼굴과 그의 힘의 영광을 떠나 영원한 멸망의 형벌을 받으리로다

¹³만일 안식일에 네 발을 금하여 내 성일에 오락을 행치 아니하고 안식일을 일컬어 즐거운 날이라, 여호와의 성일을 존귀한 날이라 하여 이를 존귀히 여기고 네 길로 행치 아니하며 네 오락을 구치 아니하며 사사로운 말을 하지 아니하면 ¹⁴네가 여호와의 안에서 즐거움을 얻을 것이라 내가 너를 땅의 높은 곳에 올리고 네 조상 야곱의 업으로 기르리라 여호와의 입의 말이니라 [사58:13~14]

'주의 얼굴'이 실상이 되기 전까지는 성경이 모든 것을 죄 아래 가두어 두었고[갈3:22~23], 이는 아무 육체라도 자랑치 못하게 하시려는 하나님의 뜻이었다. 그래서 성경은 반드시 성경으로 해석하지 아니하면 어떤 사람이든 실수를 하게 된다. 전 우주적인 일곱째 날인 지금 이때 하나님의 계명대로 지켜 실행하는 것이 큰 안식일을 지키는 것이고, 거룩해지는 날인 성일이다. 이때 절기를 지키라고 때를 분별하도록 하셨는데, 절기의 참 뜻은 아무것도 모르고, 사람들이 자기들 소견대로 성경을 보고 만든 절기를 지키며 각기 자기

갈라디아서 3:22~23
22 그러나 성경이 모든 것을 죄 아래 가두었으니 이는 예수 그리스도를 믿음으로 말미암은 약속을 믿는 자들에게 주려 함이니라
23 믿음이 오기 전에 우리가 율법 아래 매인 바 되고 계시될 믿음의 때까지 갇혔느니라

길로 행하고 있다. 그래서 "네 길로 행치 아니하며 네 오락을 구치 아니하며 사사로운 말을 하지 아니하면"이라고 하신 말씀대로 불법과 불의를 좇던 모든 것에서 돌아서야 한다. 사람 생각대로, 자신의 원욕대로 성경을 자의적으로 해석하고 사람이 만든 절기를 지키는 것에서 돌아설 때가 지금 이 세대다. 이는 여호와의 뜻을 알지 못했기 때문이며, 이제 온 천하는 예수 이름, 하나님의 이름으로 오락을 행하는 종교생활을 버려야 할 때다. 이렇게 진리대로 인지되어야 형벌의 날, 형벌에서 영원히 자유할 수 있다.

이제 천하 만민은 '주의 얼굴'을 보고 '하나님의 절기'를 지켜야 한다. 사람들이 자신의 원욕대로 만든 모든 절기는 모두 폐해야 한다. 주의 얼굴이 실상이 되는 날, "그러므로 내 백성은 내 이름을 알리라 그러므로 그날에는 그들이 이 말을 하는 자가 나인 줄 알리라 곧 내니라"[사 52:6]라고 하신 말씀대로 이제야 하나님을 실상으로 보게 되며, 그 징조가 '진리의 성령'이 실상이 된 것이다.

그래서 진리의 성령을 훼방한 자들은 이 세상에서도, 오는 세상에서도 영원히 사함을 받지 못한다. 반드시 육체가 살아 있을 때 공개 사과하고 회개해야 한다. 코로나19는 재앙의 시작일 뿐이다. 전 성경에 기록된 모든 재앙이 이 땅에 내리기 전에 모두 하나님께로, 새 언약의 말씀으로 돌아서야 한다.

28

이제 온 천하는 **잠잠하라**

'여호와의 입'의 말을 청종하라!
'보스라의 심판'이 예비되었다

「조선일보」 2021년 12월 23일 목요일
「동아일보, 한국경제」 2021년 12월 24일 금요일

스마트폰으로 QR 코드를 스캔 하시면
[이제 온 천하는 잠잠하라] 전문을 다운로드 받을 수 있습니다.

'**여호와의 입**'의 말이
아닌 것은 다 '**죄**'다

[5]여호와의 영광이 나타나고 모든 육체가 그것을 함께 보리
라 대저 여호와의 입이 말씀하셨느니라 [6]말하는 자의 소리
여 가로되 외치라 대답하되 내가 무엇이라 외치리이까 가
로되 모든 육체는 풀이요 그 모든 아름다움은 들의 꽃 같으
니 [7]풀은 마르고 꽃은 시듦은 여호와의 기운이 그 위에 붊이
라 이 백성은 실로 풀이로다 [8]풀은 마르고 꽃은 시드나 우리
하나님의 말씀은 영영히 서리라 하라 [9]아름다운 소식을 시
온에 전하는 자여 너는 높은 산에 오르라 아름다운 소식을
예루살렘에 전하는 자여 너는 힘써 소리를 높이라 두려워
말고 소리를 높여 유다의 성읍들에 이르기를 너희 하나님
을 보라 하라 [10]보라 주 여호와께서 장차 강한 자로 임하실
것이요 친히 그 팔로 다스리실 것이라 보라 상급이 그에게
있고 보응이 그 앞에 있으며 [11]그는 목자같이 양 무리를 먹
이시며 어린 양을 그 팔로 모아 품에 안으시며 젖먹이는 암
컷들을 온순히 인도하시리로다 [사40:5~11]

"여호와의 영광이 나타나고 모든 육체가 그것을 함께 보리라" 이미 '여호와의 영광'이 나타났다. 사람들이 모를 뿐이다. 믿든 안 믿든 사실이다. 상상하는 자, 혀로 "오직 예수" 하며 포도주에 취해 있는 자들은 영원히 여호와의 영광을 볼 수 없다. 초림 때 하나님의 아들 예수 그리스도를 통해서 영광을 나타내셔도 그 누구도 알아보지 못했고, 도리어 하나님을 믿는다고 착각한 유대인들은 하나님의 아들을 십자가에 못 박음으로써 영원히 지옥 불구덩이에 들어가는 죄를 지었다. 그 저주를 지금 이 시간까지 유대인들이 실상으로 받고 있고, 영원히 받는다.

또한 "모든 육체가 그것을 함께 보리라"고 하신 말씀도 상상하며 '저 하늘 어딘가에서 여호와의 영광이 나타나서 보는가 보다' 하고 마음대로 생각한다. 이런 자는 영원히 하나님의 뜻이 단 한 절도 보이지도 들리지도 않아 '티끌'로 돌아간다. 모든 육체가 여호와의 영광이 나타난 것을 함께 본다고 하신 말씀은 진실로 하나님의 복음이며, 온 땅에 거하는 사람들에게 기쁜 소식이자 아름다운 소식이다. 그리고 이 말씀은 이미 실상이 되었다. 이런 하나님의 큰일을 알지 못하고 훼방한 자들은 제발 아무도 죽지 말고 살아서 '진리의 성령'을 통해 하는 이 일이 어떤 일인지 육체를 입고 두 눈으로 똑똑히 보길 바란다.

"대저 여호와의 입이 말씀하셨느니라" 이 말씀대로 당시 이 말씀을 기록한 이사야 선지자가 '여호와의 입' 역할을 하였는가? 그렇다면 그는 왜 죽었을까? 그 선지자의 입을 통하여 여호와의 말씀을 받았다면 그 당시 사람들은 왜 죽었을까? 그래서 '유언'에 대한 하나님의 판결을 반드시 알아야 한다. "이를 인하여 그는 새 언약의 중보니 이는 첫 언약 때에 범한 죄를 속하려고 죽으사 부르심을 입은 자로 하여금 영원한 기업의 약속을 얻게 하려 하심이니라 유언은 유언한 자가 죽어야 되나니 유언은 그 사람이 죽은 후에야 견고한즉 유언한 자가 살았을 때에는 언제든지 효력이 없느니라"[히9:15~17]라고 하신 것이다.

'유언'을 문자 그대로 보고 사람의 유언이라고 생각하면 안 된다. 전 성경 기록은 하나님의 뜻을 문자적인 기록 속에 감추시고 인간 저자들을 사용하여 기록하신 것이다. 따라서 전 성경을 기록한 저자들이 땅에 살아 있을 때, 이들을 통하여 기록한 말씀이 사실이 되어 이루어지는 것이 아니라는 뜻이다. 이는 이미 지나온 땅의 역사가 명백하게 증명해 준다. 그렇다고 해서 성경을 기록한 저자들이 육체가 죽고, 바로 기록된 성경이 참 사실로 이루어지는 것도 아니다. 반드시 하나님께서 정하신 때가 되어야 성경에 기록된 말씀들이 사실이 되어 이루어진다. 다시 말하면 '영원한 기업의 약속을 받은 주인공들'이 이 땅에 하나님의 보내심을 입고 실상으로 육체를 입고 올 때까지 아무도 천국의 비밀을 모르게 하신 것이다. 곧 성경을 기록한 저자들도 하나님의 뜻을 모른 채 기록하게 하셨던 것이다.

당시 이사야 선지자가 이 말씀을 기록했어도 자신의 입이 여호와의 입으로 사용되었는지도 몰랐다. 그 말씀을 들은 자도 몰랐다. 그 결과 그들은 모두 다 육체가 죽었다. 심지어 예수 그리스도께서도 당신이 여호와의 입이요 능력이라는 사실을 모르셨고, 그 결과로 죽으셨지만 하나님께서는 이미 그렇게 될 것을 구약성경을 기록한 저자들을 사용하셔서 다 보여주셨는데도 모르셨다고 하면 누가 믿겠는가? 그러나 이는 사실이다. 하나님의 아들도 모르셨다. 자신이 십자가에 죽으시고 삼 일 만에 부활한다고 여호와 하나님께서 말씀하셨어도, 그 말씀이 여호와 하나님의 말씀이라고 안 믿으셨다. 그래서 십자가에서 "엘리 엘리 라마 사박다니(나의 하나님 나의 하나님 어찌하여 나를 버리셨나이까)"[막15:34, 마27:46]라고 전면적으로 하나님

마가복음 15:34
제구시에 예수께서 크게 소리지르시되 엘리 엘리 라마 사박다니 하시니 이를 번역하면 나의 하나님 나의 하나님 어찌하여 나를 버리셨나이까 하는 뜻이라

마태복음 27:46
제구시 즈음에 예수께서 크게 소리질러 가라사대 엘리 엘리 라마 사박다니 하시니 이는 곧 나의 하나님, 나의 하나님, 어찌하여 나를 버리셨나이까 하는 뜻이라

을 부인하는 말을 하였고, 이것은 치명적인 결과를 낳아서 오늘 이 시간까지 예수 이름으로 사망의 세력 잡은 자 "마귀들"[히2:14]이 일을 하고 있을 줄 모르셨다. 그러나 이는 명백한 사실이며, 2021년 12월 현재까지 땅의 역사가 이를 증명하고 있다.

육체가 죽어 음부에 간 자들이 일생 살아서 혀로 "오직 예수, 주여, 하나님" 하던 자들이라는 사실을 '전대미문의 새 언약'[히8장]을 통해 보여주고 들려주고 있어도 이 세상은 여전히 영적인 깊은 잠을 자고 있다. 죽지도 병들지도 않는 신령한 몸으로 부활하신 예수 그리스도께서 왜 영원토록 "사망과 음부의 열쇠"[계1:18]를 받으셨는지 창세 이래 2021년 이 세대가 될 때까지 아무도 몰랐던 천국의 비밀이다. 예수 이름으로 성경과 다른 거짓말을 하여 이미 영원한 지옥 불구덩이에 던져진 인간들로 판결을 받은 자들은 모두 성경을 사용하는 종교인들이다. 믿든 안 믿든 이 말은 사실이다. 그래서 기독교는 단순히 종교 차원이 아니라 영생에 이르는 길을 제시하는 생명 자체라고 한 것이다.

전 성경에 기록된 인물들은 당시 일뿐만 아니라, 성경을 기록하신 목적인 여호와의 날, 인자의 날 지금 이 세대에 '여호와의 입의 말씀'인 새 언약으로 다시 창

히브리서 2:14
자녀들은 혈육에 함께 속하였으매 그도 또한 한 모양으로 혈육에 함께 속하심은 사망으로 말미암아 사망의 세력을 잡은 자 곧 마귀를 없이 하시며

히브리서 8:8
저희를 허물하여 일렀으되 주께서 가라사대 볼찌어다 날이 이르리니 내가 이스라엘 집과 유다 집으로 새 언약을 세우리라

요한계시록 1:18
곧 산 자라 내가 전에 죽었었노라 볼찌어다 이제 세세토록 살아 있어 사망과 음부의 열쇠를 가졌노니

호세아 2:19~20

19 내가 네게 장가들어 영원히 살되 의와 공변됨과 은총과 긍휼히 여김으로 네게 장가들며

20 진실함으로 네게 장가들리니 네가 여호와를 알리라

에베소서 2:15

원수 된 것 곧 의문에 속한 계명의 율법을 자기 육체로 폐하셨으니 이는 이 둘로 자기의 안에서 한 새 사람을 지어 화평하게 하시고

요한일서 5:7~8

7 증거하는 이는 성령이시니 성령은 진리니라

8 증거하는 이가 셋이니 성령과 물과 피라 또한 이 셋이 합하여 하나이니라

요한계시록 12:1

하늘에 큰 이적이 보이니 해를 입은 한 여자가 있는데 그 발 아래는 달이 있고 그 머리에는 열두 별의 면류관을 썼더라

요한복음 14:16~17

16 내가 아버지께 구하겠으니 그가 또 다른 보혜사를 너희에게 주사 영원토록 너희와 함께 있게 하시리니

17 저는 진리의 영이라 세상은 능히 저를 받지 못하나니 이는 저를 보지도 못하고 알지도 못함이라 그러나 너희는 저를 아나니 저는 너희와 함께 거하심이요 또 너희 속에 계시겠음이라

조합을 받을 백성들을 위한 14년째 이 일의 그림자요 모형이다. 이 사실은 지금부터 영원히 증명된다. 그러므로 반드시 '전대미문의 여호와의 입의 말씀'[히8장]을 받고 깨닫고 돌아서지 아니하면, 다른 말로 상상에서 실상이 되지 아니하면 하나님 나라와 아무 관계가 없다. 따라서 이제는 "기독교니, 무슨 종교니" 하는 말 자체를 전부 무효해야 한다. 이런 뜻을 담고 욥은 "수년이 지나면 나는 돌아오지 못할 길로 갈 것임이니라"[욥16:22]고 한 것이다.

이제 '여호와의 입'의 말씀을 청종할 때다!

새 언약의 말씀을 선포하는 '여호와의 입'은 반드시 단 한 사람, 한 곳, 호2:19~20절의 말씀이 실상이 된 "여자", 엡2:15절의 "한 새 사람", 또 다른 모양으로 요일5:7~9절의 "셋"이 하나 된 '완전한 삼위일체', "해를 입은 여자"[계12:1], "진리의 성령"[요14:16~17]의 입이 '여호와의 입의 시작'이다. 그래서 시작과 마지막은 "나는 알파와 오메가요 처음과 나중이요 시작과 끝이라"[계22:13]고 하신 하나님이시다. 이를 문자 그대로 보고 예수님이 시작과 끝이라고 말하는 자는 아직 '상상'이다. 그것

은 여호와의 입의 말이 아니다. 다른 말로 하면 성경적인 방언만 된다. 말하는 자신에게 아무 유익이 없고, 그 말을 듣는 자들에게도 아무 유익이 없는 말이다. 시작, 곧 창조자도 여호와 하나님이시고, 악인들이 일할 시기가 끝나는 심판 날도 여호와 하나님의 권한이며, 악인이 일하는 시대를 끝내고 의인의 세대를 시작하시기 위해서 14년째 진리의 성령인 나를 사용하셔서 새 일을 시작하시고 실행 중이시다. 이것은 내 말이 아니라 여호와 하나님의 입의 말이다. 그래서 여호와의 입의 말이 아닌 것은 모두 다 '죄'가 된다.

고린도전서 14:6
그런즉 형제들아 내가 너희에게 나아가서 방언을 말하고 계시나 지식이나 예언이나 가르치는 것이나 말하지 아니하면 너희에게 무엇이 유익하리요

아무나 혀로 "주여 주여" 한다고 하나님의 다스리심을 받는 것이 아니다. 저 유대인들은 하나님께서 이미 버리셨는데 지금 이 시간까지 자신들은 스스로 하나님을 잘 믿는다고 착각하여 '랍비'라 칭함을 받고 있지만, 진리를 단 한 절도 모른 채 악행을 하고 있다. 저들은 음흉한 계획으로 전 세계 정치, 경제를 지배하려 하지만, 절대 저들의 계획대로 되지 않는다. 전 세계 갑부들이 인위적으로 영생하려고 별의별 연구를 다 하고 돈을 쏟아 부어도 절대 그들의 뜻대로 영생에 이를 수 있는 것이 아니다. 반드시 새 언약의 말씀으로 실상이 되고 있는 이 일만이 참 진리

이며, 온전한 영생에 이르게 되는 유일한 길이다. 그래서 가짜가 더 요란하고 그럴듯하게 꾸미고 난리들을 치는 것이다. 이미 실상은 소리도 없이 사실이 되어 이루어지고 있으며, 이는 오직 창조주 하나님의 절대 권한으로 이루어지고 있는 것이다. 그러니 그 누구도 이 일을 막을 수도 없고, 훼방하면 자신이 영원한 영벌을 받는다. 반드시 악인에게 복수하시는 하나님이시다.

교회 지도자가 하는 설교가 '여호와의 입의 말'이 되지 아니하면 다음 판결대로 이미 심판을 받고 있는 것이다. "악인은 입술의 허물로 인하여 그물(교회)에 걸려도 의인은 환난에서 벗어나느니라 사람은 입의 열매로 인하여 복록에 족하며 그 손의 행하는 대로 자기가 받느니라"[잠 12:13~14]고 하신 이 법대로 각각 대우하신다. 여호와의 입이 아닌 사람 소리로 성경을 사용하여 설교하면 교인들을 영혼 살인한 자들이 가는 눅16:19~31절의 "음부", 곧 '지옥 불구덩이'에 떨어진다.

[17]선행을 배우며 공의를 구하며 학대받는 자를 도와주며 고아를 위하여 신원하며 과부를 위하여 변호하라 하셨느니라 [18]여호와께서 말씀하시되 오라 우리가 서로 변론하자 너희 죄가 주홍 같을찌라도 눈과 같이 희어질 것이요 진홍같이

붉을찌라도 양털같이 되리라 ¹⁹너희가 즐겨 순종하면 땅의
아름다운 소산을 먹을 것이요 ²⁰너희가 거절하여 배반하면
칼에 삼키우리라 여호와의 입의 말씀이니라 [사1:17~20]

이 말씀은 진리의 성령인 나를 통해 14년째 하나
님께서 하신 일들에 대한 예언이다. 고의적인 살인자
만 아니라면 성경이 모든 것을 죄 아래 가두어 두는
기간인 6일간(구약 4천 년+신약 2천 년, 벧후3:8로 6일)
지은 모든 죄에서 하나님께로 돌이키는 진리의 말씀
이 '여호와 하나님의 복음'이고, '여호와의 입'의 말씀이
다. 이 말씀에 순종하는 자들은 하나님께서 약속하
신 "땅의 아름다운 소산"[사1:19]을 먹는다. 그러나 여
호와의 입의 말씀을 거절하여 배반하면 '칼', 곧 영적
으로 하면 2년째 전 세계에 내리신 형벌인 '코로나19
바이러스 곧 온역인 전염병'이 '여호와의 칼'이요, 또 성
경을 가지고 성경과 다른 거짓말하는 지도자의 입이
'칼'이고, 실제 전쟁이나 테러도 '칼'이며, 이 칼에 삼
키운다. 또한 육체가 죽는 것으로 끝나는 것이 아니
라 그 혼은 영원히 죽지 아니하여 지옥 불에서 영원
히 고통받으며 살아야 한다.

성경을 사용하는 종교 지도자들이 성경과 다른 거
짓말로 설교를 하면 혀가 칼이 되어 자신도, 교인들도

베드로후서 3:8
사랑하는 자들아 주께는
하루가 천 년 같고 천 년
이 하루 같은 이 한 가지
를 잊지 말라

이사야 1:19
너희가 즐겨 순종하면 땅
의 아름다운 소산을 먹을
것이요

골로새서 2:20~23

20 너희가 세상의 초등 학문에서 그리스도와 함 께 죽었거든 어찌하여 세 상에 사는 것과 같이 의문 에 순종하느냐

21 곧 붙잡지도 말고 맛 보지도 말고 만지지도 말 라 하는 것이니

22 (이 모든 것은 쓰는대 로 부패에 돌아 가리라) 사람의 명과 가르침을 좇 느냐

23 이런 것들은 자의적 숭배와 겸손과 몸을 괴롭 게 하는데 지혜 있는 모양 이나 오직 육체 좇는 것을 금하는데 유익이 조금 도 없느니라

사무엘상 27:12

아기스가 다윗을 믿고 말 하기를 다윗이 자기 백성 이스라엘에게 심히 미움 을 받게 하였으니 그는 영 영히 내 사역자가 되리라 하니라

죽이는 영혼 살인자가 되는 것이 성경 속에 감추어 둔 천국의 비밀이다. 하나님의 뜻을 모르면서 원욕을 가진 사람이 본능으로 아는 지식으로 성경을 해석하 면 그 입의 말이 '칼'이 된다. 그래서 언약궤를 만지지 말라고 하셨던 것이다[골2:20~23]. 하나님께서 정하 신 때가 될 때까지 성경을 만지고 사용하는 죄가 자 신에게 어떤 치명적인 죄인지 이제 반드시 목회를 한 사람들은 깨달아 알아야 한다.

그러나 '새 언약'의 말씀으로 다시 창조함을 받아 여 호와의 입이 되는 '영영한 사역자들'[삼상27:12]은 그 어 떤 것으로도 그 가치를 설명할 수가 없는 존귀한 자 가 되며, 이들이 바로 육체도 죽지 않고 영생을 누리 는 자들이다. 이제 여호와의 입의 말씀을 받고 하나 님의 계명대로 살 것인지, 성경과 다른 거짓말만 믿 고 죄의 종살이를 할 것인지 각자 자유의지로 결정해야 한다. 그래서 때를 아는 것이 너무 중요하며, 지금 이 때 모두 진리로 돌아서면 된다.

[16]너희는 여호와의 책을 자세히 읽어보라 이것들이 하나도 빠진 것이 없고 하나도 그 짝이 없는 것이 없으리니 이는 여 호와의 입이 이를 명하셨고 그의 신이 이것들을 모으셨음 이라 [17]여호와께서 그것들을 위하여 제비를 뽑으시며 친수

로 줄을 띠어 그 땅을 그것들에게 나눠주셨으니 그것들이
영영히 차지하며 대대로 거기 거하리라 [사34:16~17]

따라서 여호와의 입의 말씀은 상상이 절대 아니다. 1600여
년간 40여 명의 저자를 사용하셔서 기록해 두신 성
경 속에 감추어 두셨다. 그러나 한 권의 책으로 주어
지고 누구나 사서 볼 수 있으니까 사람들은 그냥 종
교 서적, 경전 정도로 취급한 것이다. 여호와의 입의
말씀은 상상하듯 아무 데서나, 저 하늘 어딘가에서,
혹은 산 속에서 기도할 때 들려주시는 것이 아니다.
진리의 성령을 통해 신령한 것은 신령한 것으로 해석
하여 천국의 비밀을 밝히는 14년째 새 언약의 말씀이
바로 여호와의 입의 말씀이며, 성령은 이렇게 받는 것
이다. 오직 성경만이 이 세상을 통치하는 법이다. 그
래서 "그때에 네 민족을 호위하는 대군 미가엘이 일어날 것
이요 또 환난이 있으리니 이는 개국 이래로 그 때까지 없던
환난일 것이며 그때에 네 백성 중 무릇 책에 기록된 모든 자
가 구원을 얻을 것이라"[단12:1]고 하셨던 말씀이 실상이
된다. 이미 대군 미가엘이 일어났고, 여호와의 입의 말
씀으로 생명책에 기록된 모든 자들을 찾으시고 모으
시고 계시며, 온전히 구원하시고 계신다.

고린도전서 2:13
우리가 이것을 말하거니
와 사람의 지혜의 가르친
말로 아니하고 오직 성령
의 가르치신 것으로 하니
신령한 일은 신령한 것으
로 분별하느니라

'보스라'의 심판이 예비되었다
'희생의 날'을 속히 대비하라!

[1]열국이여 너희는 나아와 들을찌어다 민족들이여 귀를 기울일찌어다 땅과 땅에 충만한 것, 세계와 세계에서 나는 모든 것이여 들을찌어다 [2]대저 여호와께서 만국을 향하여 진노하시며 그들의 만군을 향하여 분내사 그들을 진멸하시며 살륙케 하셨은즉… [5]여호와의 칼이 하늘에서 족하게 마셨은즉 보라 이것이 에돔 위에 내리며 멸망으로 정한 백성 위에 내려서 그를 심판할 것이라 [6]여호와의 칼이 피 곧 어린 양과 염소의 피에 만족하고 기름 곧 수양의 콩팥 기름에 윤택하니 이는 여호와께서 보스라에서 희생을 내시며 에돔 땅에서 큰 살륙을 행하심이라… [8]이것은 여호와의 보수할 날이요 시온의 송사를 위하여 신원하실 해라 [사34:1~8]

전 성경에 가장 치명적인 칼이 전염병이다. 2년이 다 되어 가도록 전 세계, 곧 만국에 내린 여호와의 칼인 '코로나19 전염병'이 우연인 것 같은가? 그렇게 생각하는 당신은 영적으로 죽은 자다. 나를 통한 이 일을 훼방하고 패역한 죄는 전염병에 의해 죽는 것으로 끝나는 것이 아니다. 영원히 지옥 불구덩이에서 혀에 물 한 방울 없이 영원히 고통받으며 형벌을 받는다. 대한민국 사람들은 반드시 '보스라'의 비밀에 대해 알아야 한다.

'보스라'라는 말의 뜻은 '요새, 요충지, 양의 우리'라는 뜻이다. 문자 그대로 말하면 고대 에돔의 수도인데 인근 남북으로 연결된 주요 국제 도로가 지나고 있어서 염색업, 상공업이 발달했으나 이스라엘 백성의 적인 에돔의 멸망, 곧 에서 족속들의 멸망을 예언하면서 말씀하신 그 대표적인 도시가 바로 보스라이다. 이에 대해서 직설적으로 다음 말씀에 예언되어 있다.

> 야곱아 내가 정녕히 너희 무리를 다 모으며 내가 정녕히 이스라엘의 남은 자를 모으고 그들을 한 처소에 두기를 보스라 양 떼 같게 하며 초장의 양 떼 같게 하리니 그들의 인수가 많으므로 소리가 크게 들릴 것이며 [미2:12]

하나님께서 '한 처소'에 무리들을 모으시는 이유는 지금 이 세대가 형벌의 날로서 이 땅에 재앙이 내리기 때문이다. '한 처소'란 '전대미문의 새 언약'[히8장]의 말씀으로 하나님의 백성들을 한 곳에 모으는 것을 두고 말씀하신 것이다. 이미 2008년 6월 16일부터 미가서 2장의 말씀이 실상이 되어 하나님께서 친히 한 처소에 모으시는 일인 줄도 모르고 이단이라 비방하고, 심지어 세상 법에 고소하여 나와 성도들을 옥에 가두고 치욕을 주며, 얼굴에 맷돌질한 자들이 있는 곳이 바로 보스라다. 하나님께서 반드시 징벌하신다.

이사야 14:1

여호와께서 야곱을 긍휼
히 여기시며 이스라엘을
다시 택하여 자기 고토에
두시리니 나그네 된 자가
야곱 족속에게 가입되어
그들과 연합할 것이며

이를 두고 보스라에서 희생을 내신다[사34:6]고 하신 것이다. 곧 하나님의 택한 백성들, 곧 다시 택하신 이스라엘을 한 처소에 다 모으시고 나면, 이 일을 훼방한 자들이 있는 곳, 내가 한 몫의 삶을 살았던 곳인 이 땅은 그 '보응'을 받는다는 뜻이다. "보스라의 양 떼 같이"라고 말씀하신 것은 나와 성도들을 보스라인 대한민국 땅 수도권에 있는 은혜로교회에서 새 언약의 말씀으로 모으셨기 때문이다. 그래서 또 다음과 같이 예언해 두셨다.

¹에돔에서 오며 홍의를 입고 보스라에서 오는 자가 누구뇨 그 화려한 의복 큰 능력으로 걷는 자가 누구뇨 그는 내니 의를 말하는 자요 구원하기에 능한 자니라 ²어찌하여 네 의복이 붉으며 네 옷이 포도즙 틀을 밟는 자 같으뇨 ³만민 중에 나와 함께한 자가 없이 내가 홀로 포도즙틀을 밟았는데 내가 노함을 인하여 무리를 밟았고 분함을 인하여 짓밟았으므로 그들의 선혈이 내 옷에 뛰어 내 의복을 다 더럽혔음이니 [사63:1~3]

나를 사용하셔서 행하시고 계시는 이 일은 오직 하나님께서 홀로 역사하시고, 택한 백성들을 모으셔서 예비해 두신 땅에 옮기실 때 아무도 누구도 돕지 않았으며, 오직 여호와 하나님께서 역사하셔서 대체육체들을 사용하셔서 송사하게 하시고, 그로 인해 온

땅에 내리신 하나님의 진노로 인해 죽은 사람들의 희
생을 두고 이렇게 판결해 두신 것이다. 아무 생각 없
이 흉악한 귀신들, 일곱 귀신들이 이단이니 지껄이
고, 온갖 죄를 씌우고, 온 세상에서 가장 어리석은 목
사로 소문을 내며 하나님께서 하신 큰일이라는 사실
을 안 믿고 패역한 자들로 인해 이 땅에 얼마나 많은
희생이 따르는지 전 세계 그 누구도 모르고 있다.

　나를 통한 이 일의 가치는 창세 이래 온 땅 만국에 있는 그
어떤 것으로도 표현할 단어가 없다. 영원한 언약이라는 다
섯 글자 속에, 모든 이론을 다 파하는 강력이라는 말 속
에 어떤 희생이 따르는지 누가 알았으며, 누가 믿었
는가? 하나님의 큰일을 다 끝내고 나면 반드시 에돔,
곧 에서 족속들이 있는 곳, 하나님을 대적하고 진리
의 성령을 훼방한 자들이 있는 곳에 내릴 재앙은 그
소문만 들어도 사람들이 기절한다[눅21:26]고 판결해
두신 대로 사실이 된다.

　그래서 보스라에서 한 몫의 삶을 마치고, 영원한 삶
을 위해 하나님께서 예비해 두신 땅으로 이사하는 것
을 두고 보스라에서 오는 자라고 하신 것이며, 그때 일
어나는 희생으로 인해 "새 언약의 중보이신 예수와 및 아
벨의 피보다 더 낫게 말하는 뿌린 피니라"[히12:24]고 하신

고린도후서 10:5
모든 이론을 파하며 하나
님 아는 것을 대적하여 높
아진 것을 다 파하고 모든
생각을 사로잡아 그리스
도에게 복종케 하니

누가복음 21:26
사람들이 세상에 임할 일
을 생각하고 무서워하므
로 기절하리니 이는 하늘
의 권능들이 흔들리겠음
이라

것이다. 하나님의 아들 예수 그리스도께서 흘린 피, 모든 순교자들이 흘린 피보다 더 '낫게 말하는 뿌린 피'는 더 이상 그 가치를 표현할 길이 없는 것을 두고 이렇게 말씀하신 것이다. 그러나 이 세상은 하나님의 큰일이자 새 일인 이 일을 두고 감금, 특수감금, 중감금이라는 더러운 죄명을 씌웠다. 그래서 진리의 성령을 훼방한 보응은 절대 사함을 받지 못한다.

> 나 여호와가 말하노라 내가 나로 맹세하노니 보스라가 놀램과 수욕거리와 황폐함과 저줏거리가 될 것이요 그 모든 성읍이 영영히 황폐하리라 [렘49:13]

하나님께서 정하신 때가 될 때까지 악인과 의인이 교회 안에서 함께 성경을 사용하고, 기독교라는 한 틀 안에서 공존하고 있게 하시다가 일곱째 날, 여호와의 날, 인자의 날에 택하신 자녀들은 구별하여 나누시고, 악인들이 일하는 시기가 끝나는 때를 세상 끝, 말일, 말세, 마지막 때, 장래, 장차, 미래라고 여러 부분, 여러 모양으로 예언해 두신 때가 지금 이 세대다. 이날에 택하신 백성들을 영원한 복음인 "새 언약"[히8장]으로 다시 모으시고, 하나님의 계명을 지켜 약속하신 땅으로 이사할 이때 에돔 족속들, 곧 불택자들인 에서 족속들이 있는 땅, 택하신 백성 이스라엘을 괴롭

히브리서 1:1
옛적에 선지자들로 여러 부분과 여러 모양으로 우리 조상들에게 말씀하신 하나님이

히고 대적하는 자들이 있는 곳들, 특히 에돔의 수
도 '보스라'를 영원히 멸망시키신다고 예언하셨다[렘
49:13]. 그래서 "목자들은 도망할 수 없겠고 양 떼의 인도
자들은 도피할 수 없다"[렘25:35]고 하신 것이다. 그러나
그런 지도자들 아래 교회생활을 하며 아무것도 모르
는 사람들을 위해 "네 고아들을 남겨 두라 내가 그들을 살
려 두리라 네 과부들은 나를 의지할 것이니라"[렘49:11]고
하셨다. 이들은 모두 진리를 모르는 교인들이며, 그
중에 살아남아 하나님께로 돌아올 자들도 있다는 뜻
이다. 그래서 이렇게 신문을 통해, 유튜브를 통해 하
나님께로 돌아오라고 광포하고 있다[렘50:2].

예레미야 50:2

너희는 열방 중에 광고하라 공포하라 기를 세우라 숨김이 없이 공포하여 이르라 바벨론이 함락되고 벨이 수치를 당하며 므로닥이 부스러지며 그 신상들은 수치를 당하며 우상들은 부스러진다 하라

진리의 성령인 나를 통해 14년째 하나님께서 하시는 일은
내 일이 아니다. 여호와 하나님께서 친히 행하시는 새
일이다. 새 언약의 말씀으로 사람을 살리되 영원히
살리는 이 일을 이단이니 정죄하고, 세상 법에 고소
하여 감옥에 가둔 '참 과부의 송사'로 인해 2년이 다 되
도록 전 세계가 코로나19 전염병으로 535만 명이 넘
게 죽어도 경히 여기는 자들에게 전 성경에 기록된
재앙이 다 내린다. '코로나19'는 시작일 뿐이다.

이사야 1:23

네 방백들은 패역하여 도적과 짝하며 다 뇌물을 사랑하며 사례물을 구하며 고아를 위하여 신원치 아니하며 과부의 송사를 수리치 아니하는도다

지금 이때가 얼마나 중요한지 어떤 말로도 표현할 길이
없다. 반드시 '때'를 알아야 한다. 성경과 다른 거짓말을

하는 귀신의 처소 바벨론에서 빠져 나와야 한다. 이제 '여호와의 입에 말'을 청종하지 아니하면 전 성경에 기록된 재앙이 이 땅에 내릴 때 피할 길이 없다. 모든 성읍이 영원히 황폐한 성읍이 되기 전에 보스라에서 진리의 성령을 옥에 가두는 핍박을 당장 멈춰야 한다. 성령을 훼방한 자들은 육체가 살아 있을 때 공개 사과하고 회개하라. 진실로 때가 급하다.

이제 온 천하는 **잠잠하라**

창세 이래 '처음'
천국 복음이 열리고 있다

29

「조선일보, 동아일보, 한국경제」 2021년 12월 31일 금요일

스마트폰으로 QR 코드를 스캔 하시면
[이제 온 천하는 잠잠하라] 전문을 다운로드 받을 수 있습니다.

2천 년간 지속된
복음에 대한 오해

²⁵내가 한 사람을 일으켜 북방에서 오게 하며 내 이름을 부르는 자를 해 돋는 곳에서 오게 하였나니 그가 이르러 방백들을 회삼물같이, 토기장이의 진흙을 밟음같이 밟을 것이니 ²⁶누가 처음부터 이 일을 우리에게 고하여 알게 하였느뇨 누가 이전부터 우리에게 고하여 이가 옳다고 말하게 하였느뇨 능히 고하는 자도 없고 보이는 자도 없고 너희 말을 듣는 자도 없도다 ²⁷내가 비로소 시온에 이르기를 너희는 보라 그들을 보라 하였노라 내가 기쁜 소식 전할 자를 예루살렘에 주리라 ²⁸내가 본즉 한 사람도 없으며 내가 물어도 그들 가운데 한 말도 능히 대답할 모사가 없도다 ²⁹과연 그들의 모든 행사는 공허하며 허무하며 그들의 부어만든 우상은 바람이요 허탄한 것 뿐이니라 [사41:25~29]

'복음'은 좋은 소식, 기쁜 소식이라는 뜻이다. 복음이라고 직접 말을 한 것은 신약성경이다. 그런데 왜 지

금까지 모두 육체가 죽은 썩는 양식을 위해 일하였으며, 진실로 기쁜 소식이라면 영혼의 갈급함이 해결되어야 함에도 영혼의 곤고함은 더욱 심할 뿐이며, 왜 아무도 복음에 대해 온전하게 모르고 있었을까? 예수 그리스도께서 십자가에 죽으심으로 오직 예수 믿기만 하면 죽어서 천국 간다는 것은 복음이 아니라, 성경과 다른 새빨간 거짓말이며, 종교 사기다. 그렇다면 이 말씀은 언제 성취되는 것일까?

이사야 41장의 예언은 예수 그리스도께서 이 땅에 실상으로 오셨을 때가 아니라, 지금 이 세대에 진실로 온전히 성취된다. "내가 기쁜 소식 전할 자를 예루살렘에 주리라"고 하신 말씀은 2008년 6월 16일에 나를 통하여 실상이 될 예언이었고, 그래서 '전대미문의 새 언약'[히8장]이라고 한 것이다. 이 예언의 실상은 반드시 "빌라델비아 교회의 사자"[계3:7~13]를 통해서 이루어지며, 구약에서는 "언약의 사자"[말3:1]라고 하셨고, 이는 모두 '진리의 성령'인 나에 대해 여러 부분, 여러 모양으로 기록하신 예언이다. 그러나 기쁜 소식, 곧 복음은 내가 전하지만 내 말이 아니고, 하나님의 가르치심[요6:45]을 대언하는 것이다. 그러므로 14년째 대언하는 히브리서 8장의 새 언약이 하나님께서 말씀하

요한복음 6:27
썩는 양식을 위하여 일하지 말고 영생하도록 있는 양식을 위하여 하라 이 양식은 인자가 너희에게 주리니 인자는 아버지 하나님의 인치신 자니라

히브리서 8:8
저희를 허물하여 일렀으되 주께서 가라사대 볼찌어다 날이 이르리니 내가 이스라엘 집과 유다 집으로 새 언약을 세우리라

요한계시록 3:7
빌라델비아 교회의 사자에게 편지하기를 거룩하고 진실하사 다윗의 열쇠를 가지신 이 곧 열면 닫을 사람이 없고 닫으면 열 사람이 없는 그이가 가라사대

말라기 3:1
만군의 여호와가 이르노라 보라 내가 내 사자를 보내리니 그가 내 앞에서 길을 예비할 것이요 또 너희의 구하는 바 주가 홀연히 그 전에 임하리니 곧 너희의 사모하는 바 언약의 사자가 임할 것이라

요한복음 6:45
선지자의 글에 저희가 다 하나님의 가르치심을 받으리라 기록되었은즉 아버지께 듣고 배운 사람마다 내게로 오느니라

시는 복음이며, 기쁜 소식이다. 이제 온 세상이 진실로 '복음'을 받고 있다.

> [5]여호와께서 말씀하시되 내 백성이 까닭 없이 잡혀갔으니 내가 여기서 어떻게 할꼬 여호와께서 말씀하시되 그들을 관할하는 자들이 떠들며 내 이름을 항상 종일 더럽히도다 [6]그러므로 내 백성은 내 이름을 알리라 그러므로 그날에는 그들이 이 말을 하는 자가 나인 줄 알리라 곧 내니라 [사 52:5~6]

"그러므로 내 백성은 내 이름을 알리라" 지금 이 세대 성경을 사용하는 모든 사람들이 하나님을, 예수 그리스도를 다 알고 있다고 생각하는데 왜 이렇게 말씀하셨을까? 하나님께서는 "오직 예수" 하며, 예수 이름만 혀로 부르며 이용만 할 것을 아시고 미리 예언해 두신 것이다. 하나님의 이름은 여호와시다. 아들의 이름은 예수 그리스도이며, 성령도 이름이 있다. 그러나 말씀을 받는 하나님의 자녀들이 곡해하면 안 된다. 하나님의 뜻은 하나님께서 알게 해주셔야 아는 것이다. 대언하는 사람은 '그릇'이다. 이를 명백하게 알고 여호와 하나님께서 친히 가르치시고 계심을 영원히 잊지 말아야 한다[요6:45]. 대언하는 자에게 능력이 있는 것이 아니다. 예수 그리스도에게 능력이 있어서 병도 고

치고, 귀신도 떠나고, 죽은 지 나흘이나 된 자도 살아 일어나고 온갖 이적을 행하신 줄 알고 2천 년간 "오직 예수, 예수" 하며 예수 이름을 이용만 할 뿐 하나님의 행하심에는 아무 관심이 없이 지금 이 세대까지 올 것을 하나님께서는 다 아시고 계셨으나, 사람들이 몰랐을 뿐이다. 그래서 반드시 지위를 지켜야 한다.

하나님의 아들을 통해 약속하신 '또 다른 보혜사'를 실상으로 보내신 것이 기쁜 소식이며, 천국, 곧 하나님 나라가 죽어서 가는 곳이 아니라 이 땅에서 이루어지는 것이고, 진실로 사람이 살아서 하나님을 믿으면 육체도 죽지 아니하고 영원히 살 수 있는 영생이 기쁜 소식이다. 이보다 더한 기쁜 소식이 어디에 있는가? 또한 피조물들이 고대하는 "하나님의 아들들"[롬 8:14, 19]이 이 세상에 나타나고, 사람이 죄를 짓지 아니하고도 살 수 있는 길, 영원한 '영생의 길'이 실상이 되었다. 성경이 남의 이야기가 아니라, 그래서 무엇이든지 상상만 하고 영혼이 목말라하는 것이 아니라, 하나님의 나라 실상의 상속자들이 되어 창세 이래 모든 사람들이 소망하는 영생을 누리게 되는 것보다 더 기쁜 소식이 어디에 있는가?

로마서 8:14, 19
14 무릇 하나님의 영으로 인도함을 받는 그들은 곧 하나님의 아들이라
19 피조물의 고대하는 바는 하나님의 아들들의 나타나는 것이니

그러나 문제는 이 기쁜 소식에 대해 이미 전 성경

에 다 기록되어 있었지만, 2008년 6월 16일 이전까지 아무도 몰랐다는 것이다. 복음은 감추어져 있었고, 창세 이래 이제 처음 시작되는 것이다. 이것은 여호와 하나님께서 미리 계획해 두셨던 일이며, 하나님의 뜻대로 이 세상을 경영해 오심을 보여주시는 것이다. 따라서 더 이상 '주 예수의 복음'이라고 하면 안 된다. '하나님의 복음'이다. 천국의 복음을 통해 하나님께서 만세 전에 택한 자녀들, 백성들은 지금 이 세대에 새 언약의 말씀으로 존귀한 자들인 성도로 다시 창조된다[시102:18].

시편 102:18
이 일이 장래 세대를 위하여 기록되리니 창조함을 받을 백성이 여호와를 찬송하리로다

¹⁹내가 네게 장가들어 영원히 살되 의와 공변됨과 은총과 긍휼히 여김으로 네게 장가들며 ²⁰진실함으로 네게 장가들리니 네가 여호와를 알리라 [호2:19~20]

그래서 복음, 곧 기쁜 소식은 호2:19~20절의 예언이 실상이 될 때 알게 되며, 이렇게 실상이 된 여자인 나를 사용하셔서 창세 이래 처음으로 전하시고 계신 '전대미문의 새 언약'이 명백하게 '천국 복음'이다. 진리의 성령은 절대 상상이 아니며, 너무 명백하게 영생을 실상으로 이 땅에서 이루는 보증물이다. 하나님께서 장가들어 영원히 성전이 된 나를 사용하셔서 모든 진리 가운데로 인도하는 새 언약으로 다시 택하신 백

성들에게 하나님을 알게 하신다. 이렇게 될 때 비로소 하나님을 알게 되며, 입으로 "하나님, 주여" 한다고 아는 것이 절대 아니다. 피조물인 사람에게 가장 기쁜 소식은 창조주 하나님을 진리대로 아는 것이다.

그러나 하나님께서 정해두신 때가 될 때까지 성경을 사용하는 모든 종교인들이 도리어 하나님의 이름을 더럽히고, 성경을 가르치고 설교하는 자들에 의해 하나님의 백성들도 영적으로 더 더럽혀졌다는 것을 누가 알며, 누가 믿겠는가? 성경을 이사야서, 바울 서신 등등 사람 생각대로 보고 말하는 자체가 사람의 증거다. 이런 사람의 증거는 하나님께서 취하시지 않으시고[요5:34], 영광을 받으시지도 않는다[요5:41]. 하나님의 말씀은 반드시 진리대로 보고 듣고 마음에 믿어 지켜 실행해야 하는 것이다. 혀로, 말로만 하는 것은 믿음이 아니며, 상상과 실상은 완전히 다르다. 진리를 왜곡하여 사람의 생각대로 성경을 상상하게 만드는 모든 것은 절대 기쁜 소식도 복음도 아니다. 그래서 모든 인간이 죽은 것이다.

요한복음 5:34
그러나 나는 사람에게서 증거를 취하지 아니하노라 다만 이 말을 하는 것은 너희로 구원을 얻게 하려 함이니라

요한복음 5:41
나는 사람에게 영광을 취하지 아니하노라

천국 **복음**이 열릴 때,
하나님의 집에서부터 **심판**이 시작된다

또 보니 다른 천사가 공중에 날아가는데 땅에 거하는 자들
곧 여러 나라와 족속과 방언과 백성에게 전할 영원한 복음
을 가졌더라 [계14:6]

다니엘 12:4
다니엘아 마지막 때까지
이 말을 간수하고 이 글을
봉함하라 많은 사람이 빨
리 왕래하며 지식이 더하
리라

히브리서 8:11
또 각각 자기 나라 사람과
각각 자기 형제를 가르쳐
이르기를 주를 알라 하지
아니할 것은 저희가 작은
자로부터 큰 자까지 다 나
를 앎이니라

천사도 사람들이 상상하는 날개 달린 천사가 아니
다. 비행기가 하늘을 날아다닐 때 영원한 복음이 전
파될 것을 비유로 예언하신 것이다. 또한 지식이 빨
리 왕래할 때[단12:4], 예수 이름이 전 세계 구석구석
까지 다 퍼졌을 때[히8:11]가 되어야 영원한 복음, 다
른 말로 하면 영원한 언약, 새 언약이 실상이 된다는 것
을 이 말씀 속에 감추어 두셨던 것이다. 따라서 진리
의 성령인 내가 실상이 되기 전에는 하나님의 복음이
전파되지 않았다는 확실한 증거가 바로 이 말씀이다.
절대 예수님 당시나 사도들이 사역할 때가 아니라는
명백한 증거다. 천사에 대한 비밀을 진리대로 모르면
결코 알 수 없는 천국의 비밀이다. 그래서 하나님께서
성경을 기록하신 목적이 진실로 이 세대를 위해서였
다[시102:18].

그가 큰 음성으로 가로되 하나님을 두려워하며 그에게 영

광을 돌리라 그의 심판하실 시간이 이르렀음이니 하늘과
땅과 바다와 물들의 근원을 만드신 이를 경배하라 하더라
[계14:7]

**영원한 언약인 영원한 복음이 선포되기 전까지는 하나님께
영광을 돌린 자가 없었다.** 귀신이 주인인 자들의 특징은
하나님을 두려워하지 않는다는 것이다. 이는 하나님
을 하나님으로 모른다는 뜻이며, 따라서 하나님을 안
믿는 자들이다. 혀로 "주여 주여, 오직 예수" 하는 모
든 사람들을 보라. 아무도 하나님을 두려워하지 않
는다. 얼마나 함부로 지껄이고 아무 생각이 없이 함
부로 말하는지 말로 다 할 수 없다. 그래서 혀를 길들
일 자가 없다고 하셨다[약3:8]. 하나님을 모르면 차라
리 사람으로 태어나지 않는 것이 더 낫다. 육체를 입
고 땅에 사는 동안 삶의 결과로 인해 영원이 결정되
며, 영생이냐 영원한 영벌 지옥이냐가 이 땅에서의
삶을 통해 정해진다. 따라서 진리를 진리대로 아는
것이 너무 중요하다.

약고보서 3:8
혀는 능히 길들일 사람이
없나니 쉬지 아니하는 악
이요 죽이는 독이 가득한
것이라

　전 우주적인 일곱째 날인 지금 진리의 성령인 나와 하나
님의 아들들이 나타난 것이 '징조'다. 영원한 복음을 신문
과 유튜브를 통해 광포하는 이 자체가 하나님께서 심
판하실 시간이 되었다는 징조이며 경고다. 14년째 나

를 통한 이 일은 공의의 하나님께서 친히 행하시는 선한 일이며, 전대미문의 하나님의 복음이며, 악인들에게는 전 성경에 기록된 모든 심판의 말씀대로 형벌의 날이다. 다른 말로 여호와의 날이며, 인자의 날이다. 이제 교회 안에서 성경과 다른 거짓말하는 자들이 영원한 복음으로 돌아서지 아니하면 온 세상에서 가장 먼저 심판을 받는 대상이 된다. 하나님의 집에서부터 심판을 시작하신다는 말씀대로[벧전4:17] 이미 '코로나19 재앙'으로 형벌을 받고 있다. 따라서 계14:7절의 예언 또한 14년째 이 땅에서 사실이 되었으므로 예언도 폐하고 있는 것이다[고전13:8].

고린도전서 13:8
사랑은 언제까지든지 떨어지지 아니하나 예언도 폐하고 방언도 그치고 지식도 폐하리라

> 17하나님 집에서 심판을 시작할 때가 되었나니 만일 우리에게 먼저 하면 하나님의 복음을 순종치 아니하는 자들의 그 마지막이 어떠하며 18또 의인이 겨우 구원을 얻으면 경건치 아니한 자와 죄인이 어디 서리요 [벧전4:17~18]

하나님의 집에서 심판을 시작할 때 비로소 하나님의 복음이 드러나는 것이다. AD 60년경에 사도 베드로가 이 예언을 기록할 당시가 이 말씀이 실상이 되는 때가 아니라 공의의 하나님께서 친히 당신의 뜻을 밝히시고 가르치실 때, 1960여 년이 지난 여호와의 날, 인자의 날인 지금 이 세대에 이루어지는 예언이다. 또 의인

이 겨우 구원을 얻는다[벧전4:18]는 말씀도 전 우주적인 심판 날인 지금 이 세대에 악인들이 일하는 시기가 끝나는 이때, 네 가지 중한 벌을 땅에 내리시면 노아, 다니엘, 욥이 있다고 해도 그들 자신만 구원을 받는다고 하셨다.

비록 노아, 다니엘, 욥이 거기 있을찌라도 나의 삶을 두고 맹세하노니 그들은 자녀도 건지지 못하고 자기의 의로 자기의 생명만 건지리라 나 주 여호와의 말이니라 하시니라 [겔14:20]

창세기에 기록된 노아는 문자 그대로 보면 온 세상에 홍수를 내리실 때 노아와 함께 여덟 식구는 구원을 받았고, 욥도 모든 것을 다 잃었지만 결국 회복되어 갑절의 복을 받았으며, 다니엘도 세 친구와 함께 구원을 받았으나, 여호와의 날, 인자의 날인 2021년 지금 이 세대는 이 셋이 있다 해도 자신만 겨우 구원을 받는다는 뜻이다. 진실로 사실이다. 구원은 각각이다. 14년째 얼마나 사람들이 하나님을 안 믿고 스스로 잘 믿고 있다고 착각하는지 다 보았다. 인간은 '귀신'의 정체를 모르면 절대 그 누구도 온전한 구원에 이를 수 없음을 깨달아야 한다. 지금 이때가 얼마나 중요한지 알아야 한다.

요한복음 8:44

너희는 너희 아비 마귀에게서 났으니 너희 아비의 욕심을 너희도 행하고자 하느니라 저는 처음부터 살인한 자요 진리가 그 속에 없으므로 진리에 서지 못하고 거짓을 말할 때마다 제 것으로 말하나니 이는 저가 거짓말쟁이요 거짓의 아비가 되었음이니라

신명기 32:17

그들은 하나님께 제사하지 아니하고 마귀에게 하였으니 곧 그들의 알지 못하던 신, 근래에 일어난 새 신, 너희 열조의 두려워하지 않던 것들이로다

"의인이 겨우 구원을 얻으면"이라고 기록하셨어도 이런 말씀은 다 무시하고 혀로 "주여 주여" 하며, 예수님 옷자락만 잡으면 귀신이 떠나고, 교회만 다니면 구원을 이미 받았다고 하는 새빨간 거짓말로 가르치는 목사는 '마귀'이며, 그런 말만 믿고 따르는 교인들은 '마귀의 자식들'이다.

이런 자들은 하나님께 예배 드리는 것이 아니라 마귀에게 예배하는 것이며, 다른 신을 섬기는 자들이다[신32:17]. 실상이 이런데도 예수 믿기만 하면 죽어서 천국 간다고 귀신이 가르친 거짓말이 복음이냐? 이런 자들은 영적인 살인자요 도적질하는 자이며, 악행하고, 하나님과 아무 관계가 없는 남이 혀로 "예수, 하나님" 하면서 사기치고 공갈하며 교인들을 지옥 불구덩이로 보내는 마귀, 우상, 미운 물건, 용, 사단, 귀신, 벨리알, 아볼루온, 아바돈, 짐승, 옛 뱀, 독사, 광명의 천사로 가장한 자, 잡배, 비류들이며, 이들이 있는 곳이 바로 성경과 다른 거짓말로 가르치는 '교회'다. 이 기막힌 사실을 14년째 모든 진리 가운데로 인도하여 보이고 들리게 하고 있는데도 하나님의 말씀을 안 믿고 대적하는 자들은 '지옥의 자식들'이다.

진리의 성령인 나를 통한 이 일은 이 땅에 사용하

는 어떤 언어로도 다 표현할 길이 없는 중차대한 일이며, 기이하고 기이한 하나님의 큰일이자 새 일이다. 온 세상에 살고 있는 모든 사람뿐 아니라 창세 이래 모든 피조물들이 육체만 죽었을 뿐 낙원에 가 있는 자들이나 제단 아래 있는 순교자들의 영혼들과 반대로 안 믿고 음부, 다른 말로 지하, 지옥 불구덩이에 있는 혼들 모두, 그 누구도 하나님께 "왜 이렇게 하셨느냐"고 항변할 수 없다.

코로나19 재앙의 형벌로 2년 동안 고통을 겪고 있고, 전 세계에 수백만 명이 이미 죽었으며, 지금 이 시간에도 죽고 있는 형벌을 받고 있지만, 다른 한편에서는 백신 제조를 통해 상상할 수 없는 돈을 벌며 부의 불평등이 더욱 가속화되고 있는 것이 바로 지금 이 세상이다. 코로나19로 죽은 사람들 중 자신이 그렇게 허망하게 죽어 장례식도 제대로 치르지 못하고 불에 태워지고, 심지어 쓰레기보다 못한 취급을 당하며 버려질 줄 알았던 사람들은 아무도 없었다. 사람이 자기 길을 계획할지라도 그 계획대로 사는 사람은 아무도 없다[잠16:9]. 이런 피조물이 얼마나 교만하고 거만한지 말로 다 할 수 없으며, 죄를 짓는 자는 절대 하나님 나라에 들어갈 수 없다.

잠언 16:9
사람이 마음으로 자기의 길을 계획할지라도 그 걸음을 인도하는 자는 여호와시니라 귀신이 주인이 된 인간은 땅에서 한 몫의 삶을 살고 죽은 후에 심판을 받아 영원히 지옥 불구덩이에 들어간다고 판결해 두신 하나님의 법대로 한 치의 오차도 없이 온 천지 만물을 경영하시고 운행하시는 살아 계신 하나님이시다.

요한복음 5:34

그러나 나는 사람에게서 증거를 취하지 아니하노라 다만 이 말을 하는 것은 너희로 구원을 얻게 하려 함이니라

요한계시록 6:9~11

9 다섯째 인을 떼실 때에 내가 보니 하나님의 말씀과 저희의 가진 증거를 인하여 죽임을 당한 영혼들이 제단 아래 있어 10 큰 소리로 불러 가로되 거룩하고 참되신 대주재여 땅에 거하는 자들을 심판하여 우리 피를 신원하여 주지 아니하시기를 어느 때까지 하시려나이까 하니 11 각각 저희에게 흰 두루마기를 주시며 가라사대 아직 잠시 동안 쉬되 저희 동무 종들과 형제들도 자기처럼 죽임을 받아 그 수가 차기까지 하라 하시더라

디모데전서 4:1

그러나 성령이 밝히 말씀하시기를 후일에 어떤 사람들이 믿음에서 떠나 미혹케 하는 영과 귀신의 가르침을 좇으리라 하셨으니

천국 복음과 함께 드러나는
적그리스도들의 정체

18또 의인이 겨우 구원을 얻으면 경건치 아니한 자와 죄인이 어디 서리요 19그러므로 하나님의 뜻대로 고난을 받는 자들은 또한 선을 행하는 가운데 그 영혼을 미쁘신 조물주께 부탁할찌어다 [벧전4:18~19]

성경을 기록한 사도 베드로는 자신이 기록한 이 말씀이 무슨 뜻인지 모르고 기록한 것이다. 남의 이야기하듯이 살아 계신 하나님을 자신 있게 말하지 못하고, 조물주라고 한다. 그래서 사람의 증거는 취하시지 않는 것이다. 하나님의 은혜로 자기 영혼만 겨우 구원을 얻어 제단 아래서 쉬고 있는 베드로, 곧 순교자들의 실상이다[계6:9~11]. 진리는 이러한데 아무것도 모르는 무지몽매한 '가르치는 귀신들'[딤전4:1]은 자

기 하인들이 되어 있는 교인들에게 "순교하자"고 미혹하는 지옥 불의 소리를 하고 있다. 실상이 이런데도 순교를 하고 싶으며, 믿음 좋은 척 가장하며 순교를 강요할 것인가?

> ¹⁸아이들아 이것이 마지막 때라 적그리스도가 이르겠다 함을 너희가 들은 것과 같이 지금도 많은 적그리스도가 일어났으니 이러므로 우리가 마지막 때인 줄 아노라 ¹⁹저희가 우리에게서 나갔으나 우리에게 속하지 아니하였나니 만일 우리에게 속하였더면 우리와 함께 거하였으려니와 저희가 나간 것은 다 우리에게 속하지 아니함을 나타내려 함이니라 ²⁰너희는 거룩하신 자에게서 기름 부음을 받고 모든 것을 아느니라 [요일2:18~20]

"너희는 거룩하신 자에게서 기름 부음을 받고 모든 것을 아느니라"고 하신 말씀은 거룩하신 하나님께서 "일곱째 날을 복 주사 거룩하게 하셨으니"[창2:2~3]라고 하신 예언이 사실이 되어 진리의 성령을 그릇으로 사용하셔서 기름 부음, 곧 하나님의 가르치심을 받아서 모든 것을 알고 지켜 실행하게 하고 있다. 그러므로 이 일을 훼방한 죄는 영원한 죄에 해당하여 영원한 지옥 불의 판결을 받게 된다. 나를 통한 이 일은 창세기부터 요한계시록까지 예언해 두신 그대로 경영하시는 하나님의 심판과 공의를 땅에 사실대로 이루시고 계

창세기 2:2~3
2 하나님의 지으시던 일이 일곱째 날이 이를 때에 마치니 그 지으시던 일이 다하므로 일곱째 날에 안식하시니라
3 하나님이 일곱째 날을 복 주사 거룩하게 하셨으니 이는 하나님이 그 창조하시며 만드시던 모든 일을 마치시고 이 날에 안식하셨음이더라

시는 새 일이다.

신령한 몸으로 부활하신 그리스도께서 누가복음 24장의 기록대로 성경을 성경으로 해석하여 제자들의 마음에 할례를 받게 하자 예수는 보이지 아니하고 '그'인 줄 알아보았다[눅24:31]고 하신 기록은 나를 통해 14년째 행하시는 하나님의 새 일의 그림자요, 모형이다. 예수 그리스도는 히브리서 8장의 '전대미문의 새 언약의 중보'[히8:6, 9:15]로 오셨으며, 성부 하나님의 가르치심을 대언하는 진리의 성령을 대적하고 후욕하는 자들은 예수 그리스도를 안 믿는 자들이며, '적그리스도들'이다.

내가 너희에게 쓴 것은 너희가 진리를 알지 못함을 인함이 아니라 너희가 앎을 인함이요 또 모든 거짓은 진리에서 나지 않음을 인함이니라 [요일2:21]

"내가 너희에게 쓴 것은 너희가 진리를 알지 못함을 인함이 아니라 너희가 앎을 인함이요" 이 말씀은 천국 복음으로 인해 실상이 되었으며, 진리를 진리대로 알아 지켜 실행하여 하나님께서 예비하신 땅으로 이사하고[겔12장] 말씀을 지켜 실행한 일로 인해 대적자들이 나왔으며, 그들이 바로 진리를 대적하는 적그리스도의 실상

누가복음 24:31
저희 눈이 밝아져 그인 줄 알아 보더니 예수는 저희에게 보이지 아니하시는지라

히브리서 8:6
그러나 이제 그가 더 아름다운 직분을 얻으셨으니 이는 더 좋은 약속으로 세우신 더 좋은 언약의 중보시라

히브리서 9:15
이를 인하여 그는 새 언약의 중보니 이는 첫 언약 때에 범한 죄를 속하려고 죽으사 부르심을 입은 자로 하여금 영원한 기업의 약속을 얻게 하려 하심이니라

에스겔 12:3
인자야 너는 행구를 준비하고 낮에 그들의 목전에서 이사하라 네가 네 처소를 다른 곳으로 옮기는 것을 그들이 보면 비록 패역한 족속이라도 혹 생각이 있으리라

이라는 뜻이다. 원수가 네 집안 식구[마10:36]라고 하신 말씀대로 같은 집안 사람인 기독교인들 중에 적그리스도가 있다는 사실이다. 감리교 자칭 이단 감별사라는 이 권사, 예장합신 총회 박 목사, 피지 난디한인교회 박 목사, 베트남 하노이한인교회 목사와 기독교인들 300여 명 등, 14년째 적그리스도들에 의해 대적함을 받고 있고, 결국 우리에게서 나가 대적하고 후욕하는 자들이 이 말씀의 실상의 주인공들이 되었기에 지금이 마지막 때임을 온 세상에 증명하는 것이다.

마태복음 10:36
사람의 원수가 자기 집안 식구리라

"또 모든 거짓은 진리에서 나지 않음을 인함이라" 이 말씀은 진리의 하나님께서 친히 가르치시는 전대미문의 새 언약으로 다시 창조되지 아니하면 모두 다 '거짓'이라는 뜻이다. 하나님께서 진리의 하나님이시라고 하셨고, 예수 그리스도께서 "내가 곧 길이요, 진리요, 생명이니라"고 하셨으며, 성부와 성자와 성령인 '셋'이 하나가 되어 천국의 비밀을 밝히니까 거짓으로 세상을 속이던 기득권 세력들의 모든 거짓이 다 드러나게 되므로 대적하여 일어서서 스스로 거짓됨을 나타내는 것을 두고 '적그리스도'라고 하신 것이다.

"거짓말하는 자가 누구뇨 예수께서 그리스도이심을 부인하는 자가 아니뇨 아버지와 아들을 부인하는 그가 적그리스도니" 이 말씀도 진리의 성령이 실상이 되어 모든 진리 가운데로 인도하여 성부 하나님에 대해서, 예수 그리스도에 대해서, 진리의 성령에 대해서 진리대로 증명하는 '영원한 언약'의 말씀을 받고 진리가 아니라고 부인하는 자들이 나타날 것을 예언하신 것이다. 곧 감추어 두신 천국의 비밀을 드러내는 14년째 이 일은 성경을 사용하는 모든 종교인들이 하나님도, 그 아들 예수 그리스도에 대해서도 아무것도 모르고 있었다는 사실을 전 성경으로 변증하였으며, 따라서 성경이 모든 것을 죄 아래 가두어 두었다[갈3:22~23]는 말씀이 실상임이 명백하다.

갈라디아서 3:22~23
22 그러나 성경이 모든 것을 죄 아래 가두었으니 이는 예수 그리스도를 믿음으로 말미암은 약속을 믿는 자들에게 주려 함이니라
23 믿음이 오기 전에 우리가 율법 아래 매인 바 되고 계시될 믿음의 때까지 갇혔느니라

창세 이래 이제야 비로소 '천국 복음'이 선포된 지 14년째다. 신약성경에 복음이란 말을 사용한다고 해서 복음을 전한 것이 아니었다. 그런데 이 진리를 아니라고 하며 이단이라 정죄하고 훼방하는 자체가 아버지와 아들을 혀로는 "주여 주여" 하며 교회를 다니지만, 행위로 부인하는 자들이다.

> [23]아들을 부인하는 자에게는 또한 아버지가 없으되 아들을 시인하는 자에게는 아버지도 있느니라 [24]너희는 처음부터 들은 것을 너희 안에 거하게 하라 처음부터 들은 것이 너희 안에 거하면 너희가 아들의 안과 아버지의 안에 거하리라

²⁵그가 우리에게 약속하신 약속이 이것이니 곧 영원한 생명이니라 [요일2:23~25]

또한 영생을 진리대로 말하지 않는 자들이 성경과 다른 거짓말로 설교하는 자들이다. 영원한 생명을 얻어 실상이 되지 않는 것은 복음이 아니며, 이는 아버지와 아들을 다 부인하는 적그리스도요 거짓 선지자들이다. 14년째 나를 통한 이 일만이 영원한 생명을 얻게 하는 하나님의 가르치심인데 이 언약을 아니라고 거절하며 온 세상에 가장 어리석은 목사로 소문나게 만든 '참 과부의 송사'[사1:17, 23]는 그들이 적그리스도이며, 지금이 악한 자들이 종말 하는 마지막 때임을 명백히 증명하는 것이다.

²⁸자녀들아 이제 그 안에 거하라 이는 주께서 나타내신 바 되면 그의 강림하실 때에 우리로 담대함을 얻어 그 앞에서 부끄럽지 않게 하려 함이라 ²⁹너희가 그의 의로우신 줄을 알면 의를 행하는 자마다 그에게서 난 줄을 알리라 [요일 2:28~29]

'진리의 성령'이 실상이 되어서 '의에 대하여' 밝히 드러내며 의를 행하는 것을 말씀하신 것이다. 그러므로 하나님의 새 일을 훼방한 대적자들이 있는 땅은 전 우주적인 심판 날에 하나님께서 영원히 심판하신다. 이는 결국 하나님을 대적한 결과로 인하여 받는 심판이기 때문에 성령을 훼방한 자는 영원히 죄사함을 받지 못한다. 육체가 살아 있을 때 공개 사과하고 회개해라. 코로나19 재앙은 빙산의 일각이다. 이제는 '천국 복음'으로 속히 돌아서야 할 때이다. 의인과 악인이 영원히 갈라지는 때가 지금 이 세대다.

이제 온 천하는 **잠잠하라**

30

하늘의 큰 이적이 실상이 된
해를 입은 여자와
하나님의 아들들

「조선일보, 동아일보, 한국경제」 2022년 1월 7일 금요일

스마트폰으로 QR 코드를 스캔 하시면
[이제 온 천하는 잠잠하라] 전문을 다운로드 받을 수 있습니다.

하나님께서 행하신
'기사'와 **'이적'**을 기억하라

성경에는 분명히 "그 성호를 자랑하라 여호와를 구하는
자는 마음이 즐거울찌로다"[대상16:10]라고 하셨다. 그런
데 왜 "하나님, 오직 예수, 주여" 하며 일생 종교생활
하고 있는데, 우리의 삶은 그리도 쉴 곳이 없었을까?
하나님께서 정하신 때가 될 때까지 "땅아 내 피를 가리
우지 말라 나의 부르짖음으로 쉴 곳이 없게 되기를 원하노
라"[욥16:18]고 하신 이 예언대로 온 세상은 진실로 쉴
곳이 없었다. 사람에게 쉴 곳이 없게 된 근본 원인은
사람들이 하나님의 계명을 어기고 패역했기 때문이
며, 하나님이 아니라 귀신이 주인이 되어 있었기 때
문이다. 하나님께서 좌정하셔야 할 영혼, 곧 마음과
생각에 성경과 다른 거짓말, 귀신의 소리가 자리하고
있었는데도 그 사실을 전혀 깨닫지 못하였기에 해결

책이 없었던 것이다.

창세 이래 모든 순교자들이 흘린 피, 예수 그리스도
께서 흘리신 피의 보응으로 인하여 진실로 온 땅에 쉴
곳이 없었다. 혀로 "오직 예수"만 부르고 있는 모든 사
람들은 지금 여호와 하나님께로 돌아서지 아니하면
하나님 나라와 아무 관계가 없다. 구원과 아무 상관이
없다. 그렇다면 "여호와를 구하는 자는 마음이 즐거울찌로
다"라고 하신 말씀은 언제, 어떻게 실상이 될까?

> [11]여호와와 그 능력을 구할찌어다 그 얼굴을 항상 구할찌어
> 다 [12]그 종 이스라엘의 후손 곧 택하신 야곱의 자손 너희는
> 그 행하신 기사와 그 이적과 그 입의 판단을 기억할찌어다
> [대상16:11~12]

'기사'란 기이하고 경이로운 하나님의 일, 무엇을 입
증할 만한 표적, 장래 일에 대한 징조나 암시를 뜻한
다. 사실 인간의 시각에서는 하나님께서 행하시는 모
든 역사와 섭리가 다 '기사'에 해당한다. 기사라는 말
에는 '경고'라는 의미도 감추어져 있다. 주로 하나님
의 거룩하신 뜻을 나타내며, 불순종하는 자들을 향
한 경고의 의미로 사용된다. 하나님께서 말씀하시는
'이적'은 하나님의 권능과 영광을 나타내시는 일, 초
자연적인 실재나 영향력이 있음을 나타내는 능력, 또

는 기사와 표적을 의미한다. 이적은 주로 하나님의 백성을 인도하시고 미래 사건의 징조나 암시, 특히 하나님께서 당신의 능력이나 권세를 나타내시기 위해 보이시는 경이, 표시, 표적, 징조, 하나님의 뜻을 확인시켜 주는 확실한 증거를 나타내는 말이다.

> ¹하늘에 큰 이적이 보이니 해를 입은 한 여자가 있는데 그 발 아래는 달이 있고 그 머리에는 열두 별의 면류관을 썼더라 ²이 여자가 아이를 배어 해산하게 되매 아파서 애써 부르짖더라 [계12:1~2]

이 예언이 실상이 된 것이 바로 '하늘의 이적'이다. 예수 그리스도께서 사역하실 때를 두고 하나님께서 이적이라고 하시지 않았다. "해를 입은 여자"가 실상이 된 것이 이적이며[계12:1], 하나님께서 장가드신 예언이 실상이 된 것이 이적이다[호2:19~20]. 피조물들이 고대하던 "하나님의 아들들"[롬8:14, 19]을 해산하는 일을 이적이라고 하신다. 당시 헤롯이 예수를 보고 기뻐한 것은 무슨 이적 행하심을 볼까하여 바랐다고 할 뿐[눅23:8], 하늘의 이적이 아니다.

그러므로 이적 중의 이적은 성경에 기록된 예언의 말씀이 사실이 되어 땅에 이루어지는 것이 하나님께서 말씀하시는 이적이다. 이 땅에 '7년 대환난'이 일

호세아 2:19~20
19 내가 네게 장가들어 영원히 살되 의와 공변됨과 은총과 긍휼히 여김으로 네게 장가들며
20 진실함으로 네게 장가들리니 네가 여호와를 알리라

로마서 8:14, 19
14 무릇 하나님의 영으로 인도함을 받는 그들은 곧 하나님의 아들이라
19 피조물의 고대하는 바는 하나님의 아들들의 나타나는 것이니

누가복음 23:8
헤롯이 예수를 보고 심히 기뻐하니 이는 그의 소문을 들었으므로 보고자 한 지 오래였고 또한 무엇이나 이적 행하심을 볼까 바랐던 연고러라

어나고, 성경인 생명책에 기록된 모든 자들이 온전히 구원을 받으며, 육체도 죽지 아니하고 온전한 구원을 얻는 영생이 이적이다. 이미 진리의 성령인 나를 통해 창세 이래 단 한 세대도 없었던, 전 성경 속에 감추어 두신 하나님의 뜻이 사실이 되어 이루어지는 14년째 이 일이 기사와 이적이라는 뜻이다. 그러나 반대로 나쁜 의미의 '이적'이 있다.

> ³하늘에 또 다른 이적이 보이니 보라 한 큰 붉은 용이 있어 머리가 일곱이요 뿔이 열이라 그 여러 머리에 일곱 면류관이 있는데 ⁴그 꼬리가 하늘 별 삼분의 일을 끌어다가 땅에 던지더라 용이 해산하려는 여자 앞에서 그가 해산하면 그 아이를 삼키고자 하더니 [계12:3~4]

하나님의 행하심을 모르고 훼방하거나 거절하여 심판을 받아 영원히 수욕을 입는 것도 기사와 이적이다. 이를 다른 이적이라고 하신 것은 하나님께서 하나님의 일을 대적하는 용, 사단, 마귀, 옛 뱀인 원수들에 대해서 미리 예언해 두시고, 그 예언이 땅에 사실이 되어 이루어지는 것을 이적이라고 하신 것이지, 사단과 용들이 하는 일을 이적이라고 하신 것이 아니라는 뜻이다. 따라서 기록된 예언이 사실이 되는 이 자체가 하나님께서 말씀하시는 이적과 기사다. 그

역대상 16: 11~12
11 여호와와 그 능력을
구할찌어다 그 얼굴을 항
상 구할찌어다
12 그 종 이스라엘의 후
손 곧 택하신 야곱의 자손
너희는 그 행하신 기사와
그 이적과 그 입의 판단을
기억할찌어다

래서 하나님께서 행하신 이적과 기사를 기억하라고
하신 것이다[대상16:11~12].

14년째 이 일은 절대 사람의 계획이 아니다. 이미
하나님께서 이 온 천하 만물을 어떻게 경영하실 것
과 만물들이 어떻게 자신들의 원욕대로 행할 것도
다 아시고, 공의의 하나님께서 합법적으로 운행하실
것을 감추시고 기록하여 오늘에 이르게 한 성경에 하
나님의 이적과 기사를 기록해 두시고, 당신의 정하신
때에 하나하나 이루시는 것이 이적과 기사다. 따라서
이적과 기사를 행하시는 분은 오직 여호와 하나님이
시다. 사람들이 생각하는 예수 이름으로 병 고치고
귀신 쫓는 것이 이적과 기사가 아니라 사람을 미혹하
여 영원히 지옥 불구덩이에 보내는 것일 뿐이다.

'사망과 흑암에 처한 자들'은
'주의 이적과 기사'를 보지 못한다

귀신이 주인된 자, 곧 인간의 원욕이 그대로인 채
교회를 세우고 성경을 사용하며 자신의 원욕, 정욕을
위하여 예수 이름 이용하는 자들, 살았다 하는 예수
이름, 하나님의 이름을 가지고 혀로 사용하나 영적

으로 죽은 자들, 다른 말로 하면 용, 사단, 마귀, 사망의 세력 잡은 자들, 멸망으로 인도하는 크고 넓은 문에 있는 자들에게는 절대 이적과 기사를 알게 하지 않으신다. 이런 자들은 자신의 생각과 마음의 주인이 되어 있는 귀신에게 속아 거짓 이적과 기사를 행하는 것이다. 그래서 이렇게 판결해 두셨다.

> [10]주께서 사망한 자에게 기사를 보이시겠나이까 유혼이 일어나 주를 찬송하리이까 [11]주의 인자하심을 무덤에서, 주의 성실하심을 멸망 중에서 선포할 수 있으리이까 [12]흑암 중에서 주의 기사와 잊음의 땅에서 주의 의를 알 수 있으리이까 [시88:10~12]

시88편의 이 판결이 2022년 현재까지 땅에서 성경을 사용하는 모든 자들을 통하여 참 사실이었음을 역사가 증명하고 있다. 유대교, 천주교, 기독교의 역사를 보라. 성경이 모든 것을 죄 아래 가두어 둔 기간 동안에 사망한 자, 유혼은 영적으로 죽은 자, 실제 육체가 죽은 자들을 말씀하시고, 무덤, 흑암도 영적으로 소경, 귀머거리, 살았다 하는 이름을 가졌으나 영적으로 죽은 자인 사데 교회 사자[계3:1], 바리새인들, 다른 말로 우상, 미운 물건들이 서 있는 귀신의 처소가 된 교회를 두고 무덤이라고 하신다. 그 결과로 2022

요한계시록 3:1
사데 교회의 사자에게 편지하기를 하나님의 일곱 영과 일곱 별을 가진 이가 가라사대 내가 네 행위를 아노니 네가 살았다 하는 이름은 가졌으나 죽은 자로다

히브리서 2:14
자녀들은 혈육에 함께 속하였으매 그도 또한 한 모양으로 혈육에 함께 속하심은 사망으로 말미암아 사망의 세력을 잡은 자 곧 마귀를 없이 하시며

요한계시록 18:2
힘센 음성으로 외쳐 가로되 무너졌도다 무너졌도다 큰 성 바벨론이여 귀신의 처소와 각종 더러운 영의 모이는 곳과 각종 더럽고 가증한 새의 모이는 곳이 되었도다

년 1월 현재까지 예수 그리스도께서 "살아서 나를 믿는 자는 영원히 죽지 아니하리니"[요11:26]라고 하신 말씀이 단 한 사람에게도 실상이 되지 않았으며, 하나님의 의를 알게 하지도 않으셨다는 명백한 증거다.

> ³대저 나의 영혼에 곤란이 가득하며 나의 생명은 음부에 가까웠사오니 ⁴나는 무덤에 내려가는 자와 함께 인정되고 힘이 없는 사람과 같으며 ⁵사망자 중에 던지운 바 되었으며 살륙을 당하여 무덤에 누운 자 같으니이다 주께서 저희를 다시 기억지 아니하시니 저희는 주의 손에서 끊어진 자니이다 [시88:3~5]

'주의 의, 곧 하나님의 의'를 모르고 하는 모든 일의 결과에 대해 미리 판결해 놓으셨다. 영적인 소경, 귀머거리는 교회를 다니며 예수 이름 부르고 예배를 드려도 하나님과 아무 관계가 없고, 하나님께서 기억하지도 아니하시고, 하나님의 손에서 끊어진 자들이라고 판결하셔도 귀신이 주인인 자 눈에는 이런 판결의 말씀이 안 보일 뿐이다. 그래서 불법을 행하는 자들은 자신들이 스스로 주의 이름, 곧 예수 이름으로 선지자 노릇 하고 귀신을 쫓아내며 많은 권능을 행했다고 자랑하는 자들이며, "내가 너희를 도무지 알지 못하니 불법을 행하는 자들아 내게서 떠나가라"[마7:13~27]고 하셨는데도 그들은 안 보이고 안 들린다.

전 세계에서 가장 큰 교회를 세운 목사가 귀신의 소리 방언을 성령받은 증거라고 속여 전 세계를 미혹했고, 그 부인 목사나 장모 목사 모두 육체가 살아 있을 때도 이미 영적으로 사망한 자요, 불법을 행한 자들이었으며, 실제로도 모두 육체가 다 죽었기에 이 판결에 해당하는 주인공들이다. 예수 이름으로 귀신을 쫓아낸다며 '귀신론 대가'라고 자랑하는 목사도 육으로 살아 있어도 그와 교인들은 사망한 자들이요, 그 교회는 무덤일 뿐이다. 자신들이 능력이 있어 귀신도 쫓아내고 권능을 행했다고 자랑하는 거짓 목사들이 바로 '유혼들'이며, 하나님과 아무 관계가 없는 자들이다.

그러나 지금도 이런 교회에서 하는 모든 일은 불법인데도 아무도 모르고 속고 있으며, 음부에 간 목사들을 두고 천국에 갔다고 거짓말로 속이는 자들이 있는 곳이다. 그런 교회가 하나님께서 말씀하시는 '무덤'이다. 그러나 그곳이 모두 "하나님, 예수님" 하며 거짓 이적으로 속이고 지옥 불의 소리를 하는 곳인 줄 누가 알았으며, 누가 믿었는가? 이렇게 영적으로 죽은 자들을 두고 '용, 사단, 마귀, 독사, 가르치는 귀신, 광명의 천사로 가장한 자, 불법을 행하는 자, 불의한 재판관, 강포한 자, 각종 짐승, 공중의 새, 시체, 벨리알, 아볼루온, 아바돈, 사망의 세력잡은 자, 거짓 선지자, 거짓 선생, 살인자, 시체, 거짓말하는 자, 흑암, 바다, 몰각한 목자, 개, 이리, 여우' 등등, 여러 부분, 여러 모양[히1:1]으로 기록해 두신 것이다.

히브리서 1:1
옛적에 선지자들로 여러 부분과 여러 모양으로 우리 조상들에게 말씀하신 하나님이

마가복음 13:22
거짓 그리스도들과 거짓 선지자들이 일어나서 이적과 기사를 행하여 할 수만 있으면 택하신 백성을 미혹케 하려 하리라

"거짓 그리스도들과 거짓 선지자들이 일어나 큰 표적과 기사를 보이어 할 수만 있으면 택하신 자들도 미혹하게 하리라"[마24:24]고 하셨고, 같은 예언을 막13:22절에 기록해 두셔도 아무도 의심을 안 하고 다 미혹되어 있었다. 이들은 전부 흑암, 멸망, 사망의 세력 잡은 자들이며, 하나님께서 행하시는 기사와 이적을 알 수도, 선포할 수도 없다. 이들이 하는 모든 언행들은 다 불법이며, 이제 이들이 일하는 시기가 끝나는 때이기에 더 이상 거짓 기적, 사단의 능력, 속이는 영, 미혹하는 영이 속일 수 없다.

'거짓 이적 행하는 자들'과의 '영적인 전쟁'은 이미 시작되었다

[11]내가 보매 또 다른 짐승이 땅에서 올라오니 새끼양같이

두 뿔이 있고 용처럼 말하더라 ¹²저가 먼저 나온 짐승의 모든 권세를 그 앞에서 행하고 땅과 땅에 거하는 자들로 처음 짐승에게 경배하게 하니 곧 죽게 되었던 상처가 나은 자니라 ¹³큰 이적을 행하되 심지어 사람들 앞에서 불이 하늘로부터 땅에 내려 오게 하고 ¹⁴짐승 앞에서 받은 바 이적을 행함으로 땅에 거하는 자들을 미혹하며 땅에 거하는 자들에게 이르기를 칼에 상하였다가 살아난 짐승을 위하여 우상을 만들라 하더라 ¹⁵저가 권세를 받아 그 짐승의 우상에게 생기를 주어 그 짐승의 우상으로 말하게 하고 또 짐승의 우상에게 경배하지 아니하는 자는 몇이든지 다 죽이게 하더라 [계13:11~15]

¹³또 내가 보매 개구리 같은 세 더러운 영이 용의 입과 짐승의 입과 거짓 선지자의 입에서 나오니 ¹⁴저희는 귀신의 영이라 이적을 행하여 온 천하 임금들에게 가서 하나님 곧 전능하신 이의 큰 날에 전쟁을 위하여 그들을 모으더라 [계16:13~14]

요한계시록에 기록된 짐승, 용들은 불이 하늘로부터 땅에 내려오게 하는 거짓 이적으로 미혹한다. 미리 경고한다. 이적과 기사에 대한 바른 진리를 반드시 깨달아 지금 돌아서지 아니하면 영원히 끝이다. 귀신의 영들이 거짓 이적으로 사람들을 모으는 것은 전능하신 이, 곧 여호와의 큰 날인 지금 이 세대 영적인 전쟁을 위하여 그들을 모은 것이라고 하셨다. 이

일에는 영영한 사역자들을 영원히 대속하시기 위한 하나님의 모략이 감추어져 있으며, 이 영적인 전쟁은 사람의 숫자와 관계가 없이 하나님께서 친히 행하시는 전쟁이다.

> [11]또 내가 하늘이 열린 것을 보니 보라 백마와 탄 자가 있으니 그 이름은 충신과 진실이라 그가 공의로 심판하며 싸우더라 [12]그 눈이 불꽃 같고 그 머리에 많은 면류관이 있고 또 이름 쓴 것이 하나가 있으니 자기 밖에 아는 자가 없고 [13]또 그가 피 뿌린 옷을 입었는데 그 이름은 하나님의 말씀이라 칭하더라 [14]하늘에 있는 군대들이 희고 깨끗한 세마포를 입고 백마를 타고 그를 따르더라 [15]그의 입에서 이한 검이 나오니 그것으로 만국을 치겠고 친히 저희를 철장으로 다스리며 또 친히 하나님 곧 전능하신 이의 맹렬한 진노의 포도주 틀을 밟겠고 [16]그 옷과 그 다리에 이름 쓴 것이 있으니 만왕의 왕이요 만주의 주라 하였더라 [17]또 내가 보니 한 천사가 해에 서서 공중에 나는 모든 새를 향하여 큰 음성으로 외쳐 가로되 와서 하나님의 큰 잔치에 모여 [18]왕들의 고기와 장군들의 고기와 장사들의 고기와 말들과 그 탄 자들의 고기와 자유한 자들이나 종들이나 무론대소하고 모든 자의 고기를 먹으라 하더라 [계19:11~18]

하나님께서 친히 만국과 싸우시는 전쟁이다. 창세 이래 단 한 세대도 없었던 영적인 전쟁에 하나님의 군대로 이 땅에 보냄을 받은 사람들이 진리의 성령과 새 언약의 말씀으로 다시 창조함을 받은 하나님의 아들들이다. '만국'은 세상에 있는 모든 나라를 뜻한다. 전 세계 모든 나라를 향해 하나님께서 진노하시고 계신 이 영적인 전쟁은 21세기 지금 이 세대, 여호와의 날, 인자의 날에 실상이 되며, 이 전쟁이 끝나면 하나님만이 하나님 되시는 세상이 시작된다[계11:15]. 그래서 이 전쟁은 예수 그리스도께서 재림하셔서 하는 전쟁이 아니다. 공의의 하나님께서 친히 하나님의 군대인 진리의 성령과 성도들을 사용하셔서 악한 자를 소멸하시는 영적인 전쟁을 이미 시작하셨고, 이한 검으로 거짓을 밝히는 하늘의 전쟁이다.

계19장의 "자유한 자"는 살아 계신 하나님의 말씀으로 다시 창조되어서 영원히 귀신이 떠나고 사망에서도 자유한 자들이 아니라, 하나님의 법과 아무 관계가 없는 자, 곧 죄의 종이 되어 의에 대하여 자유하게 된 자를 뜻한다[계19:18]. 그들은 모두 영원한 의이신 여호와 하나님과 아무 관계가 없는 '사망의 열매를 맺는 자들'[롬6:20~21]이다. 또한 '고기'는 사람의 육체를 뜻하며, '공중에 나는 새'는 비행기가 하늘을 날아다니는 때인 지금 이 세대에 전 세계를 비행기를 타고 다니며 성경과 다른 거짓말로 미혹하는 자들로서 "공중

시편 102:18
이 일이 장래 세대를 위하여 기록되리니 창조함을 받을 백성이 여호와를 찬송하리로다

요한계시록 11:15
일곱째 천사가 나팔을 불매 하늘에 큰 음성들이 나서 가로되 세상 나라가 우리 주와 그 그리스도의 나라가 되어 그가 세세토록 왕 노릇 하시리로다 하니

요한계시록 19:18
왕들의 고기와 장군들의 고기와 장사들의 고기와 말들과 그 탄 자들의 고기와 자유한 자들이나 종들이나 무론대소하고 모든 자의 고기를 먹으라 하더라

로마서 6:20~21
20 너희가 죄의 종이 되었을 때에는 의에 대하여 자유하였느니라
21 너희가 그 때에 무슨 열매를 얻었느뇨 이제는 너희가 그 일을 부끄러워하나니 이는 그 마지막이 사망임이니라

에베소서 2:1~3
1 너희의 허물과 죄로 죽었던 너희를 살리셨도다
2 그때에 너희가 그 가운데서 행하여 이 세상 풍속을 좇고 공중의 권세 잡은 자를 따랐으니 곧 지금 불순종의 아들들 가운데서 역사하는 영이라
3 전에는 우리도 다 그 가운데서 우리 육체의 욕심을 따라 지내며 육체와 마음의 원하는 것을 하여 다른이들과 같이 본질상 진노의 자녀이었더니

욥기 28:20
그런즉 지혜는 어디서 오며 명철의 곳은 어디인고

마태복음 13:34
예수께서 이 모든 것을 무리에게 비유로 말씀하시고 비유가 아니면 아무것도 말씀하지 아니하셨으니

갈라디아서 3:22
그러나 성경이 모든 것을 죄 아래 가두었으니 이는 예수 그리스도를 믿음으로 말미암은 약속을 믿는 자들에게 주려 함이니라

의 권세를 잡은 자들"[엡2:1~3]이라고 한다. 이들은 '본질상 진노의 자녀들'로 귀신의 영, 곧 마귀의 세력을 뜻하며, 물과 성령으로 거듭나지 않은, 원욕이 그대로인 채 성경을 사람이 본능적으로 아는 것으로 보고 가르치는 교회 지도자들이 이에 해당한다.

하늘의 이적이 실상이 된 이때, '명철의 곳'을 찾아 생명을 구하라

이제 모든 짐승에게 물어 보라 그것들이 네게 가르치리라 공중의 새에게 물어 보라 그것들이 또한 네게 고하리라 [욥 12:7]

문자 그대로 이 말씀을 보면 도무지 이해가 안 되어야 했다. 욥은 예수 그리스도의 표상이요 그림자로 예수 그리스도께서 '비유'로 말씀하실 것[마13:34]을 감추시고 기록하신 것이다. 그래서 성경이 모든 것을 죄 아래 가두어 두었다[갈3:22]고 하신 것인데 이를 당시 욥도 몰랐고, 예수 그리스도께서도 모르시고 비유로 말씀하셨다는 사실을 누가 알며, 누가 믿겠는가? '모든 짐승, 공중의 새'는 모두 예수 이름 사용하는 사람들로, 하나님께서 정하신 때가 될 때까지

성경 속에 감추어 두신 하나님의 뜻을 사람들에게 모르게 하신 것이다. 천국은 비밀이다. 욥은 친구 소발에게 모든 짐승과 공중의 새에게 물어보라고 하였고, 그들이 가르칠 것이라고 하며 "그런즉 지혜는 어디서 오며 명철의 곳은 어디인고 모든 생물의 눈에 숨겨졌고 공중의 새에게 가리워졌으며 멸망과 사망도 이르기를 우리가 귀로 그 소문은 들었다 하느니라"[욥28:20~22]고 한 이 말씀은 사망의 세력 잡은 자 마귀, 곧 공중의 새인 멸망으로 인도하는 크고 넓은 문에 서 있는 자들은 성경을 가지고도 영원히 지혜와 명철의 곳을 알 수 없다는 뜻이다.

3422년 전에 기록하신 이 예언의 "완전한 지혜와 명철의 곳이 어디인지"를 2008년 6월 16일이 되어서야 비로소 세상에 알렸다. 이것이 바로 '하늘의 이적'이 나타난 것이며, 이를 다른 말로 '믿음이 올 때까지' 성경이 모든 것을 죄 아래 가두어 두었다고 하셨고[갈3:23], 이 '믿음'이 있는 곳이 바로 '지혜와 명철의 곳'이다. 이 지혜는 하늘에서 이 땅에 왔고, 하나님께서 정하신 때에 대한민국에서 태어났으며 예수 그리스도를 믿는 사람, 양을 치는 목사로서 반드시 '여자 목사'라야 하고, 계3:7~13절의 실상의 주인공인 '다윗의 집

갈라디아서 3:23
믿음이 오기 전에 우리가 율법 아래 매인 바 되고 계시될 믿음의 때까지 갇혔느니라

욥기 28:20
그런즉 지혜는 어디서 오며 명철의 곳은 어디인고

요한계시록 3:7

빌라델비아 교회의 사자
에게 편지하기를 거룩하
고 진실하사 다윗의 열쇠
를 가지신 이 곧 열면 닫
을 사람이 없고 닫으면 열
사람이 없는 그이가 가라
사대

요한복음 16:13

그러하나 진리의 성령이
오시면 그가 너희를 모든
진리 가운데로 인도하시
리니 그가 자의로 말하지
않고 오직 듣는 것을 말하
시며 장래 일을 너희에게
알리시리라

호세아 2:19~20

19 내가 네게 장가들어
영원히 살되 의와 공변됨
과 은총과 긍휼히 여김으
로 네게 장가들며
20 진실함으로 네게 장가
들리니 네가 여호와를 알
리라

의 열쇠'를 가진 '빌라델비아 교회의 사자'이며, 하나님께
서 친히 영원한 언약으로 가르치실 때 대언하는 '진
리의 성령'이 실상이 된 사람이다. 이런 지혜와 명철
에 대해서, 곧 그가 어디서 왔으며 어디에 있는지에
대해서 성경과 다른 거짓말을 하는 자들인 '멸망, 사
망, 공중의 새인 마귀의 세력들'은 소문만 듣게 된다
고 하신 이 예언이 3422년이 지난 2022년 1월 7일
현재는 사실이 되어 이루어지고 있다.

하지만 이 지혜와 명철은 나에게 있는 것이 아니다.
하나님과 동행할 때 곧 하나님의 성전이 된 자, 하나
님께서 장가드신 예언이 실상이 된 '여자'[호2:19~20]
를 사용하셔서 하나님께서 말씀하시는 것이다. 그러
니 모든 사람들을 공중의 새, 곧 공중 권세 잡은 마
귀, 사단, 귀신이 가르치는 귀신의 처소에 가두어 두
었던 기간인 2천여 년간, 더 넓게는 창세 이래 이때까
지 아무도 알 수 없었던 것이 진리였고, 진리의 성령
이 실상이 될 때까지, 다른 말로 하면 믿음이 실상이
되어 올 때까지 성경이 모든 것을 죄 아래, 곧 불순종
하는 영인 귀신의 영들 아래 가두어 두었던 것이다.

이에 대한 증거가 "하나님이 그 길을 깨달으시며 있는
곳을 아시나니"[욥28:23]라고 하신 말씀이다. 그런데 하

나님께서 당신이 정해두신 길, 곧 지혜와 명철의 길을 깨달으시고 지혜와 명철이 있는 곳을 아신다는 말씀이 이상하지 않은가? 여호와 하나님께서는 완전한 지혜이신데 왜 이렇게 말씀하셨을까? 이는 반드시 하나님께서 정해두신 사람을 사용하셔서 모든 생물, 곧 모든 사람들에게 알게 하실 것을 뜻하시는 것이며, 정하신 때가 될 때까지 그 누구도 알 수 없기에 "그러나 지혜는 어디서 얻으며 명철의 곳은 어디인고 그 값을 사람이 알지 못하나니 사람 사는 땅에서 찾을 수 없구나"[욥28:12~13]라고 하신 것이다.

'지혜'는 2천 년 동안 전부 예수 그리스도를 지칭하는 것으로 생각했지만, 완전한 지혜가 아니었다는 증거가 하나님의 아들이라도 십자가에 죽으셔야 했고, 지금 이 세대가 될 때까지 모든 사람은 다 한 번 죽었다는 것이다. 또한 예수 그리스도께서 지혜와 명철의 실상이 아니었다는 증거가 신령한 몸으로 부활하셨지만 땅에 계시지 않고 하늘로 승천하신 것이다. 그래서 하나님께서 정하신 때가 될 때까지 사람이 사는 땅에서 찾을 수 없었던 것이다. 지혜의 근본이 하나님이시라는 사실조차 진리의 성령이 나타나기 전에는 아무도 몰랐다. 이 지혜는 '완전한 지혜'를 뜻하

히브리서 8:8
저희를 허물하여 일렀으
되 주께서 가라사대 볼찌
어다 날이 이르리니 내가
이스라엘 집과 유다 집으
로 새 언약을 세우리라

며, 새 언약[히8장]의 말씀이 선포되는 곳인 낙토에 있
는 은혜로교회에서 온전히 실상이 되었고, 그러니
당연히 이제까지 사람 사는 땅에서는 알 수 없었다.
그래서 "지혜는 어디서 얻으며 명철의 곳은 어디인고"라고
하셨고, "아들들아 아비의 훈계를 들으며 명철을 얻기에 주
의하라"[잠4:1], "지혜를 얻으며 명철을 얻으라 내 입의 말
을 잊지 말며 어기지 말라"[잠4:5]고 하신 것이다. 그러나
지혜와 명철이 '하나님의 입의 말'이라고 하셔도, 이런
지혜와 명철을 얻고도 주의하지 않아서 후욕하고 고
소하며 진리의 성령인 나를 세상 사람과 똑같이 취
급하여 감옥에 가두어 둔 것이다.

'지혜와 명철을 버리지 말라고 하신 이유'는 하나님께서
는 혀로 말만 하는 자를 보호하시는 것이 아니라, 완전한
지혜와 명철인 사람을 사용하셔서 보호하시기 때문이다.
이것이 '하늘의 이적'이며, 이미 이 땅에 실상이 된 지 15
년째다. 이제 '지혜와 명철'을 얻어 영적인 깊은 잠에서
깨어 일어나야 한다. 하나님께서 친히 행하시는 새 일을
대언하는 진리의 성령을 훼방하는 자들은 육체가 죽기
전에 반드시 공개 사과하고 회개하라. 코로나19는 시작
일 뿐이다. 이 경고를 무시하면 성경에 기록된 모든 재앙
이 다 이 땅에, 패역한 자들 위에 내린다.

'유언'의 효력이 발생할 때
'한 눈'으로 '영생'에 들어가라

31

「조선일보, 동아일보, 한국경제」 2022년 1월 14일 금요일

스마트폰으로 QR 코드를 스캔 하시면
[이제 온 천하는 잠잠하라] 전문을 다운로드 받을 수 있습니다.

'눈은 선지자요 머리는 선견자'의 실상은 누구인가?

²⁹만일 네 오른눈이 너로 실족케 하거든 빼어 내버리라 네 백체 중 하나가 없어지고 온몸이 지옥에 던지우지 않는 것이 유익하며 ³⁰또한 만일 네 오른손이 너로 실족케 하거든 찍어 내버리라 네 백체 중 하나가 없어지고 온몸이 지옥에 던지우지 않는 것이 유익하니라 [마5:29~30]

'실족케 하는 네 오른눈'은 무슨 뜻일까? 성경을 성경으로 해석해서 '눈'에 대한 해답을 찾아가면 "대저 여호와께서 깊이 잠들게 하는 신을 너희에게 부어주사 너희의 눈을 감기셨음이니 눈은 선지자요 너희 머리를 덮으셨음이니 머리는 선견자라"[사29:10]고 하셨으니, 영적으로 '눈'은 선지자를 말한다. '선지자'란 앞으로 다가올 일을 내다보고 예견하는 사람, 하나님의 뜻과 섭리를 전하는 대언자를 뜻한다. 왜 눈을 선지자라고 하셨는지부터 이해를 해야 한다.

> ⁹너희는 놀라고 놀라라 너희는 소경이 되고 소경이 되라 그
> 들의 취함이 포도주로 인함이 아니며 그들의 비틀거림이
> 독주로 인함이 아니라 ¹⁰대저 여호와께서 깊이 잠들게 하는
> 신을 너희에게 부어주사 너희의 눈을 감기셨음이니 눈은
> 선지자요 너희 머리를 덮으셨음이니 머리는 선견자라 ¹¹그
> 러므로 모든 묵시가 너희에게는 마치 봉한 책의 말이라 그
> 것을 유식한 자에게 주며 이르기를 그대에게 청하노니 이
> 를 읽으라 하면 대답하기를 봉하였으니 못 하겠노라 할 것
> 이요 ¹²또 무식한 자에게 주며 이르기를 그대에게 청하노니
> 이를 읽으라 하면 대답하기를 나는 무식하다 할 것이니라
> [사29:9~12]

하나님께서는 여호와의 날, 곧 하나님께서 인을 치
시는 인자의 날이 될 때까지 사람에게는 장래 일을
알게 하지 않으실 것과 모든 사람들이 영적인 소경
이 되어 있을 것을 이사야 선지자를 통해 미리 말씀
하신 것이다. 이렇게 온 세상을 경영해 오신 이유가
바로 "눈은 선지자요 머리는 선견자라"고 하신 말씀 속에
감추어져 있었다. 곧 '선지자'가 올 때까지 천국의 비
밀을 모르게 하시다가 예수 그리스도께서 이 땅에 오
셨다. "예수께서 예루살렘에 들어가시니 온 성이 소동하여
가로되 이는 누구뇨 하거늘 무리가 가로되 갈릴리 나사렛에

서 나온 선지자 예수라 하니라"[마21:10~11]고 하신 대로 실상으로 오셔서 소경의 눈을 고치시고 '눈'에 대해 다음과 같이 말씀하셨다.

> ²²눈은 몸의 등불이니 그러므로 네 눈이 성하면 온몸이 밝을 것이요 ²³눈이 나쁘면 온몸이 어두울 것이니 그러므로 네게 있는 빛이 어두우면 그 어두움이 얼마나 하겠느뇨 [마6:22~23]

> ³⁴네 몸의 등불은 눈이라 네 눈이 성하면 온몸이 밝을 것이요 만일 나쁘면 네 몸도 어두우리라 ³⁵그러므로 네 속에 있는 빛이 어둡지 아니한가 보라 ³⁶네 온몸이 밝아 조금도 어두운 데가 없으면 등불의 광선이 너를 비출 때와 같이 온전히 밝으리라 하시니라 [눅11:34~36]

몸은 사람이 본능으로 아는 각 사람의 몸도 맞지만, 목사에게 몸은 '교인들'이다. 등불도 "요한은 켜서 비취는 등불이라 너희가 일시 그 빛에 즐거이 있기를 원하였거니와"[요5:35]라고 하셨으므로 영적으로 등불은 성경을 가지고 목회를 하는 '지도자'를 말씀하신 것이다. 곧 하나님의 말씀을 가르치고 설교하는 자를 '눈'이라고 하시고, 그 설교를 듣는 교인들을 '몸'이라고 하셨으며, 눈인 선지자가 성하면 온몸인 전 교인들이 성하다고 하셨고, 이렇게 되어야 온전하다고 하신 것이다.

사람들이 영적인 소경이 된 것은 포도주나 독주를 먹고 소경 된 것이 아니라, 하나님께서 소경이 되게 하셨다고 기록되어 있다[사29:9]. 그래서 모든 묵시인 모든 성경을 유식한 자나 무식한 자들에게 읽으라 해도 봉한 책의 말이라 못 하겠노라고 할 것이라고 하신 것은 "눈은 선지자요 머리는 선견자라"고 하신 교회 지도자가 영적인 소경이기 때문이다. 초림 당시 사람들은 "예수의 행하신 이 표적을 보고 말하되 이는 참으로 세상에 오실 그 선지자라 하더라"[요6:14]고 한 것이 명확하므로 지금까지 신학자들도 예수님은 선지자직, 제사장직, 왕직으로 오셨다고 가르쳤다.

그렇다면 "눈은 선지자"라고 하셨고, 예수 그리스도께서 실상으로 오셨으니 영적인 소경이 다 고쳐졌어야 했다. 그런데 왜 당시 날 때부터 소경 된 자를 고치셨는데[요9:6~7] 그 사람도 죽었고, 죽은 지 나흘이나 된 무덤에 있던 나사로도 다시 살리셨는데[요11:43~44] 왜 그도 죽었을까? 2022년 이때까지 예수 이름 사용하며 신앙생활 한 모든 사람들도 왜 다 죽었을까? 이 의문에 대한 해답이 바로 "포도나무가 모든 나무보다 나은 것이 무엇이랴, 그것이 온전할 때에도 제조에 합당치 아니하거든"[겔15장] 이라고 하신 말씀과

이사야 29:9
너희는 놀라고 놀라라 너희는 소경이 되고 소경이 되라 그들의 취함이 포도주로 인함이 아니며 그들의 비틀거림이 독주로 인함이 아니라

요한복음 9:6~7
6 이 말씀을 하시고 땅에 침을 뱉어 진흙을 이겨 그의 눈에 바르시고
7 이르시되 실로암 못에 가서 씻으라 하시니 (실로암은 번역하면 보냄을 받았다는 뜻이라) 이에 가서 씻고 밝은 눈으로 왔더라

요한복음 11:43~44
43 이 말씀을 하시고 큰 소리로 나사로야 나오라 부르시니
44 죽은 자가 수족을 베로 동인 채로 나오는데 그 얼굴은 수건에 싸였더라 예수께서 가라사대 풀어 놓아 다니게 하라 하시니라

"누구든지 나를 인하여 실족하지 아니하는 자는 복이 있도다"[마11:6]라고 하신 말씀 속에 감추어져 있다. 이는 예수 그리스도께서 온전케 하시는 선지자, 선견자가 아니라는 뜻이다. 또한 "유언은 유언을 한 사람이 죽은 후에야 효력이 나타난다"[히9:16~17]고 하신 말씀의 뜻을 알아야 한다. 성경 속에 감추어 두신 천국의 비밀을 깨닫기 위해서는 '유언'에 대한 하나님의 뜻을 아는 것이 너무 중요하다.

'유언'의 비밀을 깨달아야
하나님의 뜻을 알게 된다

¹⁶유언은 유언한 자가 죽어야 되나니 ¹⁷유언은 그 사람이 죽은 후에야 견고한즉 유언한 자가 살았을 때에는 언제든지 효력이 없느니라 [히9:16~17]

'유언'의 비밀을 직설적으로 말하면 전 성경을 기록한 저자들이 기록한 말들은 그들이 살아 있을 때 효력이 있는 것이 아니라는 뜻이다. 애굽에서 출애굽한 사건도 그때 모세, 아론, 여호수아 시대에 온전히 실상이 되는 일이 아니고, 에녹, 엘리야도 당시의 일을 기록한 것 같으나 절대 아니며, 일곱째 날, 셋째 날

인 지금 이때 사실이 되는 일이다. 심지어 예수 그리스도께서 하신 말씀들도 이 땅에 계실 때 실상이 되는 일이 아니었다는 뜻이다. 유언은 그 사람이 죽은 후에야 견고한 즉, 유언한 자가 살았을 때에는 언제든지 효력이 없다고 하신 말씀에는 예수님께서 십자가에 죽으시기 전에 하신 모든 일이 효력이 없다는 뜻이 감추어져 있으며, 모든 성경을 쓴 저자들도 다 마찬가지다. 그렇다고 해서 성경을 기록한 저자가 죽은 후에 바로 효력이 발생하는 것도 아니며, 반드시 하나님께서 정하신 때가 되어야 '유언의 효력'이 발생하는 것이다. 그때가 바로 구약으로부터 일곱째 날, 신약으로 하면 셋째 날인 지금 이 세대에 온전히 실상이 된다는 뜻이다.

이에 대해 명백하게 2천 년 천주교, 기독교의 역사가 증명하고 있다. "나는 부활이요 생명이니 나를 믿는 자는 죽어도 살겠고 무릇 살아서 나를 믿는 자는 영원히 죽지 아니하리니"[요11:25~26]라고 하신 대로 실상이 된 사람은 진리의 성령이 이 세상에 나타나기 전까지 아무도 없었다. 그래서 예수님께서 "누구든지 나를 인하여 실족하지 아니하는 자는 복이 있도다"[마11:6, 눅7:23]라고 하셨으며, 초림 당시는 "온전한 것"[고전13:10]이 올 때

마태복음 11:6
누구든지 나를 인하여 실족하지 아니하는 자는 복이 있도다 하시니라

누가복음 7:23
누구든지 나를 인하여 실족하지 아니하는 자는 복이 있도다 하시니라

고린도전서 13:10
온전한 것이 올 때에는 부분적으로 하던 것이 폐하리라

요한복음 15:27
너희도 처음부터 나와 함께 있었으므로 증거하느니라

마태복음 5:29~30
29 만일 네 오른눈이 너로 실족케 하거든 빼어 내 버리라 네 백체 중 하나가 없어지고 온몸이 지옥에 던지우지 않는 것이 유익하며
30 또한 만일 네 오른손이 너로 실족케 하거든 찍어 내버리라 네 백체 중 하나가 없어지고 온몸이 지옥에 던지우지 않는 것이 유익하니라

이사야 1:11
여호와께서 말씀하시되 너희의 무수한 제물이 내게 무엇이 유익하뇨 나는 수양의 번제와 살진 짐승의 기름에 배불렀고 나는 수송아지나 어린 양이나 수염소의 피를 기뻐하지 아니하노라

요한계시록 6:10
큰 소리로 불러 가로되 거룩하고 참되신 대주재여 땅에 거하는 자들을 심판하여 우리 피를 신원하여 주지 아니하시기를 어느 때까지 하시려나이까 하니

요한복음 11:25
예수께서 가라사대 나는 부활이요 생명이니 나를 믿는 자는 죽어도 살겠고

가 아니었다. 예수 그리스도에 대해서 당시 사도들이 증거를 하였지만 이는 '사람의 증거'[요15:27]였다. 이러한 천국의 비밀을 사도 바울도 모르고 "곧 계시로 내게 비밀을 알게 하신 것은 내가 이미 대강 기록함과 같으니 이것을 읽으면 그리스도의 비밀을 내가 깨달은 것을 너희가 알 수 있으리라"[엡3:3~4]고 기록한 것이다. 이 말씀대로 당시 사도 바울이 그리스도의 비밀을 깨달은 것인가? 절대 아니다. 물론 다른 사람에 비하면 더 많은 성경을 기록하고 순교하였지만, 그가 깨달은 것은 부분적이었고, 말씀의 뜻을 모르고 기록한 것이다. 바울도 하나님께서 말씀하시는 오른손, 오른눈, 우편에 해당한 것이고, 첫 순교자 아벨의 피부터 모든 순교자들의 흘린 피와 심지어 아들 예수 그리스도께서 흘린 피도 하나님께서 기뻐하지 않으신다고 하셨다[사1:11]. 바꾸어 말하면 자신들은 복음을 위해서 순교했지만 하나님께서는 그 순교자들의 죽는 죽음을 기뻐하시지 않으셨다는 뜻이다.

이에 대한 명백한 증거가 요한계시록 6장에 순교자들이 하나님께 "우리 피를 신원하여 주지 아니하시기를 어느 때까지 하시려나이까"라고 한 것이며, 요11:25절의 말씀대로 죽어도 다시 신령한 몸으로 부활해야 하는

데 그러지 못하고 2천 년이 다 되어가는 지금까지 제단 아래 있는 것이다.

그래서 "눈은 선지자요 머리는 선견자라"고 하신 말씀이 실상이 될 때까지 영적인 소경인 채 전 성경은 모든 묵시, 다른 말로 계시가 되어 이어져 왔던 것이다. 이것은 "하나님의 하시는 일의 시종을 사람으로 측량할 수 없게 하셨도다"[전3:11]라고 하신 대로 하나님의 행하시는 일을 사람으로 알게 하지 않으신다는 말씀이 사실이었음을 역사가 증명해 주고 있는데도, 성경을 사용하는 사람들은 이 사실을 모르고 착각하고 있었던 것이다. 다른 말로 선지자, 선견자 노릇 하는 하나님의 참된 종이 오기 전까지는 모두 영적인 깊은 잠을 자고 있었던 것이다.

그러나 15년째 하나님의 가르치심인 "새 언약"[히8장]의 말씀을 받고 있는 은혜로교회 성도들은 예수 그리스도께서 하신 유언이 하나님께서 정하신 때가 되어 '효력'이 발생하여 실상으로 온전한 눈이자 머리이신 "또 다른 보혜사, 진리의 성령"[요14:16~17]이 오셨다는 것을 전 세계에서 유일하게 알고 있다.

'효력'이란 전 성경에 기록된 하나님의 법이 사실로 작용하

히브리서 8:8
저희를 허물하여 일렀으되 주께서 가라사대 볼찌어다 날이 이르리니 내가 이스라엘 집과 유다 집으로 새 언약을 세우리라

요한복음 14:16~17
16 내가 아버지께 구하겠으니 그가 또 다른 보혜사를 너희에게 주사 영원토록 너희와 함께 있게 하시리니
17 저는 진리의 영이라 세상은 능히 저를 받지 못하나니 이는 저를 보지도 못하고 알지도 못함이라 그러나 너희는 저를 아나니 저는 너희와 함께 거하심이요 또 너희 속에 계시겠음이라

요한복음 14: 26

보혜사 곧 아버지께서 내 이름으로 보내실 성령 그 가 너희에게 모든 것을 가 르치시고 내가 너희에게 말한 모든 것을 생각나게 하시리라

요한복음 15: 26

내가 아버지께로서 너희 에게 보낼 보혜사 곧 아버 지께로서 나오시는 진리 의 성령이 오실 때에 그가 나를 증거하실 것이요

요한복음 16: 7~8

7 그러나 내가 너희에 게 실상을 말하노니 내가 떠나가는 것이 너희에게 유익이라 내가 떠나가지 아니하면 보혜사가 너희 에게로 오시지 아니할 것 이요 가면 내가 그를 너희 에게로 보내리니

8 그가 와서 죄에 대하여, 의에 대하여, 심판에 대하 여 세상을 책망하시리라

시편 102:18

이 일이 장래 세대를 위하 여 기록되리니 창조함을 받을 백성이 여호와를 찬 송하리로다

에스겔 15:5

그것이 온전할 때에도 아 무 제조에 합당치 않았거 든 하물며 불에 살라지고 탄 후에 어찌 제조에 합당 하겠느냐

여 실행되는 것을 뜻한다. 다시 말하면 하나님께서 약 1600여 년간 40여 명의 인간 저자를 사용하셔서 기록하여 책으로 주신 하나님의 법이 땅에서 사실이 되어 이루어지는 것을 두고 '효력'이라고 한다. 기록된 성경이 반드시 사실이 된다는 것을 사람들이 모르기 때문에 믿지 않는 것이지, 자신들이 실제 경험하고 나면 누구든지 다 믿게 된다. 이를 보여주신 것이 선지자로 오신 하나님의 아들 예수 그리스도시다. 2천 년 전 예수님이 하신 말씀이 효력이 나타나서 요 14:16~17절, 26절, 15:26절, 16:7~15절이 실상이 되었을 뿐만 아니라, 전 성경에 기록된 영원한 언약들이 이미 15년째 사실이 되어 이 땅에서 이루어지고 있다는 것이다.

예수 그리스도께서 하나님의 능력으로 신령한 몸으로 부활하셨어도 예수님께서 하신 일, 예수 이름으로 하는 모든 일들이 다른 사람들을 '다시 창조'[시 102:18]하거나 "제조"[겔15:5]하는데 효력이 발생하려면 반드시 육체가 십자가에서 죽으셔야 할 것과 하나님께서 정하신 때가 될 때까지 효력이 나타나지 않을 것도 미리 다 말씀해 두셨는데 알지 못한 것이다. 증명한다.

¹⁷아담에게 이르시되 네가 네 아내의 말을 듣고 내가 너더러 먹지 말라 한 나무 실과를 먹었은즉 땅은 너로 인하여 저주를 받고 너는 종신토록 수고하여야 그 소산을 먹으리라 ¹⁸땅이 네게 가시덤불과 엉겅퀴를 낼 것이라 너의 먹을 것은 밭의 채소인즉 ¹⁹네가 얼굴에 땀이 흘러야 식물을 먹고 필경은 흙으로 돌아 가리니 그 속에서 네가 취함을 입었음이라 너는 흙이니 흙으로 돌아갈 것이니라 하시니라 [창 3:17~19]

아담은 예수 그리스도의 표상이요 그림자다. 에덴동산에서 아담과 하와, 말하는 뱀에 대한 말씀은 지금 이 세대 전 세계 교회의 현상을 그림자로 보여주신 것이다 [창3장]. 예수 그리스도께서 부활하신 후에 세세토록 사망과 음부의 열쇠를 받으실 것[계1:18]을 창세기에 이미 예언해 두셨다. 예수님께서는 십자가를 지시기 전에 제자들에게 당신이 죽으실 것과 3일 만에 부활하실 것을 다 말씀하셨지만, "예수께서 힘쓰고 애써 더욱 간절히 기도하시니 땀이 땅에 떨어지는 피방울같이 되더라"[마26:36~46, 막14:32~42, 눅22:39~46]고 하셨고, 이런 영적인 상태가 2022년 지금 이 세대까지 이어져 온 것이다.

"땅이 네게 가시덤불과 엉겅퀴를 낼 것이라"[창3:18]고 하신 그대로 1430년 후에 사실이 되어 예수님께서

요한계시록 1:18
곧 산 자라 내가 전에 죽었노라 볼찌어다 이제 세세토록 살아 있어 사망과 음부의 열쇠를 가졌노니

누가복음 9:22
가라사대 인자가 많은 고난을 받고 장로들과 대제사장들과 서기관들에게 버린 바 되어 죽임을 당하고 제삼일에 살아나야 하리라 하시고

누가복음 22:44
예수께서 힘쓰고 애써 더욱 간절히 기도하시니 땀이 땅에 떨어지는 피방울같이 되더라

'가시면류관'을 쓰신 것이다. 또한 예수 이름을 사용한 모든 사람들도 다 흙으로 돌아갔고, 2022년 이때까지 땅의 역사가 창세기 3장의 예언대로 사실이 되었다. 예수님이 흘리신 피도 기뻐하시지 않는 이유 또한 너무 명백하게 이미 3422년 전에 욥을 통해 판결해 두셨던 것이다.

> ¹⁸땅아 내 피를 가리우지 말라 나의 부르짖음으로 쉴 곳이 없게 되기를 원하노라 ¹⁹지금 나의 증인이 하늘에 계시고 나의 보인이 높은 데 계시니라 ²⁰나의 친구는 나를 조롱하나 내 눈은 하나님을 향하여 눈물을 흘리고 ²¹사람과 하나님 사이에와 인자와 그 이웃 사이에 변백하시기를 원하노니 ²²수년이 지나면 나는 돌아오지 못할 길로 갈 것임이니라 [욥16:18~22]

"내 눈은 하나님을 향하여 눈물을 흘리고"라는 말씀 속에 '눈'에 대한 실상이 예언되어 있다. 곧 사람과 하나님 사이와 인자와 그 이웃 사이에 변백하는 보인, 증인이 바로 하나님께서 이사야 선지자를 사용하여 말씀하신 "눈은 선지자요 머리는 선견자라"고 하신 실상의 눈이다. 그러나 실족케 하는 오른눈이란 사람을 죄짓게 하는 모든 자들이 바로 빼어 내버려야 할 "네 눈"[마18:9]에 해당한다. 성경을 사용하는 전 세계 모든 사람들이 전 성경이 묵시, 곧 계시인 줄 모르고, 사

마태복음 18:9
만일 네 눈이 너를 범죄케 하거든 빼어 내버리라 한 눈으로 영생에 들어가는 것이 두 눈을 가지고 지옥 불에 던지우는 것보다 나으니라

람의 소리, 곧 사단의 소리로 변개시켜서 죄에 죄를 더 짓게 만드는 범죄케 하는 오른눈이다. 이는 예수님도 예외가 아니었다. 성경을 기록한 저자들도, 순교자들도 다 실족케 하는 오른눈, 오른손에 해당한다.

마태복음 16:23
예수께서 돌이키시며 베드로에게 이르시되 사단아 내 뒤로 물러 가라 너는 나를 넘어지게 하는 자로다 네가 하나님의 일을 생각지 아니하고 도리어 사람의 일을 생각하는도다 하시고

모든 묵시가 곧 전 성경의 봉한 책의 말이라 유식한 자도 무식한 자도 보이지 않는 하나님의 뜻인 천국의 비밀을 모를 것이라고 하신대로 '영적인 소경'이 되게 하셨다. 그러나 "눈은 선지자요 머리는 선견자라"고 하신 예언이 온전히 실상이 된 사람은 "도리어 나의 모든 교훈을 멸시하며 나의 책망을 받지 아니하였은즉"[잠1:25]의 예언과 일치하는 사람인 진리의 성령인 '나'다. 15년째 전대미문의 새 언약으로 하나님의 뜻을 대언해도 오히려 이단이란 프레임을 씌어 옥에 가두기까지 핍박하고, 진리의 성령인 나를 통해 대언하시는 하나님의 책망을 받지 않고 있고, 모든 교훈을 멸시하고 있다.

그래서 반드시 '유언의 비밀'을 깨달아야 한다. 이렇게 하나님의 말씀은 정하신 때가 되면 온전히 성취되므로 "온전한 것이 올 때에는 부분적으로 하던 것은 폐하리라"[고전13:10]고 하셨고, 히브리서 8장의 예언이 사실이 된 '새 언약'이라고 한 것이다. 진리는 이렇게 그 누구도 의심하거나 반박할 수 없도록 기록된 말씀과 실상이

일치해야 진리다. 곧 기록된 명제가 사실이 되어 일치하므로 참 진리라는 것을 증명하시는 하나님의 증거다.

거룩한 선지자가 '한 눈'이 될 때
육체도 죽지 않는 '영생'이 실상이 된다

· 나의 책망을 듣고 돌이키라 보라 내가 나의 신을 너희에게
  부어주며 나의 말을 너희에게 보이리라 [잠1:23]

따라서 "눈은 선지자요 머리는 선견자라"고 하신 말씀이 실상이 되어 새 언약의 말씀을 받는 성도들에게 "나의 신을 너희에게 부어주며"라는 말씀이 사실이 되고, 생기를 받아 육체도 죽지 않는 온전한 영생에 이르게 된다. 그래서 말씀이 하나님이라고 하신 것이고 [요1:1], "나의 말을 너희에게 보이리라"고 하신 말씀대로 하나님의 말씀을 보고도 보이지 않는 영적인 소경도 고치고, 영적인 말을 알아듣지 못하는 귀머거리도 고치며, 벙어리도 고치고 있다.

이를 두고 "나의 신을 너희에게 부어주며"라고 하신 것이다. 이를 다른 말로 하면 성령을 한량없이 부어 주신다고 하고[요3:34], 또 다른 말로 하면 해를 입힌다

[계12:1]고 하는 것이다. 사람의 생각대로 하면 저 낮에 하늘에 떠있는 해를 어찌 입히는가? "여호와 하나님은 해요"[시84:11]라고 하셨고, 여호와 하나님의 뜻은 전 성경 속에 감추어 두셨던 천국의 비밀인데 하나하나 밝혀서 사람이 죽어서 천국에 가는 것이 아니라고 보이고 들리고 깨달아 믿도록 하고 있는 이 일이 바로 나의 신을 너희에게 부어주는 것이고, "성령은 진리니라"[요일5:7]고 하신 그대로 성령을 한량없이 받게 하며, 해를 입혀서 육체도 죽지 않고 영원히 사는 영생을 사람으로 하여금 마음에 진실로 믿도록 하는 것이다. 그래서 진리의 성령의 또 다른 표현이 바로 "믿음"[갈3:23]이라고 하신 것이다.

죽어서 천국 간다는 말은 거짓말이다. 하나님을 살아서 믿으면 절대 죽지 아니하고 영원히 산다는 것을 믿으라고 실상의 사람인 진리의 성령을 '보증물'로 주셨고, 이를 여러 모양으로 말씀하셨고 기록해 두신 것이 바로 "나의 신을 너희에게 부어주며 나의 말을 너희에게 보이리라"고 하신 것이다. 이는 나에 대한 예언이며, 사실이 되어 눈 역할, 입 역할, 하나님이 머리가 되시도록 머리 역할을 하고 있다. 이것이 바로 사람은 누구나 한 번 죽어야 하는 것을 이기고 죽지 아니

요한계시록 12:1
하늘에 큰 이적이 보이니 해를 입은 한 여자가 있는데 그 발 아래는 달이 있고 그 머리에는 열두 별의 면류관을 썼더라

시편 84:11
여호와 하나님은 해요 방패시라 여호와께서 은혜와 영화를 주시며 정직히 행하는 자에게 좋은 것을 아끼지 아니하실 것임이니이다

갈라디아서 3:23
믿음이 오기 전에 우리가 율법 아래 매인 바 되고 계시될 믿음의 때까지 갇혔느니라

하게 하는 '생기', 곧 영원히 살게 하는 기운이다. 그래서 "나를 믿는 자는 죽어도 살겠고 무릇 살아서 나를 믿는 자는 영원히 죽지 아니하리니"[요11:25~26]의 예언이 사실이 되게 만드는 것이 나를 통한 이 일이다. 이때가 될 때까지 사람들에게 아무도 하나님의 행하시는 일을 알게 하지 않으실 것을 이미 사29:9~12절에 예언해 두신 것이다.

이 사실을 인정하지 아니해서 이 온 세상이 악한 자 아래 거하고, 쉴 곳이 없게 되었다. 뿐만 아니라 모두 육체가 죽었고, 기독교인들도 다른 종교인들이나 무신론자들과 같이 일반이 된 것이다. 그래서 "만일 네 눈이 너를 범죄케 하거든 빼어 내버리라 한 눈으로 영생에 들어가는 것이 두 눈을 가지고 지옥 불에 던지우는 것보다 나으니라"[마18:9]고 하신 것이다. 영생에 들어가는 한 눈은 온전한 한 눈인 진리의 성령에 대한 예언이다. 이는 예수님께서 "네 눈이 성하면 온몸이 밝을 것이요"라고 하신 '눈'이다. 다른 말로 하면 "온전한 것"[고전13:10]이고, "믿음"[갈3:22~23]이며, 행3:20~26절의 예언이 실상이 된 자인 '진리의 성령'을 두고 "한 눈으로 영생에 들어가라"고 하신 것이다. 이렇게 되어야 누가복음 24장의 말씀이 온전히 이 땅에서 사실로 이루어져서 효력이 발

이사야 29:10
대저 여호와께서 깊이 잠들게 하는 신을 너희에게 부어주사 너희의 눈을 감기셨음이니 눈은 선지자요 너희 머리를 덮으셨음이니 머리는 선견자라

마태복음 6:22
눈은 몸의 등불이니 그러므로 네 눈이 성하면 온몸이 밝을 것이요

고린도전서 13:10
온전한 것이 올 때에는 부분적으로 하던 것이 폐하리라

사도행전 3:26
하나님이 그 종을 세워 복 주시려고 너희에게 먼저 보내사 너희로 하여금 돌이켜 각각 그 악함을 버리게 하셨느니라

생하는 것이다.

또한 이 한 눈이 바로 욥이 말한 "나의 증인, 나의 보인"[욥16:19]이며, 사람과 하나님 사이, 인자와 그 이웃 사이에 변백하시기를 원한다[욥16:21]고 하신 예언이 이루어진 실상이다. '변백'이란 옳고 그름을 분명하게 밝히고 아뢰며, 하나님과 사람 사이를 중재하고, 인자와 사람 사이를 변론하는 것이다. 그래서 진리의 성령을 또 다른 보혜사라고 하신 것이다. 따라서 이 예언도 욥 당시 일이 아니고, 1400여 년 후에 오신 예수 그리스도께서 이 땅에 오셔서 하신 일부터 2022년 1월 지금 나를 통해서 하실 모든 일까지를 예언한 것이다.

욥기 16:19
지금 나의 증인이 하늘에 계시고 나의 보인이 높은 데 계시니라

욥기 16:21
사람과 하나님 사이에와 인자와 그 이웃 사이에 변백하시기를 원하노니

욥기서가 기록될 당시는 진리의 성령인 나의 영혼은 하늘에 있었지만, 2022년 지금 이미 15년째 실상이 되어 사람과 하나님 사이와 인자와 그 이웃 사이에 변백하고 있으며, 이미 욥16장, 17장의 말씀의 효력이 나타나 이루어지고 있다. 그러나 지금 이때가 되기 전까지는 예수 그리스도께서 흘리신 피, 곧 땀이 땅에 떨어지는 핏방울이 되어 예수 이름 사용하는 자들의 부르짖음으로 인하여 쉴 곳이 없는 땅이 되었던 것이다. 그래서 네 눈, 오른눈, 오른손이 너로 실

마태복음 5:29~30
29 만일 네 오른눈이 너로 실족케 하거든 빼어 내버리라 네 백체 중 하나가 없어지고 온몸이 지옥에 던지우지 않는 것이 유익하며
30 또한 만일 네 오른손이 너로 실족케 하거든 찍어 내버리라 네 백체 중 하나가 없어지고 온몸이 지옥에 던지우지 않는 것이 유익하니라

족, 곧 범죄케 하거든 찍어 내버리라고 하셨으며, 욥이 "수년이 지나면 나는 돌아오지 못할 길로 갈 것임이니라"[욥16:22]라고 한 것이다. 그래서 지금 이때에 '새 언약의 말씀'으로 온전히 돌이키지 아니하면 모두 육체가 죽어 이 땅에서의 삶이 얼마나 헛되고 헛된 삶인지 음부에서 알게 된다.

"나의 기운이 쇠하였으며 나의 날이 다 하였고 무덤이 나를 위하여 예비되었구나"[욥17:1]라고 하신 예언은 명백하게 예수 그리스도에 대한 예언이고, 예수 이름 사용하는 모든 사람들도 한 번 죽는 것이 정한 이치인 하나님의 법대로 사실이 되었다. 또한 "나를 조롱하는 자들이 오히려 나와 함께 있으므로 내 눈이 그들의 격동함을 항상 보는구나 청컨대 보증물을 주시고"[욥17:2~3]라고 하신 '보증물'은 진리의 성령을 말씀하신 것이다.

'보증'이란 어떤 사물에 대하여 틀림이 없다고 증명하거나 책임을 지다라는 뜻으로 '담보물' 또는 '약조물'이라고 한다. "곧 이것을 우리에게 이루게 하시고 보증으로 성령을 우리에게 주신 이는 하나님이시니라"[고후5:5]라고 한 이 말씀의 "우리"는 당시 사도 바울과 그 시대 사람들이 아니다. '보증물'이 실상이 되어야 예수 그리스도에 대해서도 진리대로 온전히 알게 된다[요15:26]. 그러

히브리서 8:8
저희를 허물하여 일렀으되 주께서 가라사대 볼찌어다 날이 이르리니 내가 이스라엘 집과 유다 집으로 새 언약을 세우리라

히브리서 9:27
한 번 죽는 것은 사람에게 정하신 것이요 그 후에는 심판이 있으리니

요한복음 15:26
내가 아버지께로서 너희에게 보낼 보혜사 곧 아버지께로서 나오시는 진리의 성령이 오실 때에 그가 나를 증거하실 것이요

므로 하나님께서 정하신 때가 되어 예수 그리스도를 믿고 그 계명대로 지켜 실행하는 사람 중에 진리의 성령이 실상이 되어 나타난다는 뜻이며, "눈은 선지자요 머리는 선견자"가 이미 온전히 실상이 되었다.

여호와의 날, 인자의 날, 일곱째 날이자 셋째 날인 지금 이 세대는 실족케 하는 오른눈을 빼고 '온전한 한 눈'으로 영생에 이르게 하는 진리가 이미 사실이 되었다. 이러한 하나님의 큰일을 대언하는 진리의 성령을 훼방한 자들의 받을 벌은 영원한 지옥 영벌이다. 속히 공개 사과하고 회개하라. 코로나19는 시작일 뿐이다. 영원한 복음인 새 언약으로 돌이키지 아니하면 전 성경에 기록된 재앙이 이 땅에 다 내린다.

32

성령을 힘입어 '귀신'을 쫓아내면 '천국'이 이미 임하였느니라

「조선일보, 동아일보, 매일경제」 2022년 1월 21일 금요일

스마트폰으로 QR 코드를 스캔 하시면
[이제 온 천하는 잠잠하라] 전문을 다운로드 받으실 수 있습니다.

'귀신'이 주인인 사람은 누구인가?

> [8]여호와의 말씀에 내 생각은 너희 생각과 다르며 내 길은 너
> 희 길과 달라서 [9]하늘이 땅보다 높음같이 내 길은 너희 길보
> 다 높으며 내 생각은 너희 생각보다 높으니라 [사55:8~9]

사람 차원은 하나님의 아들들이 될 수 없고, 영생
이 실상이 될 수 없다. 사람이면 누구든지 아는 일반
적인 지식으로 성경을 보고 아는 것은 사람 생각이
고, 사람의 생각과 하나님의 생각은 다르다고 하셨
다[사55:8~9]. 사람의 생각대로 성경을 보고 설교하
면 사단의 소리가 되며, 그런 설교를 듣고 마음에 받
아들이면 사단이 그 사람 생각 속에 들어가는 것이
다. 다른 말로 표현하면 성경을 가지고 성경과 다르
게 가르친 거짓말은 귀신의 소리이며, 이를 믿고 받
아들이면 귀신이 들어가게 되고, 이를 두고 예수 이름

으로 들어온 귀신, 곧 일곱 귀신 들렸다고 한다. 교회를 안 다니는 사람들이나 다른 종교를 믿는 사람들은 말할 것도 없이 귀신이 그 사람의 주인이다.

갈라디아서 3:22~23
22 그러나 성경이 모든 것을 죄 아래 가두었으니 이는 예수 그리스도를 믿음으로 말미암은 약속을 믿는 자들에게 주려 함이니라
23 믿음이 오기 전에 우리가 율법 아래 매인 바 되고 계시될 믿음의 때까지 갇혔느니라

모든 사람이 원욕이 그대로인 채 교회 나와서 성경과 다른 거짓말인 불의, 불법하는 사람의 설교를 듣고도 그 말이 맞는지 틀린지 분별을 못 하는 것을 두고 "성경이 모든 것을 죄 아래 가두어 두었다"[갈3:22~23]고 하신 것이다. 사람의 생각과 하나님의 생각이 다르다고 하신 말씀만 믿어도 이성이 생겨서 성경이 이해가 잘 안 되어야 했다.

그런데 모태에서부터 하나님을 모르고 안 믿은 육의 부모로부터 잉태되었고, 자라서도 계속 사람의 소리에 둘러싸여 살았으며, 성경을 가지고 교회를 다니며 "믿습니다" 혀로 말만 하는 사람들, 그것도 성경과 다른 거짓말을 지어내서 설교하는 자들 아래 일생 종교생활 하는 사람들의 생각과 마음은 하나님이 아니라 귀신이 주인이다. 원욕이 그대로인 채 설교하는 자들이나, 교인들이나 동일하게 속고 속이는 거짓말에 익숙하여 선, 악을 분별 못 하는 자들이 된 것이다. 오죽하면 여호와 하나님께서 사람의 죄악이 세상에 관영함과 그 마음의 생각의 모든 계획이 항상 악

할 뿐임을 보시고 땅 위에 사람 지으셨음을 마음에
근심하시고 한탄하셨을까?

> ⁵여호와께서 사람의 죄악이 세상에 관영함과 그 마음의 생
> 각의 모든 계획이 항상 악할 뿐임을 보시고 ⁶땅 위에 사람
> 지으셨음을 한탄하사 마음에 근심하시고 ⁷가라사대 나의
> 창조한 사람을 내가 지면에서 쓸어 버리되 사람으로부터
> 육축과 기는 것과 공중의 새까지 그리하리니 이는 내가 그
> 것을 지었음을 한탄함이니라 하시니라 [창6:5~7]

그래서 의인은 없나니 하나도 없다고 하셨으며, 인
간의 소행은 가증하여 선을 행하는 자가 아무도 없었
다고 판결해 두셨던 것이다[롬3:10~12]. 히브리서 8장
의 "새 언약"에 대해서 하나님의 뜻만 이해하고 이성적
인 눈만 있어도 창세 이래 이 땅의 역사가 한 눈에 다
보인다. 새 언약을 알기 전에도 일반적인 이성만 있
어도 죄를 심상히 여기면 안 되는 것이다. 그래서 원
문에 보면 말씀의 뜻 속에 이성이라는 말이 들어 있다.
곧 하나님의 말씀을 받아야 이성이 생긴다는 뜻이다.

성경에 "교회 문고리만 잡아도 구원받는다, 죽어서
천국 간다"고 어디에 기록되어 있는가? 간교하고 간
사한 뱀, 곧 사단이요 마귀인 인간이 원욕이 그대로
인 채 성경을 보고 설교한 소리만 가지고 자신은 이

로마서 3:10~12
10 기록한 바 의인은 없
나니 하나도 없으며
11 깨닫는 자도 없고 하
나님을 찾는 자도 없고
12 다 치우쳐 한 가지로
무익하게 되고 선을 행하
는 자는 없나니 하나도 없
도다

히브리서 8:8
저희를 허물하여 일렀으
되 주께서 가라사대 볼찌
어다 날이 이르리니 내가
이스라엘 집과 유다 집으
로 새 언약을 세우리라

미 천국에 간다, 교인들에게는 죽으면 천국 간다고 가르치는 귀신의 성경과 다른 거짓말을 믿은 것이지, 예수 그리스도나 하나님을 진짜 믿은 것이 아니다. 이것은 귀신이 강대상에 서서 설교하는 교회에서 귀신을 섬기며 종살이한 것이지, 예수 그리스도를, 하나님을 믿은 것이 절대 아니다. 전부 성경을 가지고 성경과 다른 거짓말을 듣고 믿는 것으로 인해 흉악한 귀신이 되었고, 예수 이름으로 일곱 귀신이 들린 사람, 곧 귀신이 주인인 자가 된 것이다.

'흉악무도'란 '성질이 사납고 악하여 도리에 어긋나다'라는 뜻인데 이런 자를 성경에서는 용, 뱀, 독사, 사단, 마귀, 악어, 이리, 여우, 개, 짐승 등에 비유하신 것이다. 이들이 혀로, 지옥 불의 소리로 성경을 가지고 종교생활 하는 자들의 양심을 불로 지진 것이다. 그 결과 살았다 하는 예수 이름은 가지고 있으나 영적으로 잠들어 있거나, 아예 죽은 자가 된 것이다[계3:1]. 창세 이래 하나님만 아시는 시간, 세월 동안 AD 2022년 1월 21일 이때가 될 때까지 하나님의 뜻대로 땅 위의 역사가 이어져 왔으며, 이제 진실로 하나님께서 정하신 때가 된 것이다. 이렇게 될 것 또한 이미 전 성경에 예언해 두셨다.

요한계시록 3:1
사데 교회의 사자에게 편지하기를 하나님의 일곱 영과 일곱 별을 가진 이가 가라사대 내가 네 행위를 아노니 네가 살았다 하는 이름은 가졌으나 죽은 자로다

귀신을 쫓아내는 '하나님의 성령의 일'

또 주께서 가라사대 그날 후에 내가 이스라엘 집으로 세울 언약이 이것이니 내 법을 저희 생각에 두고 저희 마음에 이것을 기록하리라 나는 저희에게 하나님이 되고 저희는 내게 백성이 되리라 [히8:10]

살아 계신 하나님의 말씀으로 사람의 생각, 마음을 잡고 주인 노릇 하는 귀신이 다 떠나고 말씀으로 인을 치는 일을 두고 "내 법을 저희 생각에 두고"라고 하신 것이다. 그러나 귀신이 주인인 영적인 상태로 이어져 온 가운데 하나님께서 정하신 때가 되어 2008년 6월 16일에 창세 이래 최초로 히브리서 8장의 새 언약이 땅에 사실이 되어 이루어진 것이다. 이 일에 사용될 사람이 진리의 성령으로 이 땅에 온 나였고, 하나님께서는 이미 3421년 전부터 전 성경에 예언해 두셨던 것이다. 사람 중에 단 한 명도 이 사실을 모를 때 하나님께서는 성경에 미리 기록해 두신 그대로 사실이 되도록 말씀을 이루시고 계셨던 것이다.

전대미문의 새 언약으로 성도들의 생각을 하나님의 말씀으로 바꾸는 일이 15년째 나를 통한 하나님의 새 일이다. 사람으로는 할 수 없으되 하나님으로는 하실

이사야 48:6
네가 이미 들었으니 이것을 다 보라 너희가 선전치 아니하겠느뇨 이제부터 내가 새 일 곧 네가 알지 못하던 은비한 일을 네게 보이노니

수 있다[마19:26]. 곧 나를 사용하셔서 요6:45절의 말씀이 사실이 되어 하나님께서 친히 천국의 비밀을 밝히시고, 거짓말을 진리인 줄 믿었던 지난날에서 완전히 새 삶으로 다시 시작하게 하고 계신다. 그러므로 전 세계에 성경을 사용하여 "하나님, 예수님" 하며 종교생활 하는 모든 사람들은 '새 언약'에 대한 바른 지식을 가져야 진리를 진리대로 이해하고 이성을 찾는다. 귀신이 주인인 사람은 이성이 없다. 곧 사물의 이치를 논리적으로 생각하고 판단하는 마음의 작용을 못 하게 가로막는 것은 성경을 가지고 하는 성경과 다른 거짓말을 마음에 받아들였기 때문이다.

이렇게 성경과 다른 거짓말을 "아멘" 하며 마음으로 받게 되면 그 순간부터 일반적인 이성조차 없어지게 되어 아무 신도 안 믿는 사람들보다 더 악하고 미친 마음이 되는 것이다. 그래서 혀로 하는 성경과 다른 거짓말을 두고 "혀는 곧 불이요 불의의 세계라 혀는 우리 지체 중에서 온몸을 더럽히고 생의 바퀴를 불사르나니 그 사르는 것이 지옥 불에서 나느니라"[약3:6]고 하신 것이다. 이런 거짓말 설교를 계속 들으면 죄를 심상히 여기게 되고, 지옥 불의 소리가 불도장이 되어 인을 쳐서 양심에 화인 맞은 자가 된다.

그러나 내가 하나님의 성령을 힘입어 귀신을 쫓아내는 것
이면 하나님의 나라가 이미 너희에게 임하였느니라 [마
12:28]

예수님께서 하신 이 말씀은 예수님 당시에 온전히
실상이 되는 것이 아니라, 삼 일째 되는 지금 이 세대
에 온전히 이루어지는 말씀이다. 하나님의 성령은 사
람들이 상상하는 무형의 성령이 아니라 "증거하는 이
는 성령이시니 성령은 진리니라"[요일5:7]고 하셨고, "내
가 아버지께로서 너희에게 보낼 보혜사 곧 아버지께로서 나
오시는 진리의 성령이 오실 때에 그가 나를 증거하실 것이
요"[요15:26]라고 하신 말씀대로 형체를 가진 사람으
로 '진리의 성령'이 사실이 되어 이 땅에 왔으며, "증
거하는 이가 셋이니 성령과 물과 피라 또한 이 셋이 합하여
하나이니라"[요일5:8]고 하신 이 말씀이 사실이 된 지
15년째다. 믿든 안 믿든 이는 명백한 사실이다. 요한
복음, 요한1, 2, 3서, 요한계시록도 전부 기록할 당시가
아니라 하나님께서 정하신 때에 실상이 되는 유언이
란 사실을 알아야 한다. 사도 요한 당시가 아닌 셋째
날인 지금, 진리의 성령을 사용하여 요6:45절의 말씀
이 효력이 생겨서 나타난 역사가 바로 나를 통해 하
나님께서 친히 증거하시는 15년째 이 일이다.

⁶그러나 우리가 온전한 자들 중에서 지혜를 말하노니 이는 이 세상의 지혜가 아니요 또 이 세상의 없어질 관원의 지혜도 아니요 ⁷오직 비밀한 가운데 있는 하나님의 지혜를 말하는 것이니 곧 감추었던 것인데 하나님이 우리의 영광을 위하사 만세 전에 미리 정하신 것이라 ⁸이 지혜는 이 세대의 관원이 하나도 알지 못하였나니 만일 알았더면 영광의 주를 십자가에 못 박지 아니하였으리라 ⁹기록된 바 하나님이 자기를 사랑하는 자들을 위하여 예비하신 모든 것은 눈으로 보지 못하고 귀로도 듣지 못하고 사람의 마음으로도 생각지 못하였다 함과 같으니라 [고전2:6~9]

그래서 전 성경이 모두 묵시요, 계시다. 사람에게는 알게 하지 아니하셨지만, 하나님께서 친히 가르치시되 반드시 진리의 성령을 사용하셔서 대언하게 하신다. 이를 두고 "오직 하나님이 성령으로 이것을 우리에게 보이셨으니 성령은 모든 것 곧 하나님의 깊은 것이라도 통달하시느니라 사람의 사정을 사람의 속에 있는 영 외에는 누가 알리요 이와 같이 하나님의 사정도 하나님의 영 외에는 아무도 알지 못하느니라 우리가 세상의 영을 받지 아니하고 오직 하나님께로 온 영을 받았으니 이는 우리로 하여금 하나님께서 우리에게 은혜로 주신 것들을 알게 하려 하심이라"[고전2:10~12]고 하신 것이다.

곧 하나님의 성령, 다른 말로 진리의 성령, 하나님

의 영, 진리의 영인 나에 대한 예언이 이제 실상이 되어 하나님의 지혜를 대언하고 있다. 고린도전서의 말씀도 사도 바울 당시에 실상이 되는 말씀이 절대 아니고, 2022년 지금 이때 사실이 되어 효력이 발생하는 것이다. 그래서 나를 두고 "지혜요 명철이며 네 친족이라"[잠7:4]고 하셨다.

잠언 7:4
지혜에게 너는 내 누이라 하며 명철에게 너는 내 친족이라 하라

또한 "육에 속한 사람은 하나님의 성령의 일을 받지 아니하나니 저희에게는 미련하게 보임이요 또 깨닫지도 못하나니 이런 일은 영적으로라야 분변함이니라"[고전2:14] 라고 하셨다. 상상하는 성령이 절대 아닌 증거가 바로 성령의 일이다. 하나님께로서 온 하나님의 성령의 일은 어떤 일일까? 하나님께서 예수 그리스도를 이 땅에 보내신 것은 예수님 자신의 일을 하라고 보내신 것이 아니라, 하나님의 뜻을 행하려 오셨으며 실제 그렇게 사셨다[요6:38~40]. 하나님께로서 보냄을 받은 진리의 성령도, 새 언약의 말씀으로 다시 창조함을 받은 하나님의 아들들도 반드시 하나님의 뜻을 행하며 살고, 영원히 하나님을 영화롭게 해드리며 살게 된다.

시편 102:18
이 일이 장래 세대를 위하여 기록되리니 창조함을 받을 백성이 여호와를 찬송하리로다

로마서 8:19
피조물의 고대하는 바는 하나님의 아들들의 나타나는 것이니

38내가 하늘로서 내려온 것은 내 뜻을 행하려 함이 아니요 39나를 보내신 이의 뜻을 행하려 함이니라 나를 보내신 이의 뜻은 내게 주신 자 중에 내가 하나도 잃어버리지 아니하

마가복음 10:29~30

29 예수께서 가라사대 내가 진실로 너희에게 이르노니 나와 및 복음을 위하여 집이나 형제나 자매나 어미나 아비나 자식이나 전토를 버린 자는

30 금세에 있어 집과 형제와 자매와 모친과 자식과 전토를 백 배나 받되 핍박을 겸하여 받고 내세에 영생을 받지 못할 자가 없느니라

갈라디아서 3:22~23

22 그러나 성경이 모든 것을 죄 아래 가두었으니 이는 예수 그리스도를 믿음으로 말미암은 약속을 믿는 자들에게 주려 함이니라

23 믿음이 오기 전에 우리가 율법 아래 매인 바 되고 계시될 믿음의 때까지 갇혔느니라

고린도전서 2:14

육에 속한 사람은 하나님의 성령의 일을 받지 아니하나니 저희에게는 미련하게 보임이요 또 깨닫지도 못하나니 이런 일은 영적으로라야 분변함이니라

고린도후서 10:4~5

4 ...오직 하나님 앞에서 견고한 진을 파하는 강력이라

5 모든 이론을 파하며 하나님 아는 것을 대적하여 높아진 것을 다 파하고 모든 생각을 사로잡아 그리스도에게 복종케 하니

고 마지막 날에 다시 살리는 이것이니라 [40]내 아버지의 뜻은 아들을 보고 믿는 자마다 영생을 얻는 이것이니 마지막 날에 내가 이를 다시 살리리라 하시니라 [요6:38~40]

그래서 진리를 알지 못하고 살던 한 몫의 삶을 다 버리고 하나님의 계명을 따라 지켜 실행해야 한다[마19:16~30, 막10:17~30, 눅18:18~30]. 하나님의 성령의 일은 곧 여호와 하나님의 일이다. 하나님께서는 당신의 뜻을 반드시 사람을 사용하셔서 행하신다. 그래서 하나님의 성령의 일을 다른 모양으로 "믿음"[갈3:23]이라고도 하신 것이다. 하나님의 성령의 일은 육에 속한 사람들은 절대 받지 아니한다[고전2:14]. 15년째 보았다. 받지 않을 뿐만 아니라 미워하고 대적한다. 오죽하면 진리의 성령인 나를 안 믿고 온 세상에 치욕을 겪게 하고 옥에 가두기까지 미워하겠는가?

하나님의 성령의 일은 한 몫의 삶에서 죄가 죄인 줄 모르고 살던 모든 사람의 생각과 마음을 잡고 주인 노릇 한 귀신을 영원히 쫓아내는 일이며, 사람의 모든 이론을 다 파하는 '강력'이므로 상대가 귀신이 영원히 떠나기 전에는 미움을 받는 일도 하나님의 성령의 일이다.

하나님의 성령의 일을 받고 지켜 실행하면 "너희가 하나님의 성전인 것과 하나님의 성령이 너희 안에 거하시는 것을 알지 못하느뇨 누구든지 하나님의 성전을 더럽히면 하나님이 그 사람을 멸하시리라 하나님의 성전은 거룩하니 너희도 그러하니라"[고전3:16~17]고 하신 말씀이 실상이 되어 하나님의 성령으로 귀신을 쫓아내되 영원히 쫓아내게 된다. 사람의 생각과 마음을 잡고 죄를 짓게 하여 더럽고 부패하게 되어 결국 육체도 죽고 그 혼은 지옥에 가게 만드는 귀신이 다 떠나야 거룩한 자가 되며, 하나님께서 영원히 거하시는 성전이 되는 것이다. 본래 영원히 사시는 하나님께서 거하시기에 성전이 된 사람은 거룩하여 영원히 육체도 죽지 아니하고 영생을 하는 것이며, 하나님의 나라가 임한 것이다. 그래서 "내가 거룩하니 너희도 거룩하라"[레11:45]고 명하신 것이다.

이 계명을 머리로 알고 혀로 아무리 말해도 실상이 되지 않으면 아무 소용이 없다. 이는 말로 되는 일이 절대 아니고, 하나님께서 정하신 때에 정하신 사람을 통해서 이루시는 일이다. 아무도 거룩하게 된 자가 없었다는 것은 창세 이래 이 땅의 모든 역사가 증명해준다. 에녹과 엘리야도 진리의 성령과 새 언약의

호세아 2:19~20
19 내가 네게 장가들어 영원히 살되 의와 공변됨과 은총과 긍휼히 여김으로 네게 장가들며
20 진실함으로 네게 장가들리니 네가 여호와를 알리라

말씀으로 귀신을 쫓아내고 정결케 되어 하나님의 성
전이 될 성도들에 대한 그림자요 모형이다.

'새 언약'으로만 '팔복'도 실상이 되고, '천국'도 이 땅에 실상이 된다

³심령이 가난한 자는 복이 있나니 천국이 저희 것임이요 ⁴애통하는 자는 복이 있나니 저희가 위로를 받을 것임이요 ⁵온유한 자는 복이 있나니 저희가 땅을 기업으로 받을 것임이요 ⁶의에 주리고 목마른 자는 복이 있나니 저희가 배부를 것임이요 ⁷긍휼히 여기는 자는 복이 있나니 저희가 긍휼히 여김을 받을 것임이요 ⁸마음이 청결한 자는 복이 있나니 저희가 하나님을 볼 것임이요 ⁹화평케 하는 자는 복이 있나니 저희가 하나님의 아들이라 일컬음을 받을 것임이요 ¹⁰의를 위하여 핍박을 받은 자는 복이 있나니 천국이 저희 것임이라 ¹¹나를 인하여 너희를 욕하고 핍박하고 거짓으로 너희를 거슬려 모든 악한 말을 할 때에는 너희에게 복이 있나니 ¹²기뻐하고 즐거워하라 하늘에서 너희의 상이 큼이라 너희 전에 있던 선지자들을 이같이 핍박하였느니라 [마 5:3~12]

귀신의 정체를 모르면 '팔복'[마5:3~12]과 아무 관계가 없다. 또 귀신의 정체를 머리로 안다고 해도 영원한 언약의 말씀이 없으면 절대 귀신이 떠나지 않는다. 의를 위하여 핍박을 받는 것도 영원한 의이신 여호와 하나님께서 친히 가르치시는 말씀[요6:45]이 사실이 되어 이루어지고 있는 여호와의 날, 썩는 양식이 아닌 영생하도록 있는 양식을 대언하는 인자의 날에 실상이 된다. 예수 그리스도를 통하여 하나님께서 보내시마 약속하신 또 다른 보혜사인 진리의 성령이 실상이 되어 죄에 대하여, 의에 대하여, 심판에 대하여 책망하고, 모든 진리 가운데로 인도하는 것뿐만 아니라, 반드시 하나님과 복음을 위하여 마19:16~30절, 눅18:18~30절, 막10:17~31절의 계명대로 지켜 실행하다가 핍박을 받는 성도들이 '팔복'을 받는 실상의 사람들이다.

> ²⁹예수께서 가라사대 내가 진실로 너희에게 이르노니 나와 및 복음을 위하여 집이나 형제나 자매나 어미나 아비나 자식이나 전토를 버린 자는 ³⁰금세에 있어 집과 형제와 자매와 모친과 자식과 전토를 백 배나 받되 핍박을 겸하여 받고 내세에 영생을 받지 못할 자가 없느니라 [막10:29~30]

실상으로 하나님께서 약속하신 땅으로 이사를 하고[겔12장], 계명을 지켜 실행하여 기록된 말씀과 언행이 일치하므로 핍박을 겸하여 받는 자라야 한다. 진리는 기록된 명제가 사실이 되어 일치하므로 참 진리인 것이다. 성경에 기록된 말씀이 실상이 되지 않

요한복음 6:45
선지자의 글에 저희가 다 하나님의 가르치심을 받으리라 기록되었은즉 아버지께 듣고 배운 사람마다 내게로 오느니라

요한복음 6:27
썩는 양식을 위하여 일하지 말고 영생하도록 있는 양식을 위하여 하라 이 양식은 인자가 너희에게 주리니 인자는 아버지 하나님의 인치신 자니라

요한복음 16:8
그가 와서 죄에 대하여, 의에 대하여, 심판에 대하여 세상을 책망하시리라

요한복음 16:13
그러나 진리의 성령이 오시면 그가 너희를 모든 진리 가운데로 인도하시리니 그가 자의로 말하지 않고 오직 듣는 것을 말하시며 장래 일을 너희에게 알리시리라

에스겔 12:3
인자야 너는 행구를 준비하고 낮에 그들의 목전에서 이사하라 네가 네 처소를 다른 곳으로 옮기는 것을 그들이 보면 비록 패역한 족속이라도 혹 생각이 있으리라

고 말로만, 혀로만 하는 것은 전부 '가짜'다. 진리는 반드시 실상이 되어 이 땅에 이루어진다. 귀신이 사람의 생각과 마음의 주인일 때는 그 누구든 교만과 거짓이 근본이다.

아무리 겸손을 가장하고 예수 이름으로 포장을 해도 절대 속일 수 없기에 반드시 전대미문의 새 일인 새 언약으로 자신의 한 몫의 모든 삶을 다 버리고 다시 창조, 다른 말로 제조되어야 심령이 가난해진다. 다른 말로 생각과 마음이 청결한 자가 되어 받는 복이 하나님 나라인 천국이다. 따라서 팔복은 혀로 말만 하여 받는 복이 절대 아니고, 2022년 1월 현재 창세 이래 처음으로 온전히 다시 창조되었고, 되고 있으며, 반드시 될 은혜로교회 성도들과 새 언약의 말씀으로 다시 모을 하나님의 백성들이 받는 복이다.

히브리서 8:8
저희를 허물하여 일렀으
되 주께서 가라사대 볼찌
어다 날이 이르리니 내가
이스라엘 집과 유다 집으
로 새 언약을 세우리라

그래서 "하나님께로서 난 자마다 죄를 짓지 아니하나니 이는 하나님의 씨가 그의 속에 거함이요 저도 범죄치 못하는 것은 하나님께로서 났음이라"[요일3:9]고 하신 이 말씀대로 사실이 되어 일치해야 하기에 절대 속일 수가 없고, 그 누구도 아니라고 반문할 수 없다. 이렇게 기록된 말씀이 사실이 되어 일치할 때 열매로 증명되어 "그러나 내가 하나님의 성령을 힘입어 귀신을 쫓아내는 것이면 하나님의 나라가 이미 너희에게 임하였느니라"[마 12:28]고 하신 진리가 실상이 된다.

이 말씀은 예수님 당시에 실상이 되는 말씀이 절대 아니다. 진리의 성령, 다른 말로 하나님의 성령이 실상이 되어, 다른 모양으로 말하면 믿음이 실상이 되어 와서, 신령한 몸으로 부활하신 그리스도께서 하신 일을 기록한 누가복음 24장의 말씀대로 신령한 것을 신령한 것으로 분별하여 모든 진리 가운데로 인도하므로 귀신이 영원히 떠나는 하나님의 큰일이 2008년 6월 16일부터 시작되어 실상으로 하나님 나라가 임한 것이다. 이렇게 기록된 말씀이 실상이 되기에 '말씀이 하나님'이라는 사실도 진리임이 증명되는 것이다.

누가복음 24:27
이에 모세와 및 모든 선지자의 글로 시작하여 모든 성경에 쓴 바 자기에 관한 것을 자세히 설명하시니라

요한복음 1:1
태초에 말씀이 계시니라 이 말씀이 하나님과 함께 계셨으니 이 말씀은 곧 하나님이시니라

같은 사건을 "그러나 내가 만일 하나님의 손을 힘입어 귀신을 쫓아내는 것이면 하나님의 나라가 이미 너희에게 임하였느니라"[눅11:20]고 하셨다. 이 말씀 또한 반드시 영혼이 청결한 사람, 심령이 가난한 사람, 그리하여 하나님의 성전이 된 사람, 성부와 성자와 성령, 셋이 하나 된 사람이어야 '하나님의 손'이다. 곧 "내가 네게 장가들어 영원히 살되 의와 공변됨과 은총과 긍휼히 여김으로 네게 장가들며 진실함으로 네게 장가들리니 네가 여호와를 알리라… 내가 나를 위하여 저를 이 땅에 심고 긍휼히 여

요한일서 5:7~8
7 증거하는 이는 성령이시니 성령은 진리니라
8 증거하는 이가 셋이니 성령과 물과 피라 또한 이 셋이 합하여 하나이니라

김을 받지 못하였던 자를 긍휼히 여기며 내 백성 아니었던 자에게 향하여 이르기를 너는 내 백성이라 하리니 저희는 이르기를 주는 내 하나님이시라 하리라"[호2:19~23]고 하신 이 예언이 사실이 되어 일치하는 사람이 바로 '하나님의 손'이며, 귀신을 영원히 쫓아내게 된다.

이 사실을 믿으라고 BC 782~753년경에 호세아 선지자를 통하여 예언해 두시고, 하나님의 아들을 이 땅에 보내셔서 '기록된 진리는 때가 되면 땅에서 사실이 되어 이루어진다'는 것을 보여주셨으며, '그때'가 예수 그리스도께서 부활 승천하시고 2천 년이 흐른 후인 제삼일이 되어야 온전히 이루어진다고 기록해 두셨다. 호2:19~20절의 실상의 사람은 절대 예수 그리스도가 아니다. 반드시 외모로 여자라야 하고, 이 실상의 여자는 계12장의 "해를 입은 여자"이며, 그 발 아래 달이 있다고 한 것이다[계12:1].

요한계시록 12:1
하늘에 큰 이적이 보이니 해를 입은 한 여자가 있는데 그 발 아래는 달이 있고 그 머리에는 열두 별의 면류관을 썼더라

전 성경에 기록된 말씀은 하나님의 아들 예수님에 대한 기록이라고 사람들이 증거했고 예수님도 이렇게 말씀하셨다. "이에 모세와 및 모든 선지자의 글로 시작하여 모든 성경에 쓴 바 자기에 관한 것을 자세히 설명하시니라"[눅24:27] 모든 성경은 먼저는 예수 그리스도에 관한 일로 해석해야 하는데, 구약시대 성경을 기록한

저자들도 자신들이 기록한 말씀이 언제, 어느 때 사실이 되어 이루어지는지 아는 사람이 아무도 없었으며, 2008년 6월 16일 이전에 전 성경을 성경으로 해석하여 설교하고 가르친 사람도 없었다. 제자들 또한 진리의 성령을 받아 신약성경을 기록한 것이 아니다[요15:27]. 진리의 성령이 그때 실상으로 왔다면, 그래서 하나님의 성령으로 귀신을 내쫓았다면 하나님의 나라가 이미 임했어야 했다. 그렇지 않았다는 증거가 예수님의 제자들도 다 육체가 죽었고, 2008년 6월 16일 이전에 그 누구도 전 성경을 가지고 신령한 것을 신령한 것으로 해석한 사람이 없었다는 것이다.

고린도전서 2:13
우리가 이것을 말하거니와 사람의 지혜의 가르친 말로 아니하고 오직 성령의 가르치신 것으로 하니 신령한 일은 신령한 것으로 분별하느니라

요한복음 15:27
너희도 처음부터 나와 함께 있었으므로 증거하느니라

여호와의 날, 인자의 날에 "그러나 내가 하나님의 성령을 힘입어 귀신을 쫓아내는 것이면 하나님의 나라가 이미 너희에게 임하였느니라"[마12:28]라고 하신 말씀이 실상이 되어 귀신을 쫓아내되 영원히 쫓아내어 육체도 죽지 않는 '영생'이 실상이 되고, 하나님 나라가 이미 이 땅에 임하였다. 이런 하나님의 일을 훼방하는 자들은 죽고 또 죽은 자들이다. 이제야 천국 복음이 전파되고 영원한 언약이 실상이 되고 있다. 하나님의 큰일을 대언하는 진리의 성령을 핍박하고 옥에 가두기까지 훼방하는 자들은 반드시 공개사과 하고 회개해라. 지금 돌이키지 아니하

유다서 1:12
저희는 기탄없이 너희와 함께 먹으니 너의 애찬의 암초요 자기 몸만 기르는 목자요 바람에 불려가는 물 없는 구름이요 죽고 또 죽어 뿌리까지 뽑힌 열매 없는 가을 나무요

요한계시록 20:14
사망과 음부도 불못에 던
지우니 이것은 둘째 사망
곧 불못이라

면 영원한 둘째 사망에 떨어진다. 코로나19는 재앙의 시작일 뿐이다. 새 언약으로 돌아서지 아니하면 성경에 기록된 모든 재앙이 이 땅에 다 내린다.

33

'성령'을 힘입어 귀신을 쫓아내면
'하나님 나라'가 이미 임하였느니라

「조선일보, 동아일보, 한국경제」 2022년 1월 28일 금요일

스마트폰으로 QR 코드를 스캔 하시면
[이제 온 천하는 잠잠하라] 전문을 다운로드 받을 수 있습니다.

사람이 **번뇌**하는 이유

그러므로 너희가 회개하고 돌이켜 너희 죄 없이 함을 받으라 이같이 하면 유쾌하게 되는 날이 주 앞으로부터 이를 것이요 [행3:19]

호세아 2:19~20
19 내가 네게 장가들어 영원히 살되 의와 공변됨과 은총과 긍휼히 여김으로 네게 장가들며
20 진실함으로 네게 장가 들리니 네가 여호와를 알리라

요한복음 6:27
썩는 양식을 위하여 일하지 말고 영생하도록 있는 양식을 위하여 하라 이 양식은 인자가 너희에게 주리니 인자는 아버지 하나님의 인치신 자니라

죄의 사하심을 받고 주 앞으로부터 유쾌하게 되는 날이 실상이 되는 때가 이미 도래하였다. 하나님의 성전이 된 사람, 하나님께서 장가드신 영적인 상태의 사람[호2:19~20], 진리의 성령이 실상이 된 사람이 강단에 서서 히브리서 8장의 "새 언약"을 대언하는 때를 이렇게 말씀하신 것이다. 기록된 말씀이 육신이 되어 진리임을 증명하므로 요6:45절의 말씀이 성취되어 썩는 양식을 위해 일하던 모든 것을 버리고 영생하도록 있는 양식을 먹으며 일하는 곳을 '주 앞'이라고 하신 것이다.

선지자의 글에 저희가 다 하나님의 가르치심을 받으리라
기록되었은즉 아버지께 듣고 배운 사람마다 내게로 오느니
라 [요6:45]

그리고 '유쾌하게 되는 날'은 사람의 생각, 마음을 잡
고 주인 노릇 하는 귀신이 영원히 떠나서 '하나님의 성
전'이 되는 날을 뜻한다. 곧 마음이 영원히 즐겁고 상
쾌하다는 뜻인데 그러기 위해서는 먼저 영혼이 정결
케 되어 하나님의 성전이 되어야 하고, 다른 말로는
귀신이 영원히 떠나야 유쾌하고 상쾌해지는 것이다.
이렇게 되면 거룩하신 하나님의 성전이 되어 "나의 모
든 즐거움이 저희에게 있도다"[시16:3]라고 하신 진리가
실상이 되는 것이다. 이를 다른 말로 하면 새 언약으
로 다시 창조된 자, 거룩한 자, 성도라고 한다. 세상 사
람들이 말하는 번뇌에서 영원히 해탈하는 방법이다.

여호와의 신이 사울에게서 떠나고 여호와의 부리신 악신이
그를 번뇌케 한지라 [삼상16:14]

'번뇌'란 마음이 시달려서 괴로움이라는 뜻으로 사
람의 생각과 마음이 귀신에 의해 죄를 짓고 원욕대로
되지 않으니까 계속 번뇌하는 것이다. 절대 다른 종
교로 이 번뇌를 이기고 벗을 수가 없다. 온 천하에 그
어떤 것으로도 이 번뇌를 해결할 수 없다. 심지어 예

수 이름으로도 해결할 수 없다. 다른 모양으로 말하면 귀신이 절대 떠날 수 없다. 곧 악신이 떠나지 않는다. 예수 이름으로는 일시적으로 귀신이 떠나는 것으로 기록되어 있어도 이는 유언에 해당하여 그때에 악신이 떠나는 것이 아니라는 뜻이다. 곧 예수 그리스도께서 십자가에 죽으시기 전에 하신 말씀들, 곧 언행은 초림 때 효력이 나타나는 것이 아니라는 뜻이다.

이에 대한 명백한 증거가 예수님께서 죽은 지 나흘이나 된 나사로를 무덤에서 다시 살리셨으나[요 11:43~44] 그 나사로는 이 땅에 없고, 날 때부터 소경 된 자도 고침을 받았으나[요9:1~7] 그도 죽었다. 2022년까지 예수 이름 사용하며 신앙생활을 한 모든 사람들이 다 죽었다. 전 세계에 하나님을, 예수 그리스도를 믿는다고 하는 사람들이 무수히 많은데 왜 다 죽은 것일까? 이 의문에 대한 해답이 바로 "포도나무가 모든 나무보다 나은 것이 무엇이랴, 그것이 온전할 때에도 아무 제조에 합당치 않았거든"[겔15:2~5]이라고 하신 말씀이며, 이 때문에 "누구든지 나를 인하여 실족치 아니하는 자가 복이 있다"[마11:6]고 하신 것이고, 예수 그리스도를 '시험하는 돌'이라고도 하셨던 것이다. 그러므로 "유언은 유언을 한 사람이 죽은 후에야 효력이 나타난

요한복음 11:43~44
43 이 말씀을 하시고 큰 소리로 나사로야 나오라 부르시니
44 죽은 자가 수족을 베로 동인 채로 나오는데 그 얼굴은 수건에 싸였더라 예수께서 가라사대 풀어 놓아 다니게 하라 하시니라

요한복음 9:6~7
6 이 말씀을 하시고 땅에 침을 뱉아 진흙을 이겨 그의 눈에 바르시고
7 이르시되 실로암 못에 가서 씻으라 하시니 (실로암은 번역하면 보냄을 받았다는 뜻이라) 이에 가서 씻고 밝은 눈으로 왔더라

이사야 28:16
그러므로 주 여호와께서 가라사대 보라 내가 한 돌을 시온에 두어 기초를 삼았노니 곧 시험한 돌이요 귀하고 견고한 기초 돌이라 그것을 믿는 자는 급절하게 되지 아니하리로다

다"[히9:16~17]고 하신 뜻을 알아야 한다. 이는 성경에 기록된 인물과 사건은 지금 이 세대에 있을 일의 그림자와 모형이며, 하나님께서 정하신 때가 되어야 유언의 효력이 발생하는 것이다. 곧 일곱째 날, 셋째 날에 온전히 실상이 될 일들이라는 뜻이다.

번뇌는 사람의 생각, 마음의 주인이 귀신일 때는 절대 해결되지 않는다. 해결하는 방법은 오직 선한 말인 여호와 하나님의 가르치심으로만 가능하다. 그래서 "근심이 사람의 마음에 있으면 그것으로 번뇌케 하나 선한 말은 그것을 즐겁게 하느니라"[잠12:25]고 하셨고, "선한 이는 오직 하나님 한 분이시니라"[마19:17]고 하셨던 것이다. 따라서 여호와의 날인 일곱째 날에 하나님께서 친히 가르치시고[요6:45], 진리의 성령이 대언하는 15년째 이 일이 번뇌를 온전히 해결하는 유일한 방법이자 길이다.

요한복음 6:45
선지자의 글에 저희가 다 하나님의 가르치심을 받으리라 기록되었은즉 아버지께 듣고 배운 사람마다 내게로 오느니라

육체를 입고 사는 동안 영생인지 영벌인지
'영원'이 결정된다

하나님의 성령을 힘입어 귀신을 쫓아내는 것이면 하나님의 나라가 이미 너희에게 임하였느니라 [마12:28]

이 말씀이 예수님 당시에 온전히 실상이 되는 일이 아니었다는 사실을 이미 역사가 증명해 주고 있다. 그때 온전히 귀신을 쫓아내셨으면 이미 하나님 나라가 임해 죄를 짓지 말았어야 하고, 육체가 죽지 않았어야 한다. 그래서 사람 생각대로 이 말씀을 보면 이해가 안 되었어야 했다. 이는 예수님 당시에 실상이 되는 것이 아니라 하나님의 나라가 임하는 전 우주적인 때를 감추시고 하신 말씀이다. 곧 예언이다. 그러나 지금 이 세대는 하나님께서 정하신 때가 되어 만세 전부터 약속하신 하나님의 성령, 곧 진리의 성령이 실상으로 와서 이 말씀이 이미 사실이 되어 땅에 이루어지고 있기에 더 이상 예언이 아니고 실상이며, 이미 하나님의 나라가 임한 것이다.

> [33]나무도 좋고 실과도 좋다 하든지 나무도 좋지 않고 실과도 좋지 않다 하든지 하라 그 실과로 나무를 아느니라 [34]독사의 자식들아 너희는 악하니 어떻게 선한 말을 할 수 있느냐 이는 마음에 가득한 것을 입으로 말함이라 [35]선한 사람은 그 쌓은 선에서 선한 것을 내고 악한 사람은 그 쌓은 악에서 악한 것을 내느니라 [마12:33~35]

예수님께서 이렇게 말씀하셨어도 이 말씀의 뜻과 이 일이 언제 일어날 일인지 모르고 하신 말씀이었

다. '선한 사람'은 반드시 새 언약[히8장]으로 다시 창조
되어 귀신이 영원히 떠나고 하나님께서 영원히 거하
시는 성전이 된 사람을 지칭하시는 것이고, 이 사람
은 반드시 예수 그리스도를 진실로 믿어 천국의 비
밀을 밝히는 목사[계3:7~13]라야 한다는 뜻이다. 예수
그리스도를 통해서 하나님께서 하실 일을 예언하셨
기 때문에 절대 다른 세대가 아니라는 뜻이다.

또한 "원수 된 것 곧 의문에 속한 계명의 율법을 자기 육
체로 폐하셨으니 이는 이 둘로 자기의 안에서 한 새 사람을
지어 화평하게 하시고 또 십자가로 이 둘을 한 몸으로 하나
님과 화목하게 하려 하심이라"[엡2:15~16]고 하신 말씀이
사실이 된 사람, 하나님께서 장가드신 영적인 상태의
사람[호2:19~20], 성부 하나님과 그리스도와 한 몸이
된 자라야 '선한 사람'이 되어 그 쌓은 선에서 선한 말
을 하는 것이다. 명백하게 나에 대한 예언이었다. 그
래서 진리의 성령은 절대 상상이 아니다.

또 비유로 말씀하시되 소경이 소경을 인도할 수 있느냐 둘
이 다 구덩이에 빠지지 아니하겠느냐 [눅6:39]

영적인 소경은 눈이 있어 성경을 보나 감추어 두신
하나님의 나라 비밀, 곧 하나님의 뜻은 절대 보이지

히브리서 8:8
저희를 허물하여 일렀으
되 주께서 가라사대 볼찌
어다 날이 이르리니 내가
이스라엘 집과 유다 집과
로 새 언약을 세우리라

요한계시록 3:7
빌라델비아 교회의 사자
에게 편지하기를 거룩하
고 진실하사 다윗의 열쇠
를 가지신 이 곧 열면 닫
을 사람이 없고 닫으면 열
사람이 없는 그이가 가라
사대

않는다. 이런 영적인 소경은 귀신 들려 눈 멀고, 귀머거리, 벙어리가 되었다고 하셨다. 이렇게 된 원인은 마귀가 성경을 가지고 성경과 다른 거짓말을 가르치는 설교를 들음으로 예수 이름, 하나님의 이름으로 귀신이 들어왔기 때문이다. 이를 두고 사무엘상 16장에서는 "악신"이라고 한다. 이렇게 영적인 소경이 된 유식한 자들, 곧 성경 학자, 박사라고 하는 자들에게 모든 묵시인 성경을 읽으라 하면 "대답하기를 봉하였으니 못 하겠노라" 하고, 무식한 자들에게 읽으라 하면 "나는 무식하다" 할 것이라고 예언[사29:9~12]하신 대로 성경을 읽어도 마치 봉한 책의 말이라 하나님의 뜻을 알 수 없도록 기록해 두신 기간이 지난 6일간 (구약 4천 년+신약 2천 년=6천 년)이다.

사무엘상 16:14
여호와의 신이 사울에게서 떠나고 여호와의 부리신 악신이 그를 번뇌케 한지라

베드로후서 3:8
사랑하는 자들아 주께는 하루가 천 년 같고 천 년이 하루 같은 이 한 가지를 잊지말라

그래서 반드시 6일이 지나야 온전히 귀신을 내어쫓을 수 있다. 지금 전 세계 성경을 사용하고 신앙생활 하는 모든 사람들이 이를 깨닫지 못하면 하나님의 나라인 천국과 아무 관계가 없다는 사실을 "소경이 소경을 인도할 수 있느냐"고 말씀하신 것이다.

⁹너희는 놀라고 놀라라 너희는 소경이 되고 소경이 되라 그들의 취함이 포도주로 인함이 아니며 그들의 비틀거림이 독주로 인함이 아니라 ¹⁰대저 여호와께서 깊이 잠들게 하는

신을 너희에게 부어주사 너희의 눈을 감기셨음이니 눈은 선지자요 너희 머리를 덮으셨음이니 머리는 선견자라 ¹¹그러므로 모든 묵시가 너희에게는 마치 봉한 책의 말이라 그것을 유식한 자에게 주며 이르기를 그대에게 청하노니 이를 읽으라 하면 대답하기를 봉하였으니 못 하겠노라 할 것이요 ¹²또 무식한 자에게 주며 이르기를 그대에게 청하노니 이를 읽으라 하면 대답하기를 나는 무식하다 할 것이니라 [사29:9~12]

그래서 성경이 모든 것을 죄 아래 가두었다[갈 3:22~23]고 하셨으며, 반드시 유언에 대한 하나님의 뜻을 깨달아야 천국의 비밀을 알게 된다. 영적인 소경, 귀머거리, 벙어리를 온전히 고치는 때가 진실로 지금 이 세대인 전 우주적인 일곱째 날, 여호와의 날, 인자의 날이다. 그래서 하나님은 죽은 자의 하나님이 아니고 살아 있는 '산 자의 하나님'이라고 하신 것이다. 다시 말하면 영적인 소경은 성경을 사용하며 교회를 다니고 사람이 보기에는 살아 있어도, 하나님이 보시기에는 영적으로 죽은 자다. 이런 자들은 하나님 나라와 아무 관계가 없고, 도리어 하나님을 대적하는 자가 된 것이다. 그러므로 육체도 살아 있고 영적으로 거듭난 자에게 살아 있는 '산 자의 하나님'이시라고 하신 것이다.

갈라디아서 3:22~23
22 그러나 성경이 모든 것을 죄 아래 가두었으니 이는 예수 그리스도를 믿음으로 말미암은 약속을 믿는 자들에게 주려 함이니라
23 믿음이 오기 전에 우리가 율법 아래 매인 바 되고 계시될 믿음의 때까지 갇혔느니라

누가복음 20:38
하나님은 죽은 자의 하나님이 아니요 산 자의 하나님이시라 하나님에게는 모든 사람이 살았느니라 하시니

따라서 사람이 영적인 소경, 귀머거리를 고치지 아니하면 절대 천국에 들어갈 수 없다. 인간은 천국이 아니면 지옥 불구덩이에서 영원히 살게 된다. 그래서 영원을 결정하는 때가 바로 각 사람이 육체가 살아 있을 때 삶의 결과에 따라 영생인지, 영벌인지를 영원히 결판내는 것이다. 이 사실을 모르는 모든 인간은 헛된 삶을 살고, 육체가 죽어서는 영원한 지옥 불못에서 영원히 벌을 받으며 살아야 한다. 곧 모든 인간에게 '영생이냐, 영벌이냐'는 단 한번뿐인 육체를 입고 이 땅에서 산 삶의 결과로 결정된다는 것이다[마25:46].

그래서 육체가 살아 있을 때 성경을 통해서 하나님의 뜻, 계획, 선한 일, 자신이 누군지, 어디서 왔으며, 왜 이 땅에 육체를 입고 사람으로 태어났는지, 아무리 오래 살아도 2022년 현재 130살을 넘기지 못하고 죽는데, 이렇게 육체가 죽으면 어디로 가는지에 대해서 알아야 한다. 그렇지 않고 원욕이 그대로인 채 마음대로 살면 차라리 사람으로 태어나지 않는 것이 자신에게 더 유익하다고 이미 판결해 두신 것이다.

이렇게 중요한 육체를 입고 사는 삶을 마귀는 성경을 가지고 성경과 다른 거짓말을 가르쳐서 영원을 불사르는 자이므로 그가 하는 설교를 '지옥 불에서 나는

마태복음 25:46
저희는 영벌에, 의인들은 영생에 들어가리라 하시니라

소리'[약3:6]라고 하고 '지옥의 사자'[계9:11]라고 한 것이다. 이들은 예수 그리스도의 이름, 하나님의 이름을 사용하여 광명의 천사인 것처럼 가장하고 자신도 속고, 교인들도 속인다[고후11:14]. 그래서 유대교 랍비, 천주교 사제, 곧 신부, 기독교 목사를 '용, 사단, 마귀, 귀신, 옛 뱀, 독사, 벨리알, 아바돈, 아볼루온, 이리, 개, 짐승' 등등 여러 부분, 여러 모양으로 비유로 기록해 두신 것이다. 전 성경에 기록된 비유의 뜻을 모르면 이들이 바로 하나님의 원수요, 대적자들이며, 적그리스도들임을 모르고 일생 속게 된다.

영적이라는 말은 하나님은 영이시고, 그래서 하나님께서 만드신 사람도 영이며, 하나님의 말씀도 영이라고 하고, 이 말씀을 통해서 하나님의 뜻을 분별하는 것을 두고 '영 분별'이라고 한다. 이처럼 영적인 것을 영적으로 분별하는 것을 다른 말로 하면 신령한 것을 신령한 것으로 분별하는 것이다[고전2:13~14]. 영이신 하나님의 뜻을 알아듣고, 교인들이 계명대로 지켜 실행하도록 하는 것이 목사의 마땅한 본분이고, 성경을 사용하는 지도자가 해야 하는 사명인데 지금 전 세계는 어떠한가? 소경인 설교자가 인도하니 소경 된 교인들과 함께 둘 다 구덩이에 빠지게 된다. 이 구덩이

야고보서 3:6
허는 곧 불이요 불의의 세계라 허는 우리 지체 중에서 온몸을 더럽히고 생의 바퀴를 불사르나니 그 사르는 것이 지옥 불에서나느니라

요한계시록 9:11
저희에게 임금이 있으니 무저갱의 사자라 히브리 음으로 이름은 아바돈이요 헬라 음으로 이름은 아볼루온이더라

고린도후서 11:14
이것이 이상한 일이 아니라 사단도 자기를 광명의 천사로 가장하나니

히브리서 1:1
옛적에 선지자들로 여러 부분과 여러 모양으로 우리 조상들에게 말씀하신 하나님이

고린도전서 2:13~14
13 우리가 이것을 말하거니와 사람의 지혜의 가르친 말로 아니하고 오직 성령의 가르치신 것으로 하니 신령한 일은 신령한 것으로 분별하느니라
14 육에 속한 사람은 하나님의 성령의 일을 받지 아니하나니 저희에게는 미련하게 보임이요 또 깨닫지도 못하나니 이런 일은 영적으로라야 분변함이니라

는 사람이 본능으로 알고 있는 구덩이가 아니고, 지옥 불구덩이를 말씀하시는 것이다[사14:15]. 이 구덩이에 빠지지 않게 하기 위하여 욥기 33장에 이렇게 예언해 두셨던 것이다.

¹³하나님은 모든 행하시는 것을 스스로 진술치 아니하시나니 네가 하나님과 변쟁함은 어찜이뇨 ¹⁴사람은 무관히 여겨도 하나님은 한 번 말씀하시고 다시 말씀하시되 ¹⁵사람이 침상에서 졸며 깊이 잠들 때에나 꿈에나 밤의 이상 중에 ¹⁶사람의 귀를 여시고 인치듯 교훈하시나니 ¹⁷이는 사람으로 그 꾀를 버리게 하려 하심이며 사람에게 교만을 막으려 하심이라 ¹⁸그는 사람의 혼으로 구덩이에 빠지지 않게 하시며 그 생명으로 칼에 멸망치 않게 하시느니라 [욥 33:13~18]

사람의 꾀를 버리게 하고, 교만을 막으시려고 여호와의 칼인 '코로나19'[대상21:12]로 징벌하시는 중이다. 나는 인간이 얼마나 부패하고 무능한지, 예수 이름으로 얼마나 많이 타락해 있는지 다 보았다. 온 세상이 코로나19로 2년 동안 징벌을 받아도 죽을 자는 죽을 짓만 하니까 다음과 같이 말씀하셨다.

¹⁰그러므로 너희 총명한 자들아 내 말을 들으라 하나님은 단정코 악을 행치 아니하시며 전능자는 단정코 불의를 행치 아니하시고 ¹¹사람의 일을 따라 보응하사 각각 그 행위

대로 얻게 하시나니 ¹²진실로 하나님은 악을 행치 아니하
시며 전능자는 공의를 굽히지 아니 하시느니라··· ¹⁸그는 왕
에게라도 비루하다 하시며 귀인들에게라도 악하다 하시며
¹⁹왕족을 외모로 취치 아니하시며 부자를 가난한 자보다 더
생각하지 아니하시나니 이는 그들이 다 그의 손으로 지으
신 바가 됨이니라 ²⁰그들은 밤중 순식간에 죽나니 백성은
떨며 없어지고 세력 있는 자도 사람의 손을 대지 않고 제함
을 당하느니라 [욥34:10~20]

영적인 밤에 속하는 6일간은 육체를 입은 모든 인간은 이렇
게 다 죽었다. 이때 빛 역할은 달과 별들, 곧 예수 이름
을 사용하나 밤에 속한 자들이 한다. 창세 이래 지금
까지 모두가 다 이런 영적인 상태, 즉 귀신이 주인이
되어 있었다. 그래서 성경을 기록한 저자들도 다 육
체가 죽었고, 하늘에서 이 땅에 보내신 하나님의 아
들 예수 그리스도까지도 한 번 죽으셔야 했다. 그 결
과 "나는 부활이요 생명이니 나를 믿는 자는 죽어도 살겠
고"[요11:25]라는 말씀을 실상으로 이루신 분은 예수
그리스도 한 분뿐이셨다. 그리고 "무릇 살아서 나를 믿
는 자는 영원히 죽지 아니하리니"[요11:26]라고 하신 말씀
을 이룬 사람이 아무도 없었던 것이다. 그러나 지금
이때는 '해를 입은 여자'가 귀신을 영원히 쫓아내어 하
나님의 명령인 영생을 실상이 되게 한다.

요한계시록 12:1
하늘에 큰 이적이 보이니
해를 입은 한 여자가 있는
데 그 발 아래는 달이 있
고 그 머리에는 열두 별의
면류관을 썼더라

요한복음 12:50
나는 그의 명령이 영생인
줄 아노라 그러므로 나의
이르는 것은 내 아버지께
서 내게 말씀하신 그대로
이르노라 하시니라

오직 '선한 말을 하는 선한 사람'이
귀신을 쫓고 유쾌하게 한다

⁹과부로 명부에 올릴 자는 나이 육십이 덜 되지 아니하고 한 남편의 아내이었던 자로서 ¹⁰선한 행실의 증거가 있어 혹은 자녀를 양육하며 혹은 나그네를 대접하며 혹은 성도들의 발을 씻기며 혹은 환난당한 자들을 구제하며 혹은 모든 선한 일을 좇은 자라야 할 것이요 [딤전5:9~10]

그렇다면 '선한 말'을 하는 사람은 누구인가? 선한 말, 선한 행실, 선한 일의 증거가 있는 사람은 디모데전서 5장의 "참 과부"인 진리의 성령이다. 이 예언대로 "나이 육십이 덜 되지 아니하고 한 남편의 아내이었던 자"로서 영원한 의이신 하나님의 가르치심을 대언하여 [요6:45] 천국의 비밀을 밝히고 선한 행실의 증거가 있어 참 과부에 대한 명제가 사실이 되었으며, 참 과부의 송사에 걸려 옥에 3년이 넘게 갇혀 있다 [사1:17, 23]. 이는 선한 말을 대언하는 사람이 나라는 명백한 증거다. 하나님의 성전이 되어 모든 선한 일을 혀로 말만 하는 것이 아니라 여호와 하나님의 계명을 좇아 지켜 실행하였으며, 그에 대한 열매가 실상이 되어야 한다.

이미 이 예언은 사실이 되어 일치했고, 15년째 모

요한복음 6:45
선지자의 글에 저희가 다 하나님의 가르치심을 받으리라 기록되었은즉 아버지께 듣고 배운 사람마다 내게로 오느니라

이사야 1:17, 23
17 선행을 배우며 공의를 구하며 학대받는 자를 도와주며 고아를 위하여 신원하며 과부를 위하여 변호하라 하셨느니라
23 네 방백들은 패역하여 도적과 짝하며 다 뇌물을 사랑하며 사례물을 구하며 고아를 위하여 신원치 아니하며 과부의 송사를 수리치 아니하는도다

든 선한 일을 좇고 있다. 하나님께서 친히 가르치시는 일, 가르치심에 따라 지켜 실행하는 일에 '진리의 성령'을 사용하신다는 증거는 전 성경에 기록되어 있다. 그 결과 '주 앞으로부터 유쾌하게 되는 날'이 이미 실상이 된 성도들이 열매로 나타나고 있다. 그러므로 천국의 모든 비밀을 다 안다고 해도 지켜 실행하지 아니하면 말쟁이이며, 허상이고 상상일 뿐이다.

> ⁴⁴나무는 각각 그 열매로 아나니 가시나무에서 무화과를, 또는 찔레에서 포도를 따지 못하느니라 ⁴⁵선한 사람은 마음의 쌓은 선에서 선을 내고 악한 자는 그 쌓은 악에서 악을 내나니 이는 마음의 가득한 것을 입으로 말함이니라 [눅 6:44~45]

"선한 사람은 마음의 쌓은 선에서 선을 내고"라고 하신 '선'은 '악'과 반대되는 것으로 실제적으로 하나님으로부터 오는 것이다. 하나님과 함께 할 때 모든 선한 것을 누릴 수 있다. 따라서 하나님 한 분만 선하신 분이라 반드시 하나님께서 장가드신 호2:19~20절의 말씀이 실상이 되어 하나님과 동행하는 '사람'이 마음에 쌓은 선에서 선을 내고, 귀신을 영원히 쫓아내게 된다.

그러나 그 쌓은 악에서 악을 내는 자는 원욕이 해결되지 않은 자, 다른 모양으로 말하면 귀신이 주인이 되어 있는 자는 일만 악의 뿌리인 돈으로 영의 말을 변개시켜서 일생 자기의 원욕을 채우는데 하나님의 이름, 예수 이름을 사용한다. 지금 전 세계 교회를 이 말씀의 눈으로 분별해 보면 다 보인다. 정말 미운 물건, 곧 우상이 강단에 서서 지옥 불의 소리를 하고, 교인들은 우상을 숭배하는데 예수 이름으로 예배를 하니까 다 속은 것이다. 사실이다. 진리는 이러한데 전부 거짓말을 하니까 그 말이 맞는 줄 알 뿐이다. 그래서 하나님과 재물을 겸하여 섬길 수 없다고 하신 것이다[마6:24].

나 여호와가 말하노라 보라 내가 이스라엘 집과 유다 집에 대하여 이른 선한 말을 성취할 날이 이르리라 [렘33:14]

'선한 말, 선한 일, 선한 사람'은 아무 때나 사실이 되는 것이 아니다. 선한 말을 성취할 날은 일곱째 날이자 셋째 날이며, 히브리서 8장의 "새 언약"으로 전 성경 속에 감추어 두신 영원한 언약을 성취하시는 시작 날이 2008년 6월 16일이다. BC 645년에 예레미야 선지자를 사용하셔서 언약하신 대로 대한민국 땅에서 셈 족속인 우리에게 시작된 이 언약은 유다 집, 곧 예수 그리스도와 함께 왕 노릇 할 하나님의 아들들과 이스라엘, 곧 택하심을 실상으로 입은 백성들, 영원한 가

족인 진리의 성령과 함께 하는 성도들에 대한 언약이 사실이 된 것이다.

하나님만이 '의'이시며, 하나님의 일방적인 사랑으로 하나님의 택하신 백성들을 영원히 의롭게 하시는 것이다. 그 누구의 의도 아닌 하나님의 의로우심으로 성도들을 구원하시되, 영원히 구원하시는 것이다. 이런 사실, 곧 진실을 모르고 "오직 예수, 오직 예수"라고 혀로 말만 하는 말쟁이들로 만든 것이 지금 이때까지 성경을 사용하고 종교생활 하는 모든 사람들의 실상이다.

'하나님께서 아브라함에게 영원한 언약을 하셨는데 왜 아직 이루어지지 않고 있을까'라고 생각하는 사람이 아무도 없었다. 아무도 하나님의 행하심에는 관심이 없고, "이것 달라, 저것 달라" 기도하고, 속고 속이는 사단, 마귀의 세력들이 기득권이 되어 있는 자칭 목사들, 자신들이 영적인 살인자요 강포자요 강도이며 도적질하는 자들이라는 사실을 영원히 모르고 미쳐있는 이 현실을 어찌할까? 진실로 하나님만 아시는 '선한 말', '선한 일'이, 전무후무한 일이 이 땅에서 15년째 이루어지고 있다. 믿든 안 믿든 진실로 사실이다.

그날 그때에 내가 다윗에게 한 의로운 가지가 나게 하리니
그가 이 땅에 공평과 정의를 실행할 것이라 [렘33:15]

다윗에게서 날 '한 의로운 가지'는 예수 그리스도를 지칭하시는 것이 아니다. 예수 그리스도를 가지라고 하면 안 된다. 증거로 "나는 포도나무요 너희는 가지니"[요15:5]라고 하셨기 때문이다. '그날, 그때'는 유다 집과 이스라엘 집에 이른 선한 말을 성취할 날[렘33:14]인 지금 이때다. 이 말씀이 성취되는 날은 영원히 귀신을 쫓아내고 유쾌하게 되는 날이며, 하나님 나라가 이미 임한 것이다. 하나님 나라를 실상이 되게 하는 사람은 반드시 다윗의 후손으로 오신 예수 그리스도를 진실로 믿는 자라야 하며, 반드시 영원한 의이신 하나님의 계명을 지켜 실행하는 자라야 하고, 엡2:15~16절의 말씀이 실상이 된 '한 새 사람', 다윗의 집의 열쇠를 받은 '빌라델비아 교회의 사자', 선한 행실의 증거가 있는 '참 과부', 셋이 하나가 된 '진리의 성령'인 내가 실상이 되어야 성취되는 일이며, 이미 실상이 된 지 15년째다.

"그가 이 땅에 공평과 정의를 실행할 것이라"고 하신 대로 공평과 정의는 창조주 하나님의 속성이다. 절대 사람에게는 공평과 정의가 없다. 반드시 새 언약으로 다시 창조되

예레미야 33:14
나 여호와가 말하노라 보라 내가 이스라엘 집과 유다 집에 대하여 이른 선한 말을 성취할 날이 이르리라

에베소서 2:15~16
15 원수 된 것 곧 의문에 속한 계명의 율법을 자기 육체로 폐하셨으니 이는 이 둘로 자기의 안에서 한 새 사람을 지어 화평하게 하시고
16 또 십자가로 이 둘을 한 몸으로 하나님과 화목하게 하려 하심이라 원수 된 것을 십자가로 소멸하시고

어야 하고, 혀로 말만 하면 절대 안 된다는 뜻이다. 좌로도 우로도 치우치지 아니하고 바른 길, 곧 정로를 가야 한다는 뜻이다. 그래서 성경에 기록된 말씀과 온전히 일치하여 '성경이 참 진리'라는 사실을 실상으로 이루어 드리는 것이 바로 이 땅에 공평과 정의를 실행하는 것이며, 귀신이 온전히 떠나고 유쾌하게 되는 것이다. 육체도 죽지 않는 영생이 실상이 되는 이때, 진리의 성령을 훼방하면 영원한 지옥 영벌에 떨어진다. 코로나19는 시작일 뿐이다. 성경에 기록된 모든 재앙이 이 땅에 내리기 전에 반드시 성부 하나님께로, 천국 복음인 새 언약으로 돌아서라.

34

내 말을 듣고 행하는 자마다
'**누구**'와 같은 것을
너희에게 보이리라

「조선일보, 동아일보, 한국경제」 2022년 2월 4일 금요일

스마트폰으로 QR 코드를 스캔 하시면
[이제 온 천하는 잠잠하라] 전문을 다운로드 받을 수 있습니다.

예수 그리스도를
믿지 않는 기독교인들

³⁸내가 하늘로서 내려온 것은 내 뜻을 행하려 함이 아니요
³⁹나를 보내신 이의 뜻을 행하려 함이니라… [요6:38~39]

　예수 그리스도께서 이 땅에 육신을 입고 오신 이유
는 당신의 뜻을 행하러 오신 것이 아니라, 하나님의
뜻을 행하시기 위함이다. 또한 "예수께서 대답하여 가
라사대 내 교훈은 내 것이 아니요 나를 보내신 이의 것이
라 사람이 하나님의 뜻을 행하려 하면 이 교훈이 하나님께로
서 왔는지 내가 스스로 말함인지 알리라 스스로 말하는 자는
자기 영광만 구하되 보내신 이의 영광을 구하는 자는 참되니
그 속에 불의가 없느니라"[요7:16~18]고 하시고 아버지
의 영광을 나타내시려고 십자가에 죽으셨고, 미리 말
씀하신 그대로 삼 일 만에 영원히 병들지도 죽지도
아니하는 신령한 몸으로 다시 살아나셨다. 이를 보고

그 말씀하신 것이 사실임을 알고 당시 제자들도 선생이었던 예수 그리스도를 좇아 순교를 했다.

또한 분명하게 "예수께서 대답하시되 진실로 진실로 너희에게 이르노니 죄를 범하는 자마다 죄의 종이라"[요8:34]고 하셨다. 그런데 가르치는 귀신은 예수 그리스도께서 하신 말씀이 아닌데도 인간의 모든 죄, 즉 과거에 지은 죄, 현재 짓고 있는 죄, 미래에 지을 죄를 이미 다 지시고 십자가에 죽으셨다는 거짓말로 계속 인을 친 것이다. 이를 다른 말로 하면 존귀에 처하나 깨닫지 못하는 멸망하는 짐승 같은 자들이 성경을 가지고 성경과 다른 거짓말인 짐승의 씨를 뿌린 것이다. 이런 자들은 말만 하고 절대 행하지 않는다. 그래서 지옥 불에서 나는 소리, 곧 거짓말을 가르치는 '귀신의 영'이라고 한 것이다[딤전4:1~2]. 이들은 시작부터 거짓말이다. 성경에 기록된 단어만 사용할 뿐 단 한 말씀도 지켜 실행하지 않는다.

예수님께서 또 이렇게 말씀하셨다. "진실로 진실로 너희에게 이르노니 사람이 내 말을 지키면 죽음을 영원히 보지 아니하리라"[요8:51]고 하셨는데 왜 2천 년이 되어도 모두 다 육체가 죽었을까?

시편 49:20
존귀에 처하나 깨닫지 못하는 사람은 멸망하는 짐승 같도다

디모데전서 4:1~2
1 그러나 성령이 밝히 말씀하시기를 후일에 어떤 사람들이 믿음에서 떠나 미혹케 하는 영과 귀신의 가르침을 좇으리라 하셨으니
2 자기 양심이 화인 맞아서 외식함으로 거짓말하는 자들이라

그 이유는 예수 그리스도께서 하신 말씀을 지키지 않았기 때문이다. 이는 역사가 명백히 증명해 주고 있다. "예수께서 가라사대 나는 부활이요 생명이니 나를 믿는 자는 죽어도 살겠고 무릇 살아서(곧 육체가 살아서) 나를 믿는 자는 영원히 죽지 아니하리니 이것을 네가 믿느냐"[요11:25~26]고 하셨으니 "죽어도 살겠고"라는 말씀대로 육체가 죽어도 살아나야 하는데 왜 아무도 살아나지 않았고, 육체가 살아서 믿는 자는 영원히 죽지 아니하리니 하셨는데 왜 다 죽은 것일까? 이는 아무도 예수 그리스도께서 하신 말씀을 지켜 실행하지 않았다는 명백한 증거다.

[44]예수께서 외쳐 가라사대 나를 믿는 자는 나를 믿는 것이 아니요 나를 보내신 이를 믿는 것이며 [45]나를 보는 자는 나를 보내신 이를 보는 것이니라 [46]나는 빛으로 세상에 왔나니 무릇 나를 믿는 자로 어두움에 거하지 않게 하려 함이로라 [47]사람이 내 말을 듣고 지키지 아니할찌라도 내가 저를 심판하지 아니하노라 내가 온 것은 세상을 심판하려 함이 아니요 세상을 구원하려 함이로라 [48]나를 저버리고 내 말을 받지 아니하는 자를 심판할 이가 있으니 곧 나의 한 그 말이 마지막 날에 저를 심판하리라 [49]내가 내 자의로 말한 것이 아니요 나를 보내신 아버지께서 나의 말할 것과 이를 것을 친히 명령하여 주셨으니 [50]나는 그의 명령이 영생인 줄 아노라 그러므로 나의 이르는 것은 내 아버지께서 내게 말씀하신 그대로 이르노라 하시니라 [요12:44~50]

하나님의 명령은 영생, 곧 육체도 죽지 아니하고 영원히 사는 영생인데 왜 아무도 이런 영생을 실상으로 이룬 자가 없었을까? 이는 아들의 명령, 곧 아들을 통하여 주신 하나님의 명령을 지키지 않았기 때문이다. 아들의 명령은 곧 아버지의 명령이며, 이 명령은 영생이다. 그래서 "유언"[히9:16~17]의 뜻을 깨달아야 한다. 이 말씀뿐만 아니라 아들 예수 그리스도께서 이 땅에 계실 때 하신 말씀에는 실상이 되는 때가 언제인지 감추어져 있다. 곧 마지막 날이다. 이날이 언제이며, 누가 영생을 온전히 얻을 것인지 아들 예수는 모르시기에 "너희는 나를 불러 주여 주여 하면서도 어찌하여 나의 말하는 것을 행치 아니하느냐 내게 나아와 내 말을 듣고 행하는 자마다 누구와 같은 것을 너희에게 보이리라"[눅6:46~47]고 하신 것이다. 이 '누구'는 반드시 예수 그리스도께서 하신 말씀, 곧 예수 그리스도를 통하여 하나님께서 하신 말씀을 지켜 행하는 자이며, 이 사람은 마음에 쌓은 선에서 선을 낼 것이라는 뜻이다.

또한 '선'에 대해서도 예수 그리스도께서 분명히 다음과 같이 말씀하셨다. 마19:16~30절, 눅18:18~30절과 막10:17~31절에 "어떤 사람, 청년, 한 사람, 재물이 많은 부자, 어떤 관원, 큰 부자" 곧 한 관원을 여러 모양

히브리서 9:16~17
16 유언은 유언한 자가 죽어야되나니
17 유언은 그 사람이 죽은 후에야 견고한즉 유언한 자가 살았을 때에는 언제든지 효력이 없느니라

마태복음 12:35
선한 사람은 그 쌓은 선에서 선한 것을 내고 악한 사람은 그 쌓은 악에서 악한 것을 내느니라

으로 말씀하신 것인데, 오늘날 성경을 가지고 설교하는 목사, 천주교에서는 신부 혹은 사제, 유대교에서는 랍비, 번역하면 선생이라고 하듯이, 이 어떤 사람이 예수님께 찾아와서 "선한 선생님이여 내가 무엇을 하여야 영생을 얻으리이까"라고 묻자, 예수님께서 "네가 어찌하여 나를 선하다 일컫느냐 하나님 한 분 외에는 선한 이가 없느니라"고 말씀하셨다. 따라서 선한 사람은 반드시 선하신 하나님이 함께 동행하셔야 마음에 쌓은 선에서 선을 내게 된다는 뜻이다.

하나님의 선한 일을 아는 자가 누구인가? 명확하게 진리대로 분별해야 사리의 분별을 하게 되고 이성이 있는 사람이 된다. 예수님께 부자 관원이 영생을 얻고 싶어서 찾아와서 물었는데 "어찌하여 선한 일을 내게 묻느냐 선한 이는 하나님 한 분이시니라"고 하신 것은 선한 일은 반드시 하나님께 물으라는 뜻이다. 곧 선한 분은 하나님 한 분이시니까 하나님께 물으라고 하신 대답이 참 진리다. 곧 하나님의 행하시는 일은 하나님 외에 사람에게 모르게 하신다고 이미 구약성경에 말씀해 두셨다. 증명한다.

전도서 3:11
하나님이 모든 것을 지으시되 때를 따라 아름답게 하셨고 또 사람에게 영원을 사모하는 마음을 주셨느니라 그러나 하나님의 하시는 일의 시종을 사람으로 측량할 수 없게 하셨도다

²¹나 여호와가 말하노니 너희 우상들은 소송을 일으키라 야곱의 왕이 말하노니 너희는 확실한 증거를 보이라 ²²장차

당할 일을 우리에게 진술하라 또 이전 일의 어떠한 것도 고하라 우리가 연구하여 그 결국을 알리라 혹 장래사를 보이며 ²³후래사를 진술하라 너희의 신 됨을 우리가 알리라 또 복을 내리든지 화를 내리라 우리가 함께 보고 놀라리라… ²⁸내가 본즉 한 사람도 없으며 내가 물어도 그들 가운데 한 말도 능히 대답할 모사가 없도다 ²⁹과연 그들의 모든 행사는 공허하며 허무하며 그들의 부어만든 우상은 바람이요 허탄한 것 뿐이니라 [사41:21~29]

'마지막, 장차, 장래사, 후래사, 이전 일의 어떠한 것과 그 결국'이라는 말씀에 때를 감추어 두신 것이다. 이때가 언제인지 보일 자가 아무도 없다고 하신 것이다. 하나님의 행하신 일들이 분명히 이전, 곧 우리가 이 땅에 태어나기 전에, 더 나아가서 보이는 천지 만물을 누가 창조하셨는지, 그 과정은 어떠했는지 등등은 사람에게 알게 하시지 않으신다. 하지만 또 사람을 사용하셔서 하나님께서 이 모든 천지 만물을 창조하셨다고 기록해 두셨으나 우상들은 아무것도 모른다는 뜻이다. 이에 대해서는 15년째 이미 증명해왔다.

또한 우상들은 '소송'을 일으킨다. 예수님 당시 우상들이었던 자들, 곧 당시에 하나님을 섬긴다고 하는 자들인 유대인 대제사장들, 장로들, 서기관들은 자신들이 사람들에게 우상이라는 것을 증거한 일이 하나님의 보내신 아들 예수 그리스도를 세상 법에 고소하여 소송을 일으킨 것이다. 이 우상들은 혀로 "하나님" 하는 자들이나 하나님의 계명은 단 한 절도 지키지 아니하는 자들이다. 이들이 하는 모든 언행은 허무하고 허탄하며 공허한 것뿐이며, 아무것도 아님을 보여주신 것이, 그들이 하나님의 아들을 죽였어도 하나님께서는 아들을 통해 하신 말씀대로 삼 일 만에 다시 살리셨고, 창세 이래 하나님만 아시는 모든 날을 다 헛된 것이었다고 무효로 만드신 것이다. 명백하게 BC에서 AD 1년 1월 1일로 다시 시작하신 것이다. 그래서 지금 전 세계 모든 나라가 AD 2022년 2월 4일을 사용하는 것이다.

이 사실은 하나님만이 유일한 참 신이심을 증명하는 명백한 증거다. 이 한 가지 사실만으로도 온 세상의 다른 모든 종교는 사람이 만든 것이고, 그 모든 종교는 다 허무하고 공허하며 헛된 우상 숭배라는 사실을 인정해야 한다. 또한 예수 그리스도는 하늘에서 이 땅에 보내신 하나님의 아들임을 인정해야 한다. 진리는 이러한데 지금 전 세계를 보라. 성경을 사용하는 종교인 유대교, 천주교, 기독교만 해도 지금 이때까지 누가 하나님의 행하신 선한 일을 알았으며, 선포했는가? 아무도 없었다. 진리의 성령이 실상이 되어야 장래 일을 알게 하고, 영원한 의이신 하나님에 대해 증명하여 하나님의 선한 일을 밝히는 것이다.

짐승과 사람이 나뉘는
'심판 날'이 이미 도래하였다

[11]하나님이 모든 것을 지으시되 때를 따라 아름답게 하셨고 또 사람에게 영원을 사모하는 마음을 주셨느니라 그러나 하나님의 하시는 일의 시종을 사람으로 측량할 수 없게 하셨도다 [12]사람이 사는 동안에 기뻐하며 선을 행하는 것보다 나은 것이 없는 줄을 내가 알았고 [13]사람마다 먹고 마시는 것과 수고함으로 낙을 누리는 것이 하나님의 선물인 줄을 또한 알았도다 [14]무릇 하나님의 행하시는 것은 영원히 있을 것이라 더 할 수도 없고 덜 할 수도 없나니 하나님이 이같이 행하심은 사람으로 그 앞에서 경외하게 하려 하심인 줄을 내가 알았도다 [전3:11~14]

이 말씀을 기록한 솔로몬도 선이 무엇인지 명백하게 몰랐다. 하나님의 행하신 것은 영원히 있을 것이라고 하셨는데 진리의 성령인 내가 이 땅에 실상이 되기 전 아무도 영원히 육체가 살아 있는 사람이 없었다는 것은 하나님께서 친히 행하신 적이 없었다는 뜻이기도 하다. 하나님께서 친히 행하시면 영원히 땅에 거하는 사람 또한 실상이 되기 때문이다. 이는 믿든 안 믿든 사실이다. 이때를 위해 전 성경을 기록하셨다[시102:18]. 여호와의 날, 인자의 날, 의인의 세대를 위해서 전 성경을 기록하시고, 전 성경의 핵심은 육체도 죽지 않고 영원히 사는 온전한 구원인 영생이다. 따라서 천국, 곧 하나님 나라는 하나님께서 친히 말씀해주시고 인도하실 때까지 진실로 비밀이었다.

> 시편 102:18
> 이 일이 장래 세대를 위하여 기록되리니 창조함을 받을 백성이 여호와를 찬송하리로다

> 21내가 저 기호를 보며 나팔소리 듣기를 어느 때까지 할꼬 22내 백성은 나를 알지 못하는 우준한 자요 지각이 없는 미련한 자식이라 악을 행하기에는 지각이 있으나 선을 행하기에는 무지하도다 [렘4:21~22]

문제는 이 예언이 사실이라는 것이다. '지각'이란 감각 기관을 통하여 외부의 사물을 인식하는 것, 사물의 이치를 분별하는 능력을 뜻한다. 그러나 성경에서 말씀하시는 '지각'은 하나님을 하나님으로 아는 지각, 곧 진리의 말씀을 받고 깨달아 아는 것을 뜻한다. 그래서 새 언약의 말씀으로 다시 창조가 되어야 온 세상이 왜 악한 자 아래 가두어져 있는지, 하나님의 명령은 영생인데 왜 모두 죽었는지 깨달아 알게 되는 이성이 생기고, 귀신이 다 떠나 지각이 생기게 된다.

> 히브리서 8:8
> 저희를 허물하여 일렀으되 주께서 가라사대 볼찌어다 날이 이르리니 내가 이스라엘 집과 유다 집으로 새 언약을 세우리라

내가 땅을 본즉 혼돈하고 공허하며 하늘들을 우러른즉 거기 빛이 없으며 [렘4:23]

창세기 1:2
땅이 혼돈하고 공허하며 흑암이 깊음 위에 있고 하나님의 신은 수면에 운행하시니라

갈라디아서 3:22~23
22 그러나 성경이 모든 것을 죄 아래 가두었으니 이는 예수 그리스도를 믿음으로 말미암은 약속을 믿는 자들에게 주려 함이니라
23 믿음이 오기 전에 우리가 율법 아래 매인 바 되고 계시될 믿음의 때까지 갇혔느니라

요한복음 15:26
내가 아버지께로서 너희에게 보낼 보혜사 곧 아버지께로서 나오시는 진리의 성령이 오실 때에 그가 나를 증거하실 것이요

마태복음 5:29
만일 네 오른눈이 너로 실족케 하거든 빼어 내버리라 네 백체 중 하나가 없어지고 온몸이 지옥에 던지우지 않는 것이 유익하며

땅이 혼돈하고 공허하다는 말씀은 창세기 1장 2절에 나온 말씀이다. 이런 혼돈하고 공허한 상태로 2천 년간 우상들 아래 '우상 숭배'를 하고 온 것이다. 예수 그리스도께서 "나는 세상의 빛이요, 내가 참 빛이라"고 하셨는데 "오직 예수" 하며 믿는다고 하는 전 세계 기독교, 천주교인들에게 왜 빛이 없다고 하실까? 그래서 성경이 모든 것을 죄 아래 가두어 두는 기간이라는 것을 15년째 증명한 것이다[갈3:22~23]. 예수 그리스도에 대해서도 진리의 성령이 실상이 되지 아니하면 바르게 알 수 없다[요15:26]. 다 좌로나 우로 치우친 것이다. 예수 그리스도께서도 '우'로 치우치셔서 하나님의 계명을 어긴 것이다. 그래서 네 눈이 너로 실족케 하거든 빼어내 버리라고 이미 판결해 두셨던 것이다. 그러나 전 세계 천주교, 기독교는 이 사실을 인정하기는커녕 성자 하나님이라고 하고, 진리의 성령이 실상임을 2년이 다 되도록 신문에 증명해도 안 믿는다. 혀로 "예수님, 하나님" 말만 할 뿐 진실로 빛이 없었다.

24내가 산들을 본즉 다 진동하며 작은 산들도 요동하며

²⁵내가 본즉 사람이 없으며 공중의 새가 다 날아갔으며 [렘 4:24~25]

'산들'은 교회 지도자들을 말하며, '작은 산들'은 교인들을 비유하신 것이다. 진실로 하나님이 보시기에 사람다운 사람이 없다는 뜻이다. 그러나 2020년부터 은혜로교회 안에서 창세 이래 처음으로 사람이 나오고, 산 영이 되고 있다. 사람만 되어도 영의 말을 알아듣고 선, 악을 분별한다. 귀신이 주인인 자가 귀신이 떠나는 때는 거지 나사로 같은 사람은 육체가 죽는 그 순간에 귀신이 떠나는 것이고[눅16:19~31], 순교자도 마찬가지로 순교당하는 그 순간에 귀신이 떠나게 된다.

육체가 살아 있을 때 귀신이 떠나지 않으면 낙원에 가는 사람이라도 모두 다 육체가 죽는다. 믿든 안 믿든 사실이다. 그래서 존귀에 처하나 깨닫지 못하는 멸망하는 짐승이라고 하셨고, 사람을 각종 짐승, 새, 벌레, 구더기, 지렁이에 비유하신 이유가 이 때문이다. 오죽하면 진리대로 깨닫지 못하면 차라리 사람으로 태어나지 않는 것이 자신에게 더 유익하다고 했겠는가? 더 직설적으로 말하면 히브리서 8장의 새 언약으로 이제 짐승들과 사람들을 나누는 것이다. 안 믿기겠지만 이는 너무도 명백한 사실이다. "내가 사람을 정금보다 희소케 하며 오빌의 순금보다 희귀케 하리로다"[사13:12]라고 하신 말씀 또한 진실로 사실이다. 자식을 낳아서 쓰레기통에 버리는 어미, 때려 죽이는 아비는 이제 예사다. 기독교, 천주교 안에서도 "하나님, 주여" 하며 입으로 부르지만 하나님을 알지 못하고 자신이 우상이 되어 있는 지도자들과 우상을 숭배하는 교인들은 육체가 죽어서 음부로 내려가는 '짐승'에 해당하는 사람들이다. 그래서 하나님의 형상의 모양대로 만드신 사람이 희소하다고 하신 것이다.

'누구'와 같은 것을
너희에게 보인 '한 사람'을 만나라

[25]내가 한 사람을 일으켜 북방에서 오게 하며 내 이름을 부르는 자를 해 돋는 곳에서 오게 하였나니 그가 이르러 방백들을 회삼물같이, 토기장이의 진흙을 밟음같이 밟을 것이니 [26]누가 처음부터 이 일을 우리에게 고하여 알게 하였느뇨 누가 이전부터 우리에게 고하여 이가 옳다고 말하게 하였느뇨 능히 고하는 자도 없고 보이는 자도 없고 너희 말을 듣는 자도 없도다 [27]내가 비로소 시온에 이르기를 너희는 보라 그들을 보라 하였노라 내가 기쁜 소식 전할 자를 예루살렘에 주리라 [사41:25~27]

이 '한 사람'은 예수 그리스도의 말씀을 지켜 실행하여 다시 창조된 엡2:15~16절의 '한 사람', 호2:19~20절의 말씀이 실상이 된 '여자', 계3:7~13절의 빌라델비아 교회의 사자인 '목사', 다시 택하신 새 예루살렘의 다른 이름 시온, 마음에 선을 쌓아 선을 내도록 미리 정해 두신 진리대로 실상이 된 나에 대한 예언이다. 하나님께서 아들을 통해서 미리 약속하신 진리의 성령이 절대 상상이 아니고 하나님께서 영원히 거하시는 성전이 된 사람, 하나님의 가르치심을 대언하는 사람이라 선을 입에서 낸다고 하신 것이다. 이 '한 사람'은 절대 예수 그리스도에 대한 예언이 아니다. 기쁜 소식인 천국 복음, 새 언약을 전하는 나에 대한 예언이다.

사람에게 하나님의 행하신 일을 알게 하지 않으시지만, 하나님은 친히 진술하시지 않고 사람을 사용하신다는 것을 전 성경을 통하여 증명하셨다. 하나님께서 사용하신 전 성경을 기록한 인간 저자들, 각 시대마다 때를 따라 영혼의 양식을 먹이는 사람들, 특히 예수 그리스도를 통해서 하신 일들이 하나님께서는 반드시 사람을 사용하신다는 명백한 증거다.

⁴⁶너희는 나를 불러 주여 주여 하면서도 어찌하여 나의 말 하는 것을 행치 아니하느냐 ⁴⁷내게 나아와 내 말을 듣고 행

에베소서 2:15~16

15 원수 된 것 곧 의문에 속한 계명의 율법을 자기 육체로 폐하셨으니 이는 이 둘로 자기의 안에서 한 새 사람을 지어 화평하게 하시고

16 또 십자가로 이 둘을 한 몸으로 하나님과 화목하게 하려 하심이라 원수 된 것을 십자가로 소멸하시고

호세아 2:19~20

19 내가 네게 장가들어 영원히 살되 의와 공변됨과 은총과 긍휼히 여김으로 네게 장가들며

20 진실함으로 네게 장가들리니 네가 여호와를 알리라

요한계시록 3:7

빌라델비아 교회의 사자에게 편지하기를 거룩하고 진실하사 다윗의 열쇠를 가지신 이 곧 열면 닫을 사람이 없고 닫으면 열 사람이 없는 그이가 가라사대

욥기 33:13

하나님은 모든 행하시는 것을 스스로 진술치 아니하시나니 네가 하나님과 변쟁함은 어찜이뇨

하는 자마다 누구와 같은 것을 너희에게 보이리라 ⁴⁸집을 짓되 깊이 파고 주초를 반석 위에 놓은 사람과 같으니 큰 물이 나서 탁류가 그 집에 부딪히되 잘 지은 연고로 능히 요동케 못 하였거니와 ⁴⁹듣고 행치 아니하는 자는 주초 없이 흙 위에 집 지은 사람과 같으니 탁류가 부딪히매 집이 곧 무너져 파괴됨이 심하니라 하시니라 [눅6:46~49]

예수 그리스도께서 하신 말씀을 듣고 행하는 자마다 '누구와 같은 것'을 너희에게 보이리라고 하신 이 누구가 누군지 예수 그리스도께서는 모르셨다. 이 누구는 이미 실상이 되어 2022년 2월 현재 은혜로교회 성도들에게 보이시고 계시며, 나뿐만 아니라 예수 그리스도의 말을 듣고 지켜 실행하는 성도들도 이 누구와 같다고 지금 하나님께서 증명하신다.

고린도전서 2:13~14
13 우리가 이것을 말하거니와 사람의 지혜의 가르친 말로 아니하고 오직 성령의 가르치신 것으로 하니 신령한 일은 신령한 것으로 분별하느니라
14 육에 속한 사람은 하나님의 성령의 일을 받지 아니하나니 저희에게는 미련하게 보임이요 또 깨닫지도 못하나니 이런 일은 영적으로라야 분변함이니라

누구에 대하여 신령한 것을 신령한 것으로 해석해서 기록된 말씀과 명제가 일치하는지 보고, 귀로 듣고, 마음으로 깨달아야 하나님께서 보시기에 사람이 되며, 산 영이 된다. 진리는 반드시 기록된 말씀이 실상이 되어 일치하는 것이 참 진리다. 이렇게 참 진리를 보고 듣고 마음에 믿는 것이 주초를 반석 위에 놓은 집, 곧 각 사람이 하나님께서 영원히 거하시는 성전이 되고 요동하지 않는 거룩한 자가 되어 육체도

죽지 아니하고 영생을 하는 것이다. 그래서 하나님 나라는 절대 말쟁이가 아니라 실제로 실상이 되는 것이다. 증명한다.

> [18]내가 해 아래서 나의 수고한 모든 수고를 한하였노니 이는 내 뒤를 이을 자에게 끼치게 됨이라 [19]그 사람이 지혜자일찌 우매자일찌야 누가 알랴마는 내가 해 아래서 내 지혜를 나타내어 수고한 모든 결과를 저가 다 관리하리니 이것도 헛되도다 [전2:18~19]

2922년 전 당시 최고 지혜자라고 알고 있는 솔로몬 왕을 사용하셔서 하나님께서 하신 말씀이다. '한하다'라는 말은 '원통히 여기다. 불평을 품다'라는 뜻이다. '해 아래서'란 실제 모든 사람이 낮에 '해 아래서'라는 말과 "여호와 하나님은 해요"[시84:11]라고 하셨으므로 성경을 가지고 신앙생활 하는 것 자체를 '해 아래서'라고 하신 것이다. 자신이 해 아래서 수고하는 수고를 원통히 여기고 불평한다는 뜻이다. 참 이상하지 않은가? 당시 최고 지혜자로서 모든 부귀 영화를 다 누린 사람이 왜 이렇게 말을 했을까? 솔로몬이 자신이 한하는 이유는 자신이 일생 한 일이 '자신의 뒤를 이을 자'에게 이어질 것이기 때문에 원망하고 불평한다는 뜻이다.

마태복음 27:46
제구시 즈음에 예수께서
크게 소리질러 가라사대
엘리 엘리 라마 사박다니
하시니 이는 곧 나의 하나
님, 나의 하나님, 어찌하
여 나를 버리셨나이까 하
는 뜻이라

이는 문자적인 기록이고, 이 말씀 속에는 예수 그
리스도께서 약 925년 후에 십자가 상에서 "엘리 엘리
라마 사박다니" 곧 "하나님이여 하나님이여 어찌하여 나를
버리셨나이까"라고 하나님께 한하실 것에 대한 비밀
이 감추어져 있다. 예수님께서 말씀하신 "누구와 같은
것을 너희에게 보이리라" 하신 누구가 바로 솔로몬 왕이
말한 '자신의 뒤를 이을 자'이며, 하나님께서 정하신 때
에 솔로몬 왕과 예수 그리스도를 통해 하신 유언이
효력을 발생하여 '진리의 성령'이 실상이 된 것이다.

히브리서 9:27
한 번 죽는 것은 사람에게
정하신 것이요 그 후에는
심판이 있으리니

그래서 사람 차원은 절대 영생을 실상으로 이룰
수 없고 반드시 육체가 한 번 죽는다는 뜻이다. 육체
가 살아 있을 때 진리를 진리대로 깨닫는 것이 얼마
나 중요한지 이 세상에 있는 어떤 언어로도 다 표현
을 할 수가 없다. 이 진리를 깨달으면 이 세상 어떤
부자, 어떤 권력자도 가진 것을 다 하나님께 드리고
이 진리를 사지 않겠는가? 이 진리의 가치는 창세 이
래 그 어떤 것으로도 다 표현을 할 수가 없다. 불의한
재물, 곧 성경과 다른 거짓말로 모은 사람, 재산, 돈

누가복음 16:9
내가 너희에게 말하노니
불의의 재물로 친구를 사
귀라 그리하면 없어질 때
에 저희가 영원한 처소로
너희를 영접하리라

을 하나님의 뜻을 이루는데 모두 다 드리고 진리의 성
령인 나를 친구로 삼고 싶어하지 않겠는가? 그래서
불의의 재물로 친구를 사귀라고 하신 것이다[눅16:9].

솔로몬이 해 아래서 수고한 모든 것, 모든 결과를 관리하는 '저'가 누구이며, 이런 것을 아는 자가 누구인지를 솔로몬은 모른다. 일곱째 날인 지금 이때 솔로몬의 모든 것을 관리하는 '저'가 실상이 되는 것이다.

> 이러므로 내가 해 아래서 수고한 모든 수고에 대하여 도리어 마음으로 실망케 하였도다 [전2:20]

전2:20절의 이 말씀은 솔로몬의 마음의 주인이 누군지 나타내 주고 있다. 선을 쌓은 사람은 선이, 악을 쌓은 사람은 악이 드러난다. 그래서 다윗은 "내가 무덤에 내려갈 때에 나의 피가 무슨 유익이 있으리요 어찌 진토가 주를 찬송하며 주의 진리를 선포하리이까"[시30:9]라고 기도하였다. 오직 영생이 실상이 되는 자라야 온전히 선을 나타낸다. 솔로몬도 무덤에 내려갔고, 예수 그리스도께서는 무덤에 내려가셨다가 다시 살아나셨지만, 하나님께 세세토록 받은 열쇠가 "사망과 음부의 열쇠"[계1:18] 였으며, "그것이 온전할 때에도 아무 제조에 합당치 않았거든"[겔15:5] 이라고 판결하신 것이다.

마태복음 12:35
선한 사람은 그 쌓은 선에서 선한 것을 내고 악한 사람은 그 쌓은 악에서 악한 것을 내느니라

요한계시록 1:18
곧 산 자라 내가 전에 죽었었노라 볼찌어다 이제 세세토록 살아 있어 사망과 음부의 열쇠를 가졌노니

그래서 온전히 생기를 받은 사람으로 창조하시는 분은 예수 그리스도가 아니라, 성부 하나님이시며, 진리의 성령을 통해 행하시는 일이기에 누구와 같은

것을 너희에게 보이리라고 하신 것이다.

예수 그리스도를 통한 하나님의 계명을 온전히 지켜 실행하는 "누구와 같은 것을 너희에게 보이리라" 하신 말씀이 실상이 되어 15년째 보이고 있다. 혀로 "오직 예수"에서 벗어나 진실로 성부 하나님께로, 새 언약의 말씀으로 돌아와야 한다. 육체가 살아서 진리로 돌이키지 아니하면 육체가 죽는 것으로 끝이 아니다. 반드시 살아서 진리를 알아야 한다. 진리의 성령을 훼방한 자들은 살아 있을 때 공개 사과하고 회개하라. 성경에 기록된 재앙이 이 땅에 다 내린다. 코로나19 재앙은 시작일 뿐이다.

'성령의 검'으로
유대교를 판결한다 1

「조선일보, 동아일보, 한국경제」 2022년 2월 11일 금요일

스마트폰으로 QR 코드를 스캔 하시면
[이제 온 천하는 잠잠하라] 전문을 다운로드 받을 수 있습니다.

하나님의 언약을 저버린
'유대교인들'

유대교인들은 구약성경을 사용하고 여호와 하나님을 믿는다고 하는 종교인들이다. 그들은 구약에 이미 오실 것을 예언한 하나님의 아들 예수 그리스도께서 육체를 입고 실상으로 오셨어도 하나님의 말씀을 한 절도 믿지 않았기에 육체를 입고 오신 하나님의 아들을 알아보지 못하였을 뿐만 아니라, 시기, 질투하여 세상 법에 고소하였으며, 가장 잔인하게 십자가에 못 박아 죽였다. 이들은 지금도 예수 그리스도를 인정하지 않는다. 성령에 대해서도 인정하지 않는다. 아들 예수도, 성령도 구약성경에 자세히 기록되어 있는데도 말이다.

시편 110:1
여호와께서 내 주에게 말씀하시기를 내가 네 원수로 네 발등상 되게 하기까지 너는 내 우편에 앉으라 하셨도다

예수 그리스도는 구약성경에 기록된 대로 부활하신 후에 하나님 우편에 계시고[시110:1], 진리의 성령

도 전 성경에 예언하신 그대로 하나님께서 정하신 전 우주적인 일곱째 날, 여호와의 날, 인자의 날이자 심판 날인 21세기 지금 이때 육체를 입고 이 땅에 왔으며, 하나님께서 행하시는 일을 대언하고 있은 지 벌써 15년째다. 하나님에 대해서, 예수 그리스도에 대해서 진리대로 알게 될 때는 바로 진리의 성령이 실상으로 올 때라고 구약성경뿐만 아니라 신약성경에도 다 기록되어 있다.

> [7]그러하나 내가 너희에게 실상을 말하노니 내가 떠나가는 것이 너희에게 유익이라 내가 떠나가지 아니하면 보혜사가 너희에게로 오시지 아니할 것이요 가면 내가 그를 너희에게로 보내리니 [8]그가 와서 죄에 대하여, 의에 대하여, 심판에 대하여 세상을 책망하시리라 [9]죄에 대하여라 함은 저희가 나를 믿지 아니함이요 [10]의에 대하여라 함은 내가 아버지께로 가니 너희가 다시 나를 보지 못함이요 [11]심판에 대하여라 함은 이 세상 임금이 심판을 받았음이니라 [12]내가 아직도 너희에게 이를 것이 많으나 지금은 너희가 감당치 못하리라 [13]그러하나 진리의 성령이 오시면 그가 너희를 모든 진리 가운데로 인도하시리니 그가 자의로 말하지 않고 오직 듣는 것을 말하시며 장래 일을 너희에게 알리시리라
>
> [요16:7~13]

그런데 하나님의 아들 예수도 인정하지 않고, 진리

의 성령도 인정하지 않는 유대교인들이 어떻게 하나님을 알며, 하나님을 알지도 못하는데 어떻게 하나님을 믿는다고 자긍하는가? 이런 유대교인들을 향해 예수 그리스도께서 다음과 같이 말씀하셨다.

> [39]대답하여 가로되 우리 아버지는 아브라함이라 하니 예수께서 가라사대 너희가 아브라함의 자손이면 아브라함의 행사를 할 것이어늘 [40]지금 하나님께 들은 진리를 너희에게 말한 사람인 나를 죽이려 하는도다 아브라함은 이렇게 하지 아니하였느니라 [요8:39~40]

하나님께서 아브라함을 택하실 때 하신 언약[창18:17~19]은 그와 그 후손들로 하나님의 도를 지켜 의와 공도로 세상을 다스리고, 땅에 사는 천하 만민은 하나님께서 주시는 모든 복을 받아 누리며 살게 하시는 것이다.

> [17]여호와께서 가라사대 나의 하려는 것을 아브라함에게 숨기겠느냐 [18]아브라함은 강대한 나라가 되고 천하 만민은 그를 인하여 복을 받게 될 것이 아니냐 [19]내가 그로 그 자식과 권속에게 명하여 여호와의 도를 지켜 의와 공도를 행하게 하려고 그를 택하였나니 이는 나 여호와가 아브라함에게 대하여 말한 일을 이루려 함이니라 [창18:17~19]

이 언약은 아브라함, 이삭, 야곱, 이스라엘, 다윗,

예수 그리스도에 이어 창세 이래 2022년 이 세대까지 단 한 세대도 이루어지지 않았던 언약이다. 그러나 이 언약은 모세를 통하여 기록된 지 3421년이 지난 지금 이 세대에 진리의 성령이 실상이 되어 하나님의 친히 가르치심을 15년째 대언하고 있는 히브리서 8장의 새 언약이다. 다른 말로 하면 다윗의 열쇠를 가지신 이, 곧 열면 닫을 사람이 없고 닫으면 열 사람이 없는 빌라델비아 교회의 사자[계3:7]인 나 신옥주 목사를 통해 저 황금돔이 있는 구약의 이스라엘 민족이 아니라, 이방 가운데 "다시 택하신 이스라엘"[사14:1, 슥2:12]을 통해 세우시는 언약이다. 이는 진리의 성령이 절대 상상이 아니라 실상이라는 명백한 증거다.

하나님께서는 사람에게 하나님의 뜻을 알게 하지 않으시지만[전3:11], "주 여호와께서는 자기의 비밀을 그 종 선지자들에게 보이지 아니하시고는 결코 행하심이 없으시리라"[암3:7]라고 말씀하신 대로 아브라함에게는 알게 하셨다. 이는 아브라함의 후손이라면 하나님의 하시는 일을 알게 하신다는 뜻이다. 그러나 아무 때나 알게 하시는 것이 아니고, 아브라함의 후손이라고 다 알게 하시는 것이 아니다. 예수 그리스도께서 아브라함의 후손으로 오셨기에 아들을 통해서 하실 일을

<히브리서 8:8>
저희를 허물하여 일렀으되 주께서 가라사대 볼찌어다 날이 이르리니 내가 이스라엘 집과 유다 집으로 새 언약을 세우리라

<요한계시록 3:7>
빌라델비아 교회의 사자에게 편지하기를 거룩하고 진실하사 다윗의 열쇠를 가지신 이 곧 열면 닫을 사람이 없고 닫으면 열 사람이 없는 그이가 가라사대

<전도서 3:11>
하나님이 모든 것을 지으시되 때를 따라 아름답게 하셨고 또 사람에게 영원을 사모하는 마음을 주셨느니라 그러나 하나님의 하시는 일의 시종을 사람으로 측량할 수 없게 하셨도다

아들이 알게 하셨던 것이다.

또한 아브라함에게 하셨던 약속은 그와 그 후손에게 하신 약속이다. 따라서 아브라함의 후손이라면 지금 이 세대를 향해 행하실 하나님의 일을 알게 하셔야 하는데, 아브라함의 자손이라는 유대교인들은 하나님의 뜻을 알았는가? 그들은 하나님의 뜻을 단한 절도 알지 못했고, 믿지 않았다. 자긍하여 하나님의 뜻을 안다고 생각하고, 믿는다고 착각하고 있다. 증명한다.

> [1]이스라엘 자손들아 여호와께서 너희를 쳐서 이르시는 이 말씀을 들으라 애굽 땅에서 인도하여 올리신 온 족속을 쳐서 이르시기를 [2]내가 땅의 모든 족속 중에 너희만 알았나니 그러므로 내가 너희 모든 죄악을 너희에게 보응하리라 하셨나니 [암3:1~2]

"내가 땅의 모든 족속 중에 너희만 알았나니"라고 말씀하신 대로 구약 당시 온 세계 만민 중에 유대인들만 알았다고 하시고 그들 가운데 역사하시는 하나님을 나타내셨는데, 그들은 믿지 않고 패역했다. 그로 인해 얼마나 무섭고 치명적인 결과를 낳았는지 온 세상이 안다. 이런 하나님의 뜻을 알지 못하는 사람들은 유대인들이 믿음이 좋은 것으로 곡해하고 있다. 그들이 나라를 잃고 대학살을 당한 이유는 자신들이 하나님께 지은 죄악 때문이었다. 하나님께서 보내신다고 약속하신 하나님의 아들을 알아보지도 못하고 도리어 가장 잔인하게 죽이고도 두려움도 없이 예수 그리스도의 흘리신 피를 자신들과 자신들의 후손에게 돌리라고 한 죄로 2천 년이 지나도록 그 보응을 받고 있다[마27:25].

마태복음 27:25
백성이 다 대답하여 가로되 그 피를 우리와 우리 자손에게 돌릴찌어다 하거늘

아브라함에게 하신 '언약'은 지금 이 세대 '진리의 성령'을 통해 실상이 된다

¹⁹내가 네게 장가들어 영원히 살되 의와 공변됨과 은총과 긍휼히 여김으로 네게 장가들며 ²⁰진실함으로 네게 장가들리니 네가 여호와를 알리라… ²³내가 나를 위하여 저를 이 땅에 심고 긍휼히 여김을 받지 못하였던 자를 긍휼히 여기며 내 백성 아니었던 자에게 향하여 이르기를 너는 내 백성이라 하리니 저희는 이르기를 주는 내 하나님이시라 하리라 [호2:19~23]

하나님만이 '영원한 의'이시다. 공변됨이란 어느 한 쪽으로 치우쳐 사사롭지 않고 공평함, 공의롭고 정당함, 다른 말로 하면 '정의, 공정한, 공의'라고 한다. 이

요한복음 16:8
그가 와서 죄에 대하여,
의에 대하여, 심판에 대하
여 세상을 책망하시리라

이사야 59:4
공의대로 소송하는 자도
없고 진리대로 판결하는
자도 없으며 허망한 것을
의뢰하며 거짓을 말하며
잔해를 잉태하여 죄악을
생산하며

호세아 2:23
내가 나를 위하여 저를 이
땅에 심고 긍휼히 여김을
받지 못하였던 자를 긍휼
히 여기며 내 백성 아니었
던 자에게 향하여 이르기
를 너는 내 백성이라 하리
니 저희는 이르기를 주는
내 하나님이시라 하리라

는 하나님만이 가지신 속성이며, 하나님께서 친히 말씀하시지 아니하면 알 수가 없는 영역이라는 뜻이다. 반드시 하나님께서 장가드신다는 말씀이 사실이 된 여자[호2:19~20], 예수 그리스도를 사용하셔서 약속하신 또 다른 보혜사인 진리의 성령이 실상이 되어 죄에 대하여, 의에 대하여, 심판에 대하여 세상을 책망하는 이때가 아니면[요16:7~13] 세상에 공의로 소송하는 자도 없고, 진리대로 판결하는 자도 없다는 뜻이다[사59:4].

또한 하나님께서 장가드신 여자가 실상이 될 때, 구약의 유대인들이 아니라 '내 백성이 아니었던 자'를 향해 내 백성이라 하시고, 그들에게 하나님이 되신다고 말씀하신다[호2:23]. 절대 저 황금돔이 있는 이스라엘, 곧 구약시대에 유일한 하나님의 선민이었던 그들이 이 말씀의 주인공이 아니라는 뜻이다. 그들이 보기에 하나님의 백성이 아니라고 하는 이방 나라에서 실상의 주인공이 나온다. 반드시 셈 족인 동양인에게서 나와야 한다.

⁵참 과부로서 외로운 자는 하나님께 소망을 두어 주야로 항상 간구와 기도를 하거니와 ⁶일락을 좋아하는 이는 살았으나 죽었느니라… ⁹과부로 명부에 올릴 자는 나이 육십이 덜

되지 아니하고 한 남편의 아내이었던 자로서 ¹⁰선한 행실의 증거가 있어 혹은 자녀를 양육하며 혹은 나그네를 대접하며 혹은 성도들의 발을 씻기며 혹은 환난당한 자들을 구제하며 혹은 모든 선한 일을 좇은 자라야 할 것이요 [딤전 5:5~10]

하나님께서 장가드신다는 말씀이 실상이 된 여자는 하나님의 선한 행실의 증거가 있는 참 과부[딤전 5:1~10]이며, 하나님의 깊은 것이라도 통달하는 하나님의 영[고전2:10], 진리의 성령이기에 영원한 의이신 하나님에 대해 알게 하고, 하나님께서 친히 가르치심을 대언하는 그릇이기에 공의대로 소송하고 진리대로 판결하는 실상의 사람이다.

'참'이라고 한 말 속에 온 세상에 사람이 본능으로 아는 과부가 많아도, 하나님께서 말씀하시고 인정하시는 참 과부는 딤전5:1~10절의 말씀과 일치하는 사람이며, 반드시 외모로 여자라야 하고, 성령이 상상이 아니라 실상이라는 것을 하나님께서 증거하신다는 뜻이 감추어져 있다. 아무 과부나 자신이라고 할까봐 "참 과부로서 외로운 자"라고 하셨고, 온 천하에 단 한 사람이며, 일락을 좋아하지 아니하고 오직 하나님께 소망을 두는 자, 창세 이래 처음으로 하나님께서 장

고린도전서 2:10
오직 하나님이 성령으로 이것을 우리에게 보이셨으니 성령은 모든 것 곧 하나님의 깊은 것이라도 통달하시느니라

가드셔서 영원히 살아서 육체도 죽지 아니하고 영생을 하는 사람을 사용하실 것을 이미 3422년 전부터 기록해 두셨던 것이다.

> 오직 여호와는 참 하나님이시요 사시는 하나님이시요 영원한 왕이시라 그 진노하심에 땅이 진동하며 그 분노하심을 열방이 능히 당치 못하느니라 [렘10:10]

하나님에 대해서도 피조물이 하나님을 상상하고, 성경을 사용하는 지도자가 하나님 자리에 앉아서 하나님인 체 할 줄도 너무 잘 아시는 하나님께서 당신에 대해 말씀하실 때도 "오직 여호와는 참 하나님이시요 사시는 하나님이시요 영원한 왕이시라"고 하셨다. 여호와는 유일하신 참 하나님의 이름이다. 그러나 이런 말씀을 원욕이 그대로인 사람이 문자대로만 보고 만든 종교가 바로 여호와의 증인이다. 그들은 혀로 여호와 하나님을 섬긴다고 하지만 하나의 종교 단체를 만든 사람의 이론일 뿐이다. 기독교는 여호와의 증인을 이단이라고 하며 "여호와"라는 말조차 사용을 꺼리게 되고, 결국 구원자는 하나님 한 분뿐이신데도 "오직 예수"라는 말로 고착화시켜 '우'(오른쪽, 우편)로 치우친 것이다.

하나님은 본래 참이시고 본래 죽지 아니하시는 하나님이신데, 굳이 BC 645년경에 예레미야 선지자를 사용하셔서 예언해 두셨고, 그보다 더 앞서 BC 782~753년경에 호세아 선지자를 사용하셔서 "내가 네게 장가들어 영원히 살되"라고 하신 것은 진리의 성령은 상상하는 무형의 존재가 아니고 '형체'를 가진 사람으로 오며, 이 사람을 사용하셔서 하나님께서 친히 말씀하실 것을 믿으라고 기록해 두셨던 것이다. 하나님이 살아 계시다고 아무리 말해도 안 믿는 사람들을 위해 절대 상상이 아니고 실상이며, 살아 계신 하나님이시라는 명백한 증거로 전 성경에 유일하게 '장가'라는 단어를 사용하셨다. 이는 모든 혀를 잠잠케 하시려고 새로 창조된 "한 새 사람"[엡2:15~16]을 사용하시되, 나이 육십이 지난 '참 과부'여야 하고, 효를 행하는 자녀와 손자들이 있으며, 늙은이, 늙은 여자라고 AD 63~65년경 사도 바울을 사용하셔서 딤전5:1~10절에 기록해 두셨던 것이다.

에베소서 2:15~16
15 원수 된 것 곧 의문에 속한 계명의 율법을 자기 육체로 폐하셨으니 이는 이 둘로 자기의 안에서 한 새 사람을 지어 화평하게 하시고
16 또 십자가로 이 둘을 한 몸으로 하나님과 화목하게 하려 하심이라 원수 된것을 십자가로 소멸하시고

진리의 성령은 반드시 '육체'를 입고
'비행기가 날아다니는 때' 실상이 된다

진리의 성령이 실상으로 형체를 입고 올 것에 대해 또 예언해 두셨다. "여호와의 말씀은 순결함이여"[시 12:6]라고 하셨다. '순결하다'란 더러운 것이 섞이지 않고 깨끗한 것을 뜻하며, 다른 말로 정결, 정절이라고도 한다. "하나님이 참으로 이스라엘 중 마음이 정결한 자에게 선을 행하시나"[시73:1]라고 하셨고, "비둘기같이 순결하라"[마10:16]고 하셨다. 비둘기에 대한 하나님의 뜻을 모르면 이 말이 무슨 뜻인지 모른다.

시편 12:6
여호와의 말씀은 순결함이여 흙 도가니에 일곱 번 단련한 은 같도다

마태복음 10:16
보라 내가 너희를 보냄이 양을 이리 가운데 보냄과 같도다 그러므로 너희는 뱀같이 지혜롭고 비둘기같이 순결하라

신약에서 마태는 "하늘이 열리고 하나님의 성령이 비둘기같이 내려 자기 위에 임하심을 보시더니"[마3:16]라고 했고, 마가는 "곧 물에서 올라 오실째 하늘이 갈라짐과 성령이 비둘기같이 자기에게 내려오심을 보시더니"[막1:10]라고 하였으며, 누가는 "성령이 형체로 비둘기같이 그의 위에 강림하시더니"[눅3:22]라고 하였다. 또 요한은 "성령이 비둘기같이 하늘로서 내려와서 그의 위에 머물렀더라"[요1:32]라고 하였다.

"성령이 형체로 비둘기같이"라고 하는 이 말씀 속에는

성령이 실상이 되는 '때'에 대한 비밀을 감추어 두셨다. 비행기가 하늘을 날아다닐 때를 지시하신 것이다. 그 근거가 바로 "나의 말이 내가 비둘기같이 날개가 있으면 날아가서 편히 쉬리로다 내가 멀리 날아가서 광야에 거하리로다 내가 피난처에 속히 가서 폭풍과 광풍을 피하리라 하였도다"[시55:6~8]라고 하신 말씀이다. 이 말씀 또한 유언에 해당하여 당시 다윗 왕 때도 실상이 아니고, 다윗의 후손으로 이 땅에 오신 예수 그리스도 때도 실상이 되지 아니하였으며, 비행기가 개발되어 전 세계에 날아다니는 지금 이때 진리의 성령이 실상이 되어 나타난다는 비밀이 감추어져 있다.

그래서 창세 이래 진리의 성령은 21세기 지금 이때, 비행기가 날아다닐 때, 지식이 빨리 왕래할 때 실상이 되며[단12:4], 형체로 남자가 아니고 여자이고, 일반 여자가 절대 아니라 반드시 목사라야 하며, 이를 두고 아가서에서는 "내 사랑아 너는 어여쁘고 어여쁘다 네 눈이 비둘기 같구나"[아1:15]라고 하시고, 이사야서에 "눈은 선지자요 머리는 선견자"[사29:10]라고 하셨던 것이다. 예레미야, 호세아, 바울 서신인 디모데전서를 비롯하여 창세기부터 요한계시록까지 인간 저자를 사용하셔서 사람이 기록했으므로 '유언'에 해당하며, 이 유

다니엘 12:4
다니엘아 마지막 때까지 이 말을 간수하고 이 글을 봉함하라 많은 사람이 빨리 왕래하며 지식이 더하리라

히브리서 9:16~17
16 유언은 유언한 자가 죽어야 되나니
17 유언은 그 사람이 죽은 후에야 견고한즉 유언한 자가 살았을 때에는 언제든지 효력이 없느니라

언이 하나님께서 정하신 때가 되어 효력이 발생하여 실상이 되었고, 세상에 드러난 날이 2008년 6월 16일이었다.

형체란 사물의 모양과 바탕, 외모를 뜻한다. 빌2:7~8절에 "오히려 자기를 비워 종의 형체를 가져 사람들과 같이 되었고 사람의 모양으로 나타나셨으매 자기를 낮추시고 죽기까지 복종하셨으니 곧 십자가에 죽으심이라"고 하신 대로 예수 그리스도께서 사람의 모양, 곧 형체로 오셨다. 또한 예수 그리스도께서 신령한 몸으로 부활하신 것을 두고 "우리의 낮은 몸을 자기 영광의 몸의 형체와 같이 변케 하시리라"[빌3:21]고 하신 것이다. 따라서 형체는 육체를 뜻하며, 다른 말로 형질이라고 한다.

> [13]주께서 내 장부를 지으시며 나의 모태에서 나를 조직하셨나이다 [14]내가 주께 감사하옴은 나를 지으심이 신묘막측하심이라 주의 행사가 기이함을 내 영혼이 잘 아나이다 [15]내가 은밀한 데서 지음을 받고 땅의 깊은 곳에서 기이하게 지음을 받은 때에 나의 형체가 주의 앞에 숨기우지 못하였나이다 [시139:13~15]

시편 139편은 문자 그대로는 다윗의 기도요 고백이며 찬양이지만, 다윗의 자손으로 이 땅에 오실 하나님의 아들이 육체(형체)를 입고 오실 것을 BC

1000~400년경에 이미 예언한 것이다. BC 4년경에 실제 이 땅에 사람의 형체로 오시고 죽임을 당해도 삼일 만에 신령한 몸을 입고 부활하신 예수 그리스도를 통해 구약의 모든 시간은 다 무효하시고, 다시 시작하여 오늘 2022년 2월 11일을 사용하게 된 것이다.

다시 말하면 예수 그리스도 당시 온 세상에서 유일하게 하나님을 섬긴다고 한 유대인들, 곧 저 황금돔이 있는 이스라엘 사람들이 이 말씀 속에 감추어 두신 하나님의 뜻을 알았다면, 다윗의 자손으로 이 세상에 오셨던 하나님의 아들을 알아보고 영접했을 것이다. 이는 구약성경을 가지고 있어도 그들은 하나님의 뜻을 몰랐고, 그러니 하나님을 믿은 것이 아니었다. 말씀이 하나님이라는 사실[요1:1]을 유대인들은 안 믿었고, 상상하는 믿음이었다는 뜻이다.

요한복음 1:1
태초에 말씀이 계시니라 이 말씀이 하나님과 함께 계셨으니 이 말씀은 곧 하나님이시니라

이처럼 2022년 지금 이 세대에 구약성경을 사용하는 모든 종교인들, 유대교인들, 이슬람 교인들은 성경을 사용하지만 하나님을 모르고 안 믿는 자들이다. 그들은 다 구약성경을 사용한다. 그러나 하나님과 아무 관계가 없다. 천주교와 기독교 또한 하나님의 아들 예수를 믿는다고 하면서 예수 그리스도에 대해서 누가 바르게 진리를 알고 믿었는가? 성경을

갈라디아서 3:22~23
22 그러나 성경이 모든 것을 죄 아래 가두었으니 이는 예수 그리스도를 믿음으로 말미암은 약속을 믿는 자들에게 주려 함이니라
23 믿음이 오기 전에 우리가 율법 아래 매인 바 되고 계시될 믿음의 때까지 갇혔느니라

가지고도 단 한 절의 하나님의 뜻을 모르면서 혀로 "주여 주여" 했을 뿐 하나님을 진리대로 바르게 알지도 못했고, "오직 예수" 하지만 아무도 하나님과 아들 예수 그리스도를 알지 못하고 모두 죄 아래 가두어져 있었던 것이다[갈3:22~23].

이제 모두 성부 하나님께로,
'새 언약'으로 돌아서면 된다

창세 이래 모든 인간이 다 한 번 죽었고, 아들 예수마저도 한 번 죽게 하신 것도 하나님께서 하신 일이다. 진실로 살아 계시는 하나님이심을 2022년 지금 이 세대에 형체로 이 땅에 오게 한 여자, 전 성경에 미리 기록되어 있는 대로 일치하는 여자, 양을 치는 목사, 육으로 한 남편이 있다가 아들 하나를 낳고 죽어야 하고, 그래서 참 과부인 여자를 통해 아무도, 그 누구도 몰랐던 천국의 비밀, 감추어 두신 하나님의 뜻을 밝히시고 있다. 이 여자는 "해를 입은 여자"[계12:1]로 사람이 살아서 하나님의 모든 계명을 지켜 실행하면 육체도 죽지 아니하고 온전한 영생에 이르게 한다는 진리를 증명하는 보증물로 보내신 '또

요한계시록 12:1
하늘에 큰 이적이 보이니 해를 입은 한 여자가 있는데 그 발 아래는 달이 있고 그 머리에는 열두 별의 면류관을 썼더라

다른 보혜사 진리의 성령'이다. 그래서 예수 그리스도는 진리의 성령이 실상이 되어 선포하는 전대미문의 "새 언약의 중보"[히9:15]로 오셨으며, "더 좋은 언약의 중보"[히8:6]로 오신 것이다.

그러나 신령한 몸으로 부활하신 예수 그리스도께서 "이에 모세와 및 모든 선지자의 글로 시작하여 모든 성경에 쓴 바 자기에 관한 것을 자세히 설명하시니라"[눅24:27]라고 하시고, "또 이르시되 내가 너희와 함께 있을 때에 너희에게 말한 바 곧 모세의 율법과 선지자의 글과 시편에 나를 가리켜 기록된 모든 것이 이루어져야 하리라 한 말이 이것이라 하시고"[눅24:44]라고 하신 말씀 때문에 2022년 동안 구약성경의 기록이 모두 예수 그리스도에 대한 말씀이라 생각하게 했고, 이로 인해 얼마나 많은 사람들을 실족케 했는지 알아야 한다. 그래서 나를 인하여 실족치 않는 자가 복이 있다고 하셨다[마11:6].

전 성경은 하나님께서 영원히 사시는 하나님이시라는 것을 명백하게 증거하시기 위해 기록하신 것이다. 그럼 여기서 묻는다. 호2:19~20절의 예언이 예수 그리스도에 대한 예언인가? 렘10:10절의 예언이 예수 그리스도에 대한 예언인가? 구약성경 전체가 예수 그리스도에 대한 예언인가? 절대 아니란 사실을 이

히브리서 9:15
이를 인하여 그는 새 언약의 중보니 이는 첫 언약 때에 범한 죄를 속하려고 죽으사 부르심을 입은 자로 하여금 영원한 기업의 약속을 얻게 하려 하심이니라

히브리서 8:6
그러나 이제 그가 더 아름다운 직분을 얻었으니 이는 더 좋은 약속으로 세우신 더 좋은 언약의 중보시라

호세아 2:19~20
19 내가 네게 장가들어 영원히 살되 의와 공변됨과 은총과 긍휼히 여김으로 네게 장가들며
20 진실함으로 네게 장가들리니 네가 여호와를 알리라

예레미야 10:10
오직 여호와는 참 하나님이시요 사시는 하나님이시요 영원한 왕이시라 그 진노하심에 땅이 진동하며 그 분노하심을 열방이 능히 당치 못하느니라

누가복음 24:27, 44

27 이에 모세와 및 모든 선지자의 글로 시작하여 모든 성경에 쓴 바 자기에 관한 것을 자세히 설명하시니라

44 또 이르시되 내가 너희와 함께 있을 때에 너희에게 말한 바 곧 모세의 율법과 선지자의 글과 시편에 나를 가리켜 기록된 모든 것이 이루어져야 하리라 한 말이 이것이라 하시고

고린도전서 2:13~14

13 우리가 이것을 말하거니와 사람의 지혜의 가르친 말로 아니하고 오직 성령의 가르치신 것으로 하니 신령한 일은 신령한 것으로 분별하느니라

14 육에 속한 사람은 하나님의 성령의 일을 받지 아니하나니 저희에게는 미련하게 보임이요 또 깨닫지도 못하나니 이런 일은 영적으로라야 분변함이니라

미 증명하였다. 예수 그리스도께서 렘10:10절만 깨달 았다면 절대 눅24:27절과 44절처럼 말할 수 없다. 그렇다면 이 두 구절이 잘못된 것일까? 아니다.

하나님의 아들 그리스도 예수께서 신령한 몸으로 부활하시고 보여주신 교훈대로 진리의 성령 또한 누가복음 24장의 말씀대로 모든 성경을 가지고 하나님에 대하여, 아들 예수 그리스도에 대하여 자세하게 풀어 해석하여 새 언약의 말씀으로 마음에 할례를 받아 물과 성령으로 거듭나도록 천국의 비밀을 열고 있다. 이는 신령한 것은 신령한 것으로, 영적인 것은 영적인 것으로 분별하여 전 성경 속에 감추어 두신 하나님의 뜻을 밝히는 것이다[고전2:13~14].

온 천하에 구약성경만 사용하는 유대인들에게 묻는다. 구약성경에 예언된 대로 하나님의 아들 예수 그리스도도 형체로 오셨고, 진리의 성령도 실상이 되어 육체를 입고 오셨다. 아브라함이 자신들의 조상이라고 생각하고 교만하여 하나님이 만드신 만물 중에 영장인 사람을 함부로 정죄하고 죽이는 살인자들의 후손들인 유대인들은 눈이 있거든 보고, 귀가 있거든 듣고, 입이 있거든 대답해라. 전 성경 단 한 절도 안 믿으면서 아브라함의 자손이라고 하는가? 하나님의 아들

예수를 이 세상 법으로 정죄하여 고소하고 가장 잔인하게 사형을 시키고도 무슨 죄를 지었는지 모르고, 그 혀로 "여호와 하나님" 하며, 자신을 랍비, 곧 선생이라 칭하는 자들이다. 지금 그대로 있으면 유대교인들 중 단 한 사람도 천국과 아무 상관이 없고, 죄가 목에 차면 모두 육체가 죽을 것이고, 그 혼은 지옥 불구덩이에서 혀에 물 한 방울 먹지 못하며 고통스러운 지옥에서 영원히 영벌을 받으며 살아야 한다 [눅16:19~31].

전 성경은 살아 계신 하나님의 말씀이며, 살아 계신 하나님의 말씀은 당신들이 믿든 안 믿든 2008년 6월 16일부터 온 세상 중에 대한민국 수도 서울시 종로 5가 한국교회 100주년 기념관에서 처음 시작하여, 2022년 현재 서울 구치소에서 이 시간까지 진리의 성령을 사용하여 대언하게 하시는 이 말씀이다. 때가 급하다. 코로나19 재앙은 시작일 뿐이다. 나를 통한 이 일은 창세 이래 처음으로 열리는 새 일이며, 영원히 살리는 생명의 길이다. 그래서 온 천하는 잠잠해야 하며, 모두 이 진리로 돌아와야 한다.

36

'성령의 검'으로
유대교를 판결한다 2

「조선일보, 동아일보」 2022년 2월 18일 금요일

스마트폰으로 QR 코드를 스캔 하시면
[이제 온 천하는 잠잠하라] 전문을 다운로드 받을 수 있습니다.

하나님의 명령을 지키지 않은
'유대교인들'

¹아들들아 아비의 훈계를 들으며 명철을 얻기에 주의하라 ²내가 선한 도리를 너희에게 전하노니 내 법을 떠나지 말라 ³나도 내 아버지에게 아들이었었으며 내 어머니 보기에 유약한 외아들이었었노라 ⁴아버지가 내게 가르쳐 이르기를 내 말을 네 마음에 두라 내 명령을 지키라 그리하면 살리라
[잠4:1~4]

솔로몬은 이 말씀을 기록하고도 자신은 하나님의 명령이 무엇인지도 몰랐고, 지키지 않아서 죽었다. 육체가 살아 있을 때 살아 계신 하나님 아버지의 명령을 지키면 살리라는 말씀은 육체도 죽지 아니하고 산다는 뜻이다. 그러나 이 말을 하고도 솔로몬은 영원히 기회가 없고, 다시는 돌아오지 못할 곳으로 갔다. 이러한 솔로몬의 유언이 이제 땅에서 사실이 되는 때가 도래하였다. 바로 2022년 지금 이 세대다.

사람은 본래 하나님의 명령대로 살면 영원히 죽지 아니하는데, 사실 하나님의 명령을 창세 이래 다른 세대에게 말씀하신 적이 없으셨다. 이는 하나님 편에서 하시는 말씀이고, 구약시대에 유일하게 하나님을 믿는다는 유대교인들이나 지금 이 세대 오직 예수 말만 하는 기독교, 천주교인들이나 마찬가지로 하나님의 명령대로 산 사람들이 없었기에 다 죽은 것이며, 인류의 역사가 이를 증명하고 있다. 그래서 전 성경 기록 목적을 아는 것이 너무 중요하다[시102:18]. 성경은 전 우주적인 일곱째 날이자 여호와의 날, 인자의 날, 심판 날인 2022년 지금 이 세대를 위하여 기록하셨다.

시편 102:18
이 일이 장래 세대를 위하여 기록되리니 창조함을 받을 백성이 여호와를 찬송하리로다

> 하나님이 모든 것을 지으시되 때를 따라 아름답게 하셨고 또 사람에게 영원을 사모하는 마음을 주셨느니라 그러나 하나님의 하시는 일의 시종을 사람으로 측량할 수 없게 하셨도다 [전3:11]

사람은 누구나 '영원'에 대한 갈망이 있다. 이는 창조주 여호와 하나님께서 피조물인 인간에게 주신 본성이다. 그러나 사람으로는 창세 이래 그 누구도 '영원'에 대한 문제와 해답을 절대 알 수가 없다는 것을 알아야 한다. 이는 창조주 하나님만이 아시는 영역이

라는 뜻이다.

하나님의 약속은 단 한 번도 변한 적이 없으시다. 다만 사람에게 온전하게 이루어질 때를 정하시고, 이룰 사람도 하나님께서 보내셔서 온전히 이루시는 것이다. 때를 따라 사람을 사용하셔서 말씀하시되, 6일간(구약 4천 년 + 신약 2천 년 = 6천 년, 벧후3:8)은 각 시대마다 부분적으로 말씀하셨고, 여호와의 날, 인자의 날에 하나님께서 친히 가르치시되 누구를 사용하실지 창세기부터 요한계시록까지 전 성경에 미리 예언해 두셨으며, 반드시 기록된 명제와 일치하는 사람을 사용하셔서 하나님의 일을 행하게 하신다.

베드로후서 3:8
사랑하는 자들아 주께는 하루가 천 년 같고 천 년이 하루 같은 이 한 가지를 잊지말라

따라서 오직 하나님의 뜻에 따라 실상이 되는 것이므로 사람 차원에서는 절대 영원을 알 수가 없고, 하나님의 일을 측량할 수 없다. 하지만 피조물이 반드시 해야 할 바는 자신에게 주어진 자유의지로 하나님의 말씀에 순종하여 지키는 것이며, 하나님께서는 그 믿음을 보시고 약속하신 대로 반드시 이루시는 분이시다.

사람은 살아 있기에 하나님의 말씀을 보고 교회를 다니는데 왜 "그리하면 살리라"고 하셨을까? 창세 이래 모든 사람이 영원히 살고 싶은 소망, 행복하고 싶

은 소망, 성공하고 싶은 소망 등 모든 좋은 것은 다 잠4:1~4절 속에 감추어 두셨다. 육체도 죽지 아니하고 영원히 사는 것은 본래 하나님께서 당신이 만드신 피조물을 향한 하나님의 뜻이다. 곧 영생은 하나님의 명령[요12:50]이다. 하나님의 뜻을 이렇게 말씀하셨는데 유대교인들도, 지금 전 세계 성경을 사용하는 종교인들도 모두 안 믿은 것이다.

요한복음 12:50
나는 그의 명령이 영생인 줄 아노라 그러므로 나의 이르는 것은 내 아버지께서 내게 말씀하신 그대로 이르노라 하시니라

2922년 전에 솔로몬 왕을 사용하셔서 하신 약속이나, 3422년 전에 모세를 통하여 하신 말씀이나, 하나님의 아들 예수 그리스도를 사용하셔서 하신 말씀이나 핵심은 '영생'이며, 곧 영원히 죽지 아니하고 살라고 하신 것이 하나님의 뜻이다. 이를 어긴 것은 피조물인 인간이다. 그러나 이제는 하나님께서 정하신 때가 되어 진리의 성령이 실상으로 와서 하나님의 가르치심을 대언하기 시작한 2008년 6월 16일부터 창세 이래 처음으로 하나님의 명령을 지키기 시작했다.

"내 아들아 나의 법을 잊어버리지 말고 네 마음으로 나의 명령을 지키라"[잠3:1]고 하신 이대로 실상이 되려면 반드시 '새 언약의 말씀'[히8장]으로 귀신이 먼저 영원히 떠나야 한다. 절대 다른 세대에서 이 말씀이 실상이 될 수 없다. 성경은 아무나 사서 누구나 읽을 수는

히브리서 8:8
저희를 허물하여 일렀으되 주께서 가라사대 볼찌어다 날이 이르리니 내가 이스라엘 집과 유다 집으로 새 언약을 세우리라

있지만, 아버지의 명령이 아무나에게 실상이 되는 것이 아니라, 아들에게 명령하신 것이다.

'내 아들'은 예수 그리스도를 지칭하는 것이 아니고, 아브라함의 자손이라고 자긍하는 유대교인들도 아니다. "하나님의 영으로 인도함을 받는 아들들"[롬8:14]이며, "피조물의 고대하는 하나님의 아들들"[롬8:19]을 말씀하신 것이다. '하나님의 영'은 진리의 성령, 진리의 영, 하나님의 성령, 주의 신, 그의 신, 하나님이 영원히 거하시는 성전 된 사람, 하나님께서 장가드셔서 영원히 사시는 실상의 사람인 나에 대한 예언이며, 사실이 되었다. 이렇게 명확하게 말씀과 일치하여 하나님의 영으로 인도함을 받아야 '아들'이 되는 것이다.

호세아 2:19~20
19 내가 네게 장가들어 영원히 살되 의와 공변됨과 은총과 긍휼히 여김으로 네게 장가들며
20 진실함으로 네게 장가들리니 네가 여호와를 알리라

성령이 친히 우리 영으로 더불어 우리가 하나님의 자녀인 것을 증거하시나니 [롬8:16]

이 말씀은 사도 바울과 당시 사람들에게 실상이 되는 것이 아니라, 15년째 진리의 성령인 나를 사용하셔서 하나님께서 친히 하나님의 자녀가 누군지 증거하고 계신다. 이처럼 기록된 말씀이 실상이 안 되는 자들은 입으로 아무리 하나님을 불러도 하나님 나라와 하나님과 아무 관계가 없으며, 이런 자들을 먼지,

마태복음 7:21
나더러 주여 주여 하는 자마다 천국에 다 들어갈 것이 아니요 다만 하늘에 계신 내 아버지의 뜻대로 행하는 자라야 들어가리라

티끌, 안개, 풀, 구더기, 지렁이, 나무, 지푸라기 등등
에 비유하신 것이다.

새 언약으로 창조된 '다시 택한' 이스라엘과 예루살렘

여호와께서 야곱을 긍휼히 여기시며 이스라엘을 다시 택하
여 자기 고토에 두시리니 나그네 된 자가 야곱 족속에게 가
입되어 그들과 연합할 것이며 [사14:1]

여호와께서 장차 유다를 취하여 거룩한 땅에서 자기 소유
를 삼으시고 다시 예루살렘을 택하시리니 [슥2:12]

구약의 이스라엘이 하나님께서 새 언약을 하시는 이스라엘
이 아니란 사실을 이미 예언해 두셨다. 아브라함의 약속
은 전 우주적인 일곱째 날인 지금 이 세대에 이방 나
라에서 '다시 택하신 이스라엘'[사14:1]과 '새 예루살렘'[슥
2:12]을 통해 이루신다. 또한 '거룩한 땅, 자기 고토'
가 황금돔이 있는 중동의 예루살렘이 아니다. 다시
택하신 이스라엘, 곧 히브리서 8장의 전대미문의 새 언약
을 받고 전 성경에 감추어 두신 하나님의 명령, 계명,
율례, 법도를 지켜 실행하되 '영생'과 '하나님의 나라'
에 들어가는 길을 예수 그리스도께서 마19:16~30절,

눅18:18~30절, 막10:17~31절에 말씀하신 대로 지켜 실행한 나와 은혜로교회 성도들이 다시 택한 이스라엘이자 유다 집이다. 그래서 "성령으로 나를 데리고 크고 높은 산으로 올라가 하나님께로부터 하늘에서 내려오는 거룩한 성 예루살렘을 보이니"[계21:10]라고 하신 말씀이 실상이 되어 독수리의 두 날개인 비행기를 타고 하나님께서 유업으로 주신 거룩한 땅, 고토에 가 있는 은혜로교회 성도들이 바로 하늘에서 내려온 새 예루살렘, 다시 택한 예루살렘이 된다. 그래서 지금 모두 새 언약의 말씀으로 돌아오면 된다.

> [8]저희를 허물하여 일렀으되 주께서 가라사대 볼찌어다 날이 이르리니 내가 이스라엘 집과 유다 집으로 새 언약을 세우리라 [9]또 주께서 가라사대 내가 저희 열조들의 손을 잡고 애굽 땅에서 인도하여 내던 날에 저희와 세운 언약과 같지 아니하도다 저희는 내 언약 안에 머물러 있지 아니하므로 내가 저희를 돌아보지 아니하였노라 [히8:8~9]

자신들만 하나님을 알던 때의 유대교인들은 그때 이미 하나님과의 언약을 저버렸으며, 하나님께서 저들을 돌아보시지 아니한다고 하셨다. 곧 저 황금돔이 있는 이스라엘이 새 언약을 세우는 이스라엘 집도, 유다 집도 아니라는 뜻이다[히8:8~9]. 이런 진리를 모르는 어리석은 기독교인들이 '백 투 예루살렘'을 외치고 있다.

이처럼 실상이 아닌 사람들이 성경을 보면 전부 자의적으로, 자기 마음대로 해석해 버린다. 상상해서 말이다. 단 한 절도 알지 못하면서 함부로 사용하면 죄를 짓게 만드는 것이 성경이다. 영적인 잠에서 깨지 아니하면 절대 성경에 기록된 말씀의 뜻을 한 절도 알 수 없다는 것을 인정해야 한다.

갈라디아서 3:22~23
22 그러나 성경이 모든 것을 죄 아래 가두었으니 이는 예수 그리스도를 믿음으로 말미암은 약속을 믿는 자들에게 주려 함이니라
23 믿음이 오기 전에 우리가 율법 아래 매인 바 되고 계시될 믿음의 때까지 갇혔느니라

> 아브라함이나 그 후손에게 세상의 후사가 되리라고 하신 언약은 율법으로 말미암은 것이 아니요 오직 믿음의 의로 말미암은 것이니라 [롬4:13]

'오직 믿음의 의'로 말미암았다고 하신 '믿음'은 진리의 성령의 또 다른 표현으로, 진리의 성령이 실상으로 와서 의에 대해서 대언하므로 하나님의 아들들이 실상이 된다는 뜻이다. 창세기 17장에 아브라함에게 하신 언약은 아브라함 당시가 아니라 21세기 지금 이때 사실이 되는 것이 하나님의 뜻이다.

> 4내가 너와 내 언약을 세우니 너는 열국의 아비가 될찌라 5이제 후로는 네 이름을 아브람이라 하지 아니하고 아브라함이라 하리니 이는 내가 너로 열국의 아비가 되게 함이니

라 ⁶내가 너로 심히 번성케 하리니 나라들이 네게로 좇아 일어나며 열왕이 네게로 좇아 나리라 ⁷내가 내 언약을 나와 너와 네 대대 후손의 사이에 세워서 영원한 언약을 삼고 너와 네 후손의 하나님이 되리라 ⁸내가 너와 네 후손에게 너의 우거하는 이 땅 곧 가나안 일경으로 주어 영원한 기업이 되게 하고 나는 그들의 하나님이 되리라 [창17:4~8]

창17:1~8절은 하나님께서 조상 아브라함에게 하신 약속으로 창세 이래 단 한 세대도 이 언약이 땅에서 사실이 되어 이루어지지 않았다. 아브라함은 열국, 곧 세상 모든 나라의 아비가 될 것이라고 하셨는데 왜 아직 이 말씀이 이루어지지 않았을까? 이미 이 언약 속에 언약이 이루어지는 '때'에 대한 비밀을 감추어 두셨던 것이다. 구약시대는 세계 모든 나라 중에 저 이스라엘 나라만 하나님을 섬겼으니 열국의 아비가 될 수 없다. 예수 그리스도께서 이 땅에 오셨을 때도 마찬가지다. 온 세계 구석구석까지 예수 그리스도 이름이 퍼져서 모르는 사람이 없을 때[히8:11]가 되어야 비로소 '영원한 언약'이 실상이 된다.

히브리서 8:11
또 각각 자기 나라 사람과 각각 자기 형제를 가르쳐 이르기를 주를 알라 하지 아니할 것은 저희가 작은 자로부터 큰 자까지 다 나를 앎이니라

아브라함 당시 땅에 사람들이 많았어도 하나님께서 오직 아브라함에게 언약을 하셨다. 아브라함의 본처(사라), 종(하갈), 후처(그두라)에게서 여덟 아들이 태

어났어도 하나님께서는 본처 사라가 낳은 자식 '이삭'만이 아브라함의 후사, 곧 영원한 언약을 하시는 '언약의 후손'이라고 하셨다. 따라서 전 세계 성경을 사용하는 모든 종교인들 중에 아무나, 혹은 유대교인들이라고 해서 아브라함의 후사가 아니라는 뜻이다. 약속의 자식이라면 반드시 하나님께서 친히 하신 언약을 알게 하시고, 이루어지게 하신다는 뜻이다.

'영원한 언약'은 아브라함과 본처 사라에게서 난 이삭, 야곱, 곧 이스라엘, 다윗에게 이어졌지만, 그때 당시 그들에게 이루어진 것이 아니었다. 영원한 언약은 하나님의 아들 예수 그리스도로 이어졌으며, 그 증거가 예수 그리스도께서 이 땅에 오셨을 때를 기점으로 창세 이래 모든 역사를 다 무효하고 1년 1월 1일로 다시 시작하신 것이다. 세상이 인정하든 안 하든 온 땅의 역사를 주관하시는 분은 창조주 하나님이시라는 명백한 증거가 전 세계 모든 나라가 2022년을 사용한다는 것이다. 그럼에도 유대교인들은 하나님의 아들 예수 그리스도를 지금도 인정하지 않고 있다.

'날이 기울고 그림자가 갈 때' 아브라함에게 하신 영원한 언약이 사실이 된다

하나님의 창조 계획이 이루어지는 때를 두고 각 시대마다 하나님께서 사용하시는 사람을 통해 말씀하셨고, 기록하시되 여러 부분, 여러 모양으로 예언해 두셨다[히1:1]. 솔로몬을 사용하셔서 하나님께서 사랑하시는 여자, 문자 그대로 하면 술람미 여자이지만, 하나뿐인 완전한 자, 하나님께서 장가드셔서 영원한 언약의 자식들을 낳을 여자가 나타날 때에 대해 다음과 같이 말씀하셨다.

히브리서 1:1
옛적에 선지자들로 여러 부분과 여러 모양으로 우리 조상들에게 말씀하신 하나님이

> 나의 사랑하는 자야 날이 기울고 그림자가 갈 때에 돌아와서 베데르 산에서의 노루와 어린 사슴 같아여라 [아2:17]

"날이 기울고"라는 말씀은 그림자가 일할 시기가 다 끝날 때란 뜻이다. 다시 말하면 '그림자'란 실상이 아니라는 뜻이다. 요약해서 큰 틀로 말하면 6일간은 그림자에 해당하는 사람들이 일하는 시기였고, 전 성경에 기록된 사람들, 성경을 기록한 저자들도 모두 '그림자'에 해당한다는 뜻이다. 따라서 "그림자가 갈 때에 돌아와서"라는 말씀은 하나님께서 사랑하시는 자는 그림자가 아니라는 뜻이 감추어져 있으며, 그림자

가 갈 때인 6일이 끝나는 여호와의 날, 인자의 날인 지금 이 세대가 되어야 영원한 언약을 받는 실상의 주인공들, 오는 세상의 의인들, 하나님의 후사가 누구라는 것을 알게 된다는 뜻이다.

> ⁸청컨대 너는 옛 시대 사람에게 물으며 열조의 터득한 일을 배울찌어다 ⁹(우리는 어제부터 있었을 뿐이라 지식이 망매하니 세상에 있는 날이 그림자와 같으니라) [욥8:8~9]

하나님께서 인생들에게 주신 한 몫의 삶은 땅에서 사는 날이 그림자와 같다고 하신 이대로 사실이었다. 하나님께 영원한 언약을 받은 아브라함도, 사라도, 약속의 아들 이삭도, 택한 자인 야곱도, 다시 영원한 언약을 받은 다윗도, 다윗의 자손으로 이 땅에 오신 예수 그리스도까지도 다 세상에 있는 날은 '그림자'에 해당했다.

진실로 온 땅에 살았던 창세 이래 모든 사람들이 다 그림자에 해당하였으며, 2022년 오늘 이 시간에도 수많은 사람들이 병들어서, 각종 사건, 사고로 죽고 있다. 하나님께서 그 사람에게 허락하신 한 몫의 삶이 끝나서 죽는 것이다. 이 한 가지 사실만 알아도 허무하고 헛되고 헛된 것이 하나님의 도를 모르는 인

생인 줄 알게 된다. 그러나 하나님께서 이 세상을 창
조하신 목적과 하나님의 행하시는 일을 알지 못하였
기에 온 세상에 이처럼 많은 종교가 만들어진 것이
고, 사람 차원에서 해답을 찾기 위해 종교에 의지하
게 된 것이다.

그러나 그림자로 한 몫의 삶을 살다가 죄가 목에
차서 육체는 죽고, 자신이 간 곳이 영원히 살아야 할
지옥 불구덩이인 줄 알면 어떻게 될까? 이런 '그림
자가 일하는 때'가 끝나는 시기가 우리가 살고 있는
2022년 지금 이 세대다. 그 징조가 하나님의 영인 진
리의 성령과 하나님의 권속인 아들들, 백성들인 다
시 택한 이스라엘이 실상이 된 것이다.

¹여인에게서 난 사람은 사는 날이 적고 괴로움이 가득하며
²그 발생함이 꽃과 같아서 쇠하여지고 그림자같이 신속하
여서 머물지 아니하거늘 [욥14:1~2]

전 인류 역사의 모든 사람들은 다 여인에게서 난
사람들이다. 하나님의 아들도 마찬가지다. 따라서 이
말씀은 가장 먼저 예수 그리스도에 대한 예언이며,
실제 땅에서 사는 날이 적었고, 예수 이름 사용하는
모든 사람들도 땅에서 사는 날이 다 적었다. 여인에

게서 난 모든 인간들은 100년, 150년도 못 사는 짧은 삶을 그림자같이 살다가 영원을 결판내고 죽는다는 것을 뜻하신 것이다. 그러나 하나님께서 본래 사람을 이렇게 살다 죽으라고 만드신 것이 아니다. 보이는 땅도 하나님께서 영원히 있게 하시는데 하물며 만물의 영장인 사람을 이렇게 허무하게 죽도록 창조하셨을까? 절대 아니다.

> ³이와 같은 자를 주께서 눈을 들어 살피시나이까 나를 주의 앞으로 이끌어서 심문하시나이까 ⁴누가 깨끗한 것을 더러운 것 가운데서 낼 수 있으리이까 하나도 없나이다 [욥 14:3~4]

이 말씀 속에 이미 예수 이름으로 아무도 거듭날 수 없다는 것을 3422년 전에 예언해 두셨던 것이다. 깨끗한 것을 더러운 가운데서 낼 수 없음을 증명한 분은 예수 그리스도시다. 하나님께서 보내시마 약속하신 아들이라 모든 사람들하고는 다르게 십자가를 지셔야 했던 혈육에 속한 자신은 "내 아버지여 만일 할 만하시거든 이 잔을 내게서 지나가게 하옵소서"[마26:39] 라고 기도했지만 결국 말씀에 순종하여 십자가를 지셨고, 미리 언약하신 그대로 삼 일 만에 영원히 죽지 아니하는 신령한 몸으로 부활하셨다.

그러나 지금 이 세대까지 오직 예수님 자신만 육체가 부활하셨을 뿐, 아무도 온전히 육체가 살아서 깨끗해진 자, 진실로 하나님의 명령을 받고 지켜 실행하는 자가 없었던 것이다. 또한 하나님의 아들일지라도 여호와의 날, 인자의 날인 이때, 이 땅에서 하나님께서 영원히 거하시는 성전이 되지 못하셨던 것이다. 그래서 2022년 지금 이 시간까지도 "오직 예수"라고 하는 자들에게 불가불 왕 노릇 하고 계신다[고전 15:25].

고린도전서 15:25
저가 모든 원수를 그 발아래 둘 때까지 불가불 왕 노릇 하시리니

그래서 하나님께서는 여인에게서 난 사람들의 증거는 취하시지 아니하시고, 영광을 받지도 않으시는 것이다[요5:34, 41]. 이 한 가지 사실만 깨달아도 유대교인들은 자신들이 구약성경에 예언되어 있는 말씀을 한 절도 모른다는 것을 인정해야 하고, 모르기 때문에 하나님을 믿지 않았다는 사실을 인정해야 한다. 그래서 귀신이 주인인 자, 그림자에 해당하는 자들이 절대 알 수 없는 것이 '천국의 비밀'이다.

요한복음 5:34, 41
34 그러나 나는 사람에게서 증거를 취하지 아니하노라 다만 이 말을 하는 것은 너희로 구원을 얻게 하려 함이니라
41 나는 사람에게 영광을 취하지 아니하노라

¹⁹내가 네게 장가들어 영원히 살되 의와 공변됨과 은총과 긍휼히 여김으로 네게 장가들며 ²⁰진실함으로 네게 장가들리니 네가 여호와를 알리라 [호2:19~20]

그래서 창세 이래 하나님에게서 난 자는 호2:19~20절의 '여자'가 처음이다. 이를 두고 아가서에서 "나의 비둘기, 나의 완전한 자는 하나뿐이로구나"[아6:9]라고 하셨고, 예수 그리스도를 통해서는 "내가 아버지께 구하겠으니 그가 또 다른 보혜사를 너희에게 주사 영원토록 너희와 함께 있게 하시리니 저는 진리의 영이라 세상은 능히 저를 받지 못하나니 이는 저를 보지도 못하고 알지도 못함이라 그러나 너희는 저를 아나니 저는 너희와 함께 거하심이요 또 너희 속에 계시겠음이라"[요14:16~17]라고 하신 말씀대로 진리의 성령은 이미 '영생'을 받기로 정해진 사람으로 이 땅에 왔다.

그래서 그림자에 속했던 아브라함, 사라, 이삭, 야곱, 다윗, 심지어 예수 그리스도께서도 진리의 성령을 사용하셔서 대언하게 하시는 '전대미문의 새 언약의 중보'[히9:15]로 오셨던 것이다. 아브라함에게 하신 영원한 언약이 실상이 되는 때가 '날이 저물고 그림자가 갈 때'이다. 첫 사람 아담부터 하나님의 아들 예수 그리스도에 이어 2022년 오늘에 이르기까지 성경을 사용하는 모든 사람들이 하나님께서 정하신 '때'를 몰랐기에 일생 헛된 일만 하다가 죽었다는 사실을 누가 인정하며, 누가 믿을까마는 이는 명백한 사실이다.

'그림자'에 해당하는 기간에는 절대 하나님의 뜻을 알 수 없도록 성경이 모든 것을 죄 아래 가두어 두었던 것이다[갈3:22~23]. 그래서 "바다(악인)의 한계(제한)를 정하여 물로 명령을 거스리지 못하게 하시며"[잠8:29]라고 하셨으며, 악인들이 이 세상을 지배하고 다스리는 6일간에는 하나님께서 택한 자녀들에게도 하나님의 명령, 곧 하나님의 도를 알게 하시지 않으셨다. 유대 교인들뿐만 아니라 전 세계 성경을 사용하는 모든 종교인들은 반드시 이 사실을 알아야 한다. 그래서 '때'를 아는 것이 너무 중요하다.

갈라디아서 3:22~23
22 그러나 성경이 모든 것을 죄 아래 가두었으니 이는 예수 그리스도를 믿음으로 말미암은 약속을 믿는 자들에게 주려 함이니라
23 믿음이 오기 전에 우리가 율법 아래 매인 바 되고 계시될 믿음의 때까지 갇혔느니라

> 그날에는 내가 저희를 위하여 들짐승과 공중의 새와 땅의 곤충으로 더불어 언약을 세우며 또 이 땅에서 활과 칼을 꺾어 전쟁을 없이 하고 저희로 평안히 눕게 하리라 [호2:18]

'그날'이 바로 지금 이때이며, 성경 속에 감추어 두신 하나님 나라의 비밀을 알지 못하고 하나님과 상관이 없는 들짐승, 공중의 새, 땅의 곤충에 해당하는 사람들에게 15년째 영원한 언약을 세우고 있다. 이때 사용되는 사람이 바로 하나님께서 장가드셔서 영원히 사는 성전 된 자인 진리의 성령인 '나'[호2:19~20]다. 이때가 되기 전까지 아브라함에게 하신 영원한 언약이 실상이 되지 못했다. 모두 그림자에 해당하여

육체가 죽은 것이다. 그러나 이제 하나님께서 정하신 때가 되었으니 반드시 히브리서 8장의 새 언약으로 돌이켜야 한다. 이는 신은 오직 여호와 하나님 한 분뿐이시라는 진리를 모든 입으로 시인하게 하시기 위한 하나님의 완전한 지혜였다.

코로나19는 시작일 뿐이다. 온 땅에 재앙이 내리기 전에 모두 새 언약의 말씀으로 지금 돌아서야 한다.

'성령의 검'으로
유대교를 판결한다 3

37

「조선일보, 동아일보」 2022년 2월 25일 금요일

스마트폰으로 QR 코드를 스캔 하시면
[이제 온 천하는 잠잠하라] 전문을 다운로드 받을 수 있습니다.

광야에서 범죄한 이스라엘을 물은
'불뱀'의 비밀

^{8}여호와께서 모세에게 이르시되 불뱀을 만들어 장대 위에 달라 물린 자마다 그것을 보면 살리라 ^{9}모세가 놋뱀을 만들어 장대 위에 다니 뱀에게 물린 자마다 놋뱀을 쳐다본즉 살더라 [민21:8~9]

하나님께서 모세를 통해 이스라엘 사람들을 출애굽 하게 하셨지만 그들은 오히려 "어찌하여 애굽에서 인도하여 올려서 이 광야에서 죽게 하느냐"고 원망, 불평하였다. 식물도 없고, 물도 없다고 불평하는 이스라엘에게 하나님께서 불뱀을 보내 물게 하셨고, 죽은 자가 많았다. 이에 모세가 백성을 대신해 기도하자 여호와 하나님께서 "불뱀을 장대 위에 달아 뱀에게 물린 자마다 쳐다 보면 살리라"고 하셨다. 이 사건을 예수 그리스도께서도 인용하셨다. "모세가 광야에서 뱀을 든 것

같이 인자도 들려야 하리니 이는 저를 믿는 자마다 영생을 얻게 하려 하심이니라[요3:14~15]고 하셨다.

하나님께서 모세에게 불뱀을 만들라고 하셨는데 모세는 놋뱀을 만들어서 장대에 달았다. 그렇다면 왜 하필 '뱀'에 인자이신 예수를 비유하셨는지 '뱀'의 실상부터 알아야 한다. 사람이 본능적으로 아는 뱀을 말씀하시는 것이 아니고, 비유로 말씀하신 것이기에 성경을 성경으로 해석해서 해답을 찾아야 한다.

고린도전서 2:13~14
13 우리가 이것을 말하거니와 사람의 지혜의 가르친 말로 아니하고 오직 성령의 가르치신 것으로 하니 신령한 일은 신령한 것으로 분별하느니라
14 육에 속한 사람은 하나님의 성령의 일을 받지 아니하나니 저희에게는 미련하게 보임이요 또 깨닫지도 못하나니 이런 일은 영적으로라야 분변함이니라

모세에게 불뱀을 만들라고 하신 것은 하나님께서 당신을 두고 "내 말이 불 같지 아니하냐"[렘23:29]고 하셨고, 하나님께서 백성 앞에 현현하실 때 "불이 붙어"라고 하셨으며[신4:11], 신약에서는 "너희의 이른 곳은 만질만한 불 붙는 산과 흑운과 흑암과 폭풍과"[히12:18]라고 하시고, "하나님은 소멸하는 불이심이니라"[히12:29]고 하셨다. 또한 '불'을 다른 말로 표현하신 것이 "그 안에 생명이 있었으니 이 생명은 사람들의 빛이라 빛이 어두움에 비취되 어두움이 깨닫지 못하더라… 참 빛 곧 세상에 와서 각 사람에게 비취는 빛이 있었나니 그가 세상에 계셨으며 세상은 그로 말미암아 지은 바 되었으되 세상이 그를 알지 못하였고"[요1:4~5, 9~10]라고 하신 말씀이다.

'불, 빛, 참 빛'이라고 하신 것은 하나님께서 성경에 기록해 두시고 언약하신 대로 하나님의 아들을 이 땅에 보내실 것을 감추시고 하셨던 말씀이었다. 이렇게 구약성경에 미리 예언하신 그대로 이 땅에 오셨어도 당시 유대교인들은 하나님의 아들 예수를 알아보지 못했다.

히브리서 1:1
옛적에 선지자들로 여러 부분과 여러 모양으로 우리 조상들에게 말씀하신 하나님이

요한복음 6:70
예수께서 대답하시되 내가 너희 열둘을 택하지 아니하였느냐 그러나 너희 중에 한 사람은 마귀니라 하시니

마태복음 16:23
예수께서 돌이키시며 베드로에게 이르시되 사단아 내 뒤로 물러 가라 너는 나를 넘어지게 하는 자로다 네가 하나님의 일을 생각지 아니하고 도리어 사람의 일을 생각하는도다 하시고

그런데 왜 뱀이라고 하셨을까? 뱀을 다른 말로 '용, 사단, 마귀'라고 여러 부분, 여러 모양으로 말씀하셨고, 이는 상상이 아니라 실상의 사람을 비유하신 것이다. 곧 예수 그리스도의 가르침을 받고 있던 제자 중에 가룟 유다를 "마귀"라고 하셨고, 베드로에게 "사단아 내 뒤로 물러가라"고 하셨다. 전부 사람을 비유로 말씀하신 것이다.

예수 그리스도를 이 땅에 보내신 목적 중에 하나가 바로 "자녀들은 혈육에 함께 속하였으매 그도 또한 한 모양으로 혈육에 함께 속하심은 사망으로 말미암아 사망의 세력을 잡은 자 곧 마귀를 없이 하시며"[히2:14]라고 하신 말씀이다. 뱀, 곧 용, 사단, 마귀가 누군지, 어디에 있으며, 무슨 일을 하는지 그 정체를 우리로 알게 하고, 이들을 없이 하시기 위한 하나님의 완전한 지혜와 모략이었다.

³³뱀들아 독사의 새끼들아 너희가 어떻게 지옥의 판결을 피하겠느냐 ³⁴그러므로 내가 너희에게 선지자들과 지혜 있는 자들과 서기관들을 보내매 너희가 그 중에서 더러는 죽이고 십자가에 못 박고 그 중에 더러는 너희 회당에서 채찍질하고 이 동네에서 저 동네로 구박하리라 [마23:33~34]

다시 말하면, 혀로 "하나님, 예수님" 하는 자들 중에 '용, 사단, 마귀, 옛 뱀'이 있다는 것을 감추어 두셨던 것이다. 사람들은 2022년 지금 이때까지 '용, 사단, 마귀, 옛 뱀'을 상상했고, 이를 진리대로 아는 자들이 없었다. 구약 당시도 마찬가지였다. 사람을 뱀, 독사에 비유하신 것은 하나님의 말씀을 혀로 말만 하여 자신의 이익을 위한 수단으로 삼는 하나님의 원수들이기 때문이다. 그래서 예수 그리스도께서 오셔서 기득권 세력이 되어 있는 유대인들이 바로 '뱀, 독사'라는 사실을 밝히신 것이다[마23:31~34].

이것은 예수 그리스도께서 창세기 3장에 기록된 "뱀"의 정체를 직설적으로 밝히신 것으로 그후 2천여 년이 다 되도록 성경을 사용하는 종교 지도자들이 뱀이요 사단, 마귀, 용이라는 사실은 땅에 사는 그 누구도 몰랐던 비밀이었다. 기록된 성경을 가지고도 눈이 있으나 보지 못하고, 귀가 있으나 하나님의 뜻을 듣지도 못했던 영적인 소경, 귀머거리, 벙어리이기 때문에 "소경이 누구냐 내 종이 아니냐"[사42:19]라고 하셨던 것이다. 이들이 바로 거룩한 말씀을 선포해야 할 강단에 서 있는 지도자들인 유대교 랍비들, 이슬람교 지도자들, 천주교 신부들, 기독교 목사들이며, 에덴동산, 곧 하나님께서 만드신 땅에서 하나님의 자녀들을 미혹하여 영적으로 범죄하게 만들고, 헛되고 헛된 삶을 살다가 육체가 죽으면 그 혼은 영원히 꺼지지 않는 지옥 불에서 영벌을 받게 하는 원수요, 대적인 줄 누가 알았는가?

하나님께서 인간의 본분에 대해 "하나님을 경외하고 그 명령을 지킬찌어다 이것이 사람의 본분이니라"[전12:13]고 이미 판결해 두셨지만 아무도 이 말씀을 지키지 않았다. 그러면서 지도자가 되어 높은 자리에 앉아서 혀로 말만 하고 섬김받으며 부자가 되어 있는 바리새인, 서기관, 대제사장들에게 예수님께서 "뱀들아 독사의 새끼들아 너희가 어떻게 지옥의 판결을 피하겠느냐"[마23:33]고 책망하니까 미워하고 시기, 질투하여 세상 법에 고소하였으며, 사형 판결을 받아 죽게 만든 것이다. 이들이 바로 창세기 3장의 '말하는 뱀'의 정체이자, '용, 사단, 마귀, 옛 뱀'의 실상이다.

6일간 '뱀들'에게 내려진
하나님의 심판

¹⁷아담에게 이르시되 네가 네 아내의 말을 듣고 내가 너더러 먹지 말라한 나무 실과를 먹었은즉 땅은 너로 인하여 저주를 받고 너는 종신토록 수고하여야 그 소산을 먹으리라 ¹⁸땅이 네게 가시덤불과 엉겅퀴를 낼 것이라 너의 먹을 것은 밭의 채소인즉 ¹⁹네가 얼굴에 땀이 흘러야 식물을 먹고 필경은 흙으로 돌아가리니 그 속에서 네가 취함을 입었음이라 너는 흙이니 흙으로 돌아갈 것이니라 하시니라 [창 3:17~19]

창세기 3장에 기록된 아담, 하와를 미혹하여 하나님의 계명을 어기게 만든 원수가 뱀이었고, 그 뱀에 의해 미혹된 아담이 받은 심판이 위의 말씀이다. 이 판결은 결국 육체를 입고 이 땅에 왔던 하나님의 아들에 대한 비밀이 감추어져 있었다. 이 아담을 두고 신약에서는 "첫 사람 아담은 산 영이 되었다 함과 같이"[고전 15:45]라고 하셨던 것이다. 곧 혈육에 함께 속하였던 예수는 하나님의 아들이시니까 원수들에 의해 죽임을 당해도 미리 약속하신 대로 영원히 죽지 아니하는 신령한 몸으로 다시 부활하신 것을 두고 '산 영'이라고 하셨던 것이다.

그러나 이미 아담은 하와로 인하여 하나님의 계명을 어길 것과, 그로 인하여 종신토록 수고하나 아무 열매가 없이 흙으로 돌아갈 것이라고 심판받을 것을 예언하신 것이다. 곧 땅에 속한 자는 뱀에게 미혹을 받아 예수 이름 사용하나 저주를 받은 자들이란 사실이 2천 년간 지속될 것도 이때 이미 예언해 두셨는데 그 비밀을 몰랐을 뿐이다.

예수님 당시 유대교인들도 땅에 속한 자들이라 이 말씀의 뜻을 알지 못했고, 자신들이 하는 언행이 '뱀'에 해당한다는 사실을 몰랐으며, 2022년 지금 이 시간까지 전 세계 유대교인들은 하나님의 아들 예수 그리스도를 모르고 인정하지 않는 원수요 대적자들이 된 것이다. 결국 이들 유대교인들이 하나님의 말씀을 믿지 않는 '옛 뱀, 독사, 용, 사단, 마귀'들이었다. 그래서 원수가 자기 집안 사람이라고 하신 것이다[미7:6].

¹⁴여호와 하나님이 뱀에게 이르시되 네가 이렇게 하였으니 네가 모든 육축과 들의 모든 짐승보다 더욱 저주를 받아 배로 다니고 종신토록 흙을 먹을지니라 ¹⁵내가 너로 여자와 원수가 되게하고 너의 후손도 여자의 후손과 원수가 되게 하리니 여자의 후손은 네 머리를 상하게 할 것이요 너는 그의 발꿈치를 상하게 할 것이니라 하시고 [창3:14~15]

이 말씀은 전 세계 유대교인들에 대한 하나님의 판결이며, 이대로 실상이 되었다. "종신토록 흙을 먹을지니라"고 하신 판결대로 이제까지 유대교인들은 모두 다 흙으로 돌아갔고, 지금도 그대로 있으면 흙으로 돌아간다.

> ¹이스라엘 자손들아 여호와께서 너희를 쳐서 이르시는 이 말씀을 들으라 애굽 땅에서 인도하여 올리신 온 족속을 쳐서 이르시기를 ²내가 땅의 모든 족속 중에 너희만 알았나니 그러므로 내가 너희 모든 죄악을 너희에게 보응하리라 하셨나니 [암3:1~2]

하나님께서 온 세상 중에 그들만 택하셔서 하나님의 선민이라 하셨고, 언약을 주셨지만, 그 언약을 어긴 자들은 이스라엘, 곧 유대교인들이었다[암3:1~2]. 문제는 이 사실을 전 세계 유대교인들이 인정하지 않을 뿐만 아니라 모른다는 것이다. 그들에겐 '돈'이 힘이요, 그들의 권력이다. 그래서 일만 악의 뿌리가 돈이라고 하셨던 것이다[딤전6:10]. 하나님께서 정하신 6일간 전 세계 부자들, 권력자들이 대부분 머리가 되어 이렇게 이어져 온 것이다.

그럼 유대교인들만 문제인가? 아니다. 하나님께서는 악인들에게 허락하신 기간인 '6일', 곧 구약 4천 년, 신

디모데전서 6:10
돈을 사랑함이 일만 악의 뿌리가 되나니 이것을 사모하는 자들이 미혹을 받아 믿음에서 떠나 많은 근심으로써 자기를 찔렀도다

베드로후서 3:8
사랑하는 자들아 주께는 하루가 천 년 같고 천 년이 하루 같은 이 한 가지를 잊지 말라

약 2천 년 동안 '뱀, 곧 용, 사단, 마귀들'이 온 세상을 다스리는 기간으로 정해 두셨다. 이 기간 동안에 전 세계 모든 종교들이 만들어졌으며, 특히 성경을 사용하는 유대교인들, 이슬람교인, 천주교인, 기독교인들도 다 죄 아래, 곧 용, 사단, 마귀, 옛 뱀 아래 있게 하셨던 것이다. 그래서 성경이 모든 것을 죄 아래 가두어 두었다고 하신 것이다[갈3:22~23].

갈라디아서 3:22~23
22 그러나 성경이 모든 것을 죄 아래 가두었으니 이는 예수 그리스도를 믿음으로 말미암은 약속을 믿는 자들에게 주려 함이니라
23 믿음이 오기 전에 우리가 율법 아래 매인 바 되고 계시될 믿음의 때까지 갇혔느니라

6일간 지옥 불의 소리를 하는 지도자, 광명의 천사로 가장하는 지도자를 두고 '뱀, 독사'라고 하셨고, 이들이 창세기 3장에서 하와를 미혹한 '말하는 뱀'이며, 이들은 "오직 예수" 하며 혀로 말만 하는 자들이다. 그래서 "네가 모든 육축과 들의 모든 짐승보다 더욱 저주를 받아 배로 다니고 종신토록 흙을 먹을지니라"[창3:14]고 판결하셨던 것이다.

다시 말하면 뱀은 '사람'을 뜻하고, 혀로는 "하나님, 예수님" 하나 원욕이 그대로인 채 성경을 가지고 성경 속에 감추인 하나님의 나라 비밀은 한 절도 모르고 사람의 소리로 변개시켜서 단어만 빼든지, 문자 그대로 한 절만 읽고 사람 소리로 설교를 하는 자들이다. 예수님께 한 조각 떡을 초에 찍어 받아먹은 '가롯 유다'가 바로 '뱀'에 해당하는 자이며, 조각을 받고 사

단이 들어가서 예수를 팔 생각을 하여 실제로 은 삼십을 받고 하나님의 아들을 팔아 마귀가 된 것이다.

'해를 입은 여자'와 그 후손들이 뱀의 머리를 밟는 전쟁은 이미 시작되었다

창3:14~15절에 뱀에 대한 판결대로 육체대로 예수를 안다고 하는 자들은 다 한 몫의 삶으로 '영원'을 결판내어 꺼지지 않는 지옥 불의 심판을 면하지 못하고 2022년 지금 이 시간까지 이어져 오고 있다. 그런데 하나님의 아들을 인정도 하지 않는 유대교인들에게 어떤 심판이 있겠는가?

"내가 너로 여자와 원수가 되게 하고 너의 후손도 여자의 후손과 원수가 되게 하리니"라고 하신 판결대로 뱀과 그 후손은 여자와 여자의 후손과 원수가 되어 있다. 2천 년간은 이 여자는 "때가 차매 하나님이 그 아들을 보내사 여자에게서 나게 하시고 율법 아래 나게 하신 것은"[갈4:4]이라고 하신 말씀대로 예수 그리스도를 낳은 마리아와 세례를 받은 교회를 뜻하나, 전 우주적인 일곱째 날인 지금 이 세대는 '전대미문의 새 언약'[히8장]을 선포하며, 하나님의 아들들을 해산하는 여자[요16:21]인

히브리서 8:8
저희를 허물하여 일렀으되 주께서 가라사대 볼찌어다 날이 이르리니 내가 이스라엘 집과 유다 집으로 새 언약을 세우리라

요한복음 16:21
여자가 해산하게 되면 그 때가 이르렀으므로 근심하나 아이를 낳으면 세상에 사람 난 기쁨을 인하여 그 고통을 다시 기억지 아니하느니라

나에 대한 예언이다. "여자가 해산하게 되면 그때가 이르렀으므로 근심하나 아이를 낳으면 세상에 사람 난 기쁨을 인하여 그 고통을 다시 기억지 아니하느니라"[요16:21]고 하신 '여자', 하나님의 자녀들을 온전히 해산하는 '또 다른 보혜사 진리의 성령'을 뜻한다.

요한복음 14:16
내가 아버지께 구하겠으니 그가 또 다른 보혜사를 너희에게 주사 영원토록 너희와 함께 있게 하시리니

뱀과 전쟁하는 이 '여자'가 "해를 입은 여자"[계12:1]인 '나'라는 명백한 증거는 하나님께서 그들에게 허락하신 6일간은 뱀의 정체가 밝히 드러나지 않았고, 뱀에게 판결하신 그대로 땅에서 온전하게 성취되지 않았다는 것을 이제 하나님께서 정하신 때가 되어 불 뱀과 뱀들의 정체를 만천하에 드러내고 있는 이 일이다. 그러나 뱀과 뱀의 후손과 원수가 되어 있는 여자와 그 후손들도 6일간은 모두 죄 아래 가두어져 있었다. 그래서 하나님께 택하심을 입은 사람들일지라도 6일간은 뱀과 뱀의 자손들에 의해 순교를 당했던 것이다. 그러나 이제 여자와 여자의 후손들과 옛 뱀, 곧 용, 사단, 마귀의 세력들과의 영적인 전쟁은 이미 시작되었다. 이 싸움은 하나님께서 친히 하시는 싸움이다.

[1]또 내가 보니 보라 어린 양이 시온 산에 섰고 그와 함께 십사만 사천이 섰는데 그 이마에 어린 양의 이름과 그 아버지

의 이름을 쓴 것이 있도다… ³저희가 보좌와 네 생물과 장로
들 앞에서 새 노래를 부르니 땅에서 구속함을 얻은 십사만
사천 인밖에는 능히 이 노래를 배울 자가 없더라 ⁴이 사람
들은 여자로 더불어 더럽히지 아니하고 정절이 있는 자라
어린 양이 어디로 인도하든지 따라가는 자며 사람 가운데
서 구속을 받아 처음 익은 열매로 하나님과 어린 양에게 속
한 자들이니 ⁵그 입에 거짓말이 없고 흠이 없는 자들이더라
[계14:1~5]

계14장의 여자와 함께 하는 자들은 진리의 성령과
함께 전대미문의 새 언약, 곧 새 노래를 배운 자들을
뜻한다. 낙토에서 이미 기초를 세우고 있고, 이 예언
대로 절대 남자 목사가 아니라, 반드시 외모로 '여자
목사'라야 한다. 새 언약[히8장]으로 온전히 하나님의
모든 명령을 지켜 실행하여 영혼이 정결케 되어 다시
창조된 사람들을 두고 "어린 양이 어디로 인도하든지 따
라가는 자"라고 하며, 이 예언이 실상이 되는 주인공
들은 절대 다른 세대가 아닌 여호와의 날, 인자의 날
인 지금 이 세대에 예수 그리스도를 진실로 믿어 계
명을 지켜 실행하는 자들인 진리의 성령인 나와 전
대미문의 새 언약으로 영원히 죄를 짓지 아니하고,
점도 흠도 없이 다시 창조된 성도들이 뱀과 그 후손
의 머리를 밟는 여자와 여자의 후손들이다. 이미 실

상이 된 지 15년째다.

> ¹⁶단은 이스라엘의 한 지파같이 그 백성을 심판하리로다 ¹⁷단은 길의 뱀이요 첩경의 독사리로다 말굽을 물어서 그 탄 자로 뒤로 떨어지게 하리로다 [창49:16~17]

그렇다면 뱀의 조상은 누구인가? 야곱의 열두 아들 중 라헬의 여종 빌하를 통해 낳은 다섯 번째 아들 '단'이다. '단'은 이름의 뜻이 '하나님이 심판하신다'이다. 단 지파의 시조로 전 성경에 뱀, 곧 사단, 마귀의 시조가 된 것이다.

요한계시록 7:5~8
5 유다 지파 중에 인 맞은 자가 일만 이천이요 르우벤 지파 중에 일만 이천이요 갓 지파 중에 일만 이천이요
6 아셀 지파 중에 일만 이천이요 납달리 지파 중에 일만 이천이요 므낫세 지파 중에 일만 이천이요
7 시므온 지파 중에 일만 이천이요 레위 지파 중에 일만 이천이요 잇사갈 지파 중에 일만 이천이요
8 스불론 지파 중에 일만 이천이요 요셉 지파 중에 일만 이천이요 베냐민 지파 중에 인 맞은 자가 일만 이천이라

단 지파는 하나님의 이름, 예수 이름 사용하나 하나님을 대적하는 자들이며, 뱀, 독사 사단, 마귀가 사람들이 상상하는 무형의 어떤 존재가 아니라, 모두 성경을 사용하여 혀로 "하나님, 예수님" 하는 '사람들'이라는 것을 증명하고 있다. 그래서 단 지파는 하나님께 인 맞은 십사만 사천 중에서 빠진 것이다[계7:5~8]. 이것은 이미 그들을 만세 전에 적그리스도, 원수, 대적자로 정해 두셨고, 택한 하나님의 자녀들의 대체육체로 정하셨기 때문이다.

단 지파의 후손들은 아들 예수를 죽였고, 지금 이 세대에는 진리의 성령, 곧 해를 입은 여자를 이단이

라 정죄하여 옥에 가두기까지 핍박하는 자들로, 절대 하나님 나라와 상관없는 자들이며, 하나님의 이름, 예수 이름 사용하여 혀로 말만 하는 말쟁이들이다. 그래서 뱀의 혀에서 나오는 설교를 지옥 불의 소리라고 하며, 이들의 정체를 이미 창세기에 감추어 두셨고 이제 때가 되어 밝히시는 것이다. 단 지파에 속하는 뱀, 사단, 마귀, 용들에 대한 참 선지자 하박국의 기도에 하나님께서 이렇게 말씀하신다.

> ⁶보라 내가 사납고 성급한 백성 곧 땅의 넓은 곳으로 다니며 자기의 소유 아닌 거할 곳들을 점령하는 갈대아 사람을 일으켰나니 ⁷그들은 두렵고 무서우며 심판과 위령이 자기로 말미암으며 [합1:6~7]

'위령'이란 '들어 올리다'라는 의미로 위엄이나 높임을 말한다. 곧 권세를 마구 휘두르고 만용을 부린다는 뜻이다. 진실로 이러했다. 단 지파의 후손들은 구약성경에 예언된 대로 오신 아들 예수도, 진리의 성령도 알지 못하고 대적하는 자들이다. 지금 이 세대에는 자신들이 이단이요 사이비들이며, 하나님의 원수요 적그리스도들이자, 대적자들이면서 반대로 하나님께서 친히 심판하시는 말씀을 대언하는 진리의 성령을 '이단'이라 정죄하고 결국 세상 법에 고소하여 감옥에까지 가둔 것이다.

이들이 저지른 범죄는 성령 훼방죄이기에 심판과 위령이 자기로 말미암았다고 한 것이다. 말씀이 하나님이시라는 진리를 절대 인정하지 않고, 하나님을 두려워하지 않는 자들이다. 심판과 위령은 사람에게 있는 것이 아니다. 창조주 하나님께서 가지신 위력이다.

그러나 이제 단 지파의 후손들인 뱀, 용, 사단, 마귀들이 일하는 세상은 끝이다. 그 어떤 힘으로도 여자와 그 후손들, 곧 해를 입은 여자와 그 군대들을 이길 수 없다. 하나님의 가르치심인 이 진리 앞에 굴복하지 아니하면 전 성경에 기록된 모든 재앙이 이 땅에 내릴 것이다. 예수님을 죽인 유대교인들의 조상 중에 단 지파, 곧 '뱀, 독사, 용, 사단, 마귀'가 나왔으며, 이들은 하나님 이름, 예수 이름 사용하여 교회를 세우고 열국, 곧 세상 모든 나라, 모든 민족들을 살육하고 있다. 영적으로만 죽이는 것이 아니라 육체를 입고 사는 동안 헛되게 살게 하다가 육체가 죽으면 영원히 꺼지지 않는 지옥 불구덩이에서 영벌을 받으며 살게 하는 살인자들이다. 유대교뿐만 아니라 전 세계 성경을 사용하는 이슬람교인들, 천주교인들, 기독교인들도 모두 마찬가지다.

그 이유는 '뱀'의 조상인 단 지파의 후손들이 전 세계 교회 안에서 불법을 자행하며 성경과 다른 거짓말인 지옥 불의 소리로 설교하는 자들이기 때문이다. 이들은 이미 생각, 마음의 주인이 귀신이며, 죄의 종 살이하는 자들이다. 구약만 믿는다고 하는 유대교인들이나, 구약은 율법이라고 무시하는 천주교, 기독교인들이나 모두 조각으로 말씀을 취하였기 때문에 하나님의 뜻은 단 한 절도 모르는 영적인 소경, 귀머거리, 벙어리이면서 담대하게 하나님의 이름, 예수 이름 사용하며 가르치는 뱀, 곧 용, 사단, 마귀들이고, 그들의 설교는 영혼을 불사르는 '지옥 불'이며, 그들이 서 있는 교회는 '무덤'이다. 그래서 "혀는 곧 불이요 불의의 세계라 혀는 우리 지체 중에서 온 몸을 더럽히고 생의 바퀴를 불사르나니 그 사르는 것이 지옥 불에서 나느니라"[약3:6] 라고 하신 것이다.

구약보다 신약에 더 직설적으로 기록이 되어 있는데도 유대교인들은 신약은 무시하고 멸시하며, 오직 구약성경만 믿는다고 하나 구약의 예언대로 오신 예수 그리스도도 인정하지 않을 뿐만 아니라, 성령에 대해서도 알지도 못한다. 성경은 반드시 구약뿐만 아니라 신약까지 전 성경을 통으로 보아야만 하나님께서 감추어 두신 천국의 비밀을 알게 된다. 뱀에게 미혹된 하와가 자신도 먹고, 남편 아담도 먹게 하여 하나님의 계명을 어긴 창세기 3장의 사건 속에 지금 이 세대가 될 때까지 교회 안에서 하나님의 계명을 지키지 않고 성경과 다른 거짓말, 성경을 부분으로 조각만 취하여 사용하는 뱀들에 대해 감추어 두셨고, 그들의 혀에서 나오는 지옥 불의 설교로 인해 얼마나 많은 사람들이 영혼 살인을 당하고 있는지 알면 전 세계가 놀라 기절할 것이다. 이들이 바로 유대교인들의 조상인 단 지파의 후손들로서 지금도 전 세계 교회에서 일을 하고 있다.

그러나 전 우주적인 일곱째 날인 지금 이 세대에 '말하는 뱀, 곧 용, 사단, 마귀들'에 의해 자행된 모든 불법과 불의를 잠잠케 하는 '진실한 입술'인 히브리서 8장의 새 언약으로 다시 창조된 사람, 하나님의 성전 되셔서 하나님의 말씀으로 거듭난 사람이 나타났다. 그는 진리의 성령으로 영원히 사시는 '하나님의 입'이 되어 육체도 죽지 않고 영생을 실상으로 이루는 사람이며, 지옥 불의 소리를 발하는 뱀들의 머리를 밟아 모든 이론을 파하는 '강력'이자, '성령의 검'을 가진 하나님의 사자다. 그래서 '또 다른 보혜사 진리의 성령'이 실상이 되기 전까지 절대 뱀들, 사단, 마귀, 용의 실체가 드러나지 않았던 것이다.

"의로운 길에 생명이 있나니 그 길에는 사망이 없느니라"[잠12:28]고 하신 말씀은 뱀, 사단, 마귀들이 심어준 짐승의 씨로 인해 들어온 귀신을 영원히 쫓아내는 전대미문의 새 언약의 말씀으로만 '온전한 생명'을 얻는다는 뜻이다. 이 길만이 유일한 생명의 길이요, 영생의 길이며, 다시는 사망이 없는 길이다. 그래서 진리를 한 절도 모르는 유대교인들도, 천주교인들도, 기독교인들도 지금 모두 새 언약의 말씀으로, 진리로 돌아서면 된다. 뱀의 머리를 밟는 전쟁은 이미 시작되었다. 코로나19는 시작일 뿐이다.

38

'성령의 검'으로
유대교를 판결한다 4

「조선일보, 동아일보」 2022년 3월 4일 금요일

스마트폰으로 QR 코드를 스캔 하시면
[이제 온 천하는 잠잠하라] 전문을 다운로드 받을 수 있습니다.

너는 네 하나님 여호와 앞에
'완전하라'

아브람의 구십구 세 때에 여호와께서 아브람에게 나타나서
그에게 이르시되 나는 전능한 하나님이라 너는 내 앞에서
행하여 완전하라 [창17:1]

하나님께서 완전에 대해서 우리 조상 아브라함에
게 "여호와 앞에 완전하라"고 하셨고, 모세를 사용하
셔서 약속하신 땅에 들어가서도 "너는 네 하나님 여호
와 앞에 완전하라"[신18:9~14]고 또 말씀하셨다. 하나님
께서 '약속하신 땅'에 들어가서 여호와 앞에 완전하라
고 하신 것은 모든 사람들에게 말씀하신 것이 아니
라, '택한 자녀들'에게 하신 명령이다.

31:30모세가 이스라엘 총회에게 이 노래의 말씀을 끝까지 읽
어 들리니라 32:1하늘이여 귀를 기울이라 내가 말하리라 땅
은 내 입의 말을 들을찌어다 2나의 교훈은 내리는 비요 나의

말은 맺히는 이슬이요 연한 풀 위에 가는 비요 채소 위에 단 비로다 ³내가 여호와의 이름을 전파하리니 너희는 위엄을 우리 하나님께 돌릴찌어다 ⁴그는 반석이시니 그 공덕이 완전하고 그 모든 길이 공평하며 진실무망하신 하나님이시니 공의로우시고 정직하시도다 [신31:30~32:4]

이 말씀은 6천 년간 단 한 번도 땅 위에서 사실이 된 적이 없었다. 이 노래는 반드시 진리의 성령이 실상이 되어 하나님의 계명, 모든 명령을 친히 밝히고 그 명령을 지켜 실행하여 새 언약[히8장]을 대언할 때 다시 택하신 이스라엘이 실상이 되어 부르는 새 노래다. 이렇게 사실로 이루시려고 현재 다시 창조하시고 계신다.

히브리서 8:8
저희를 허물하여 일렀으되 주께서 가라사대 볼찌어다 날이 이르리니 내가 이스라엘 집과 유다 집으로 새 언약을 세우리라

아브라함에게 언약하실 때 "너는 내 앞에서 행하여 완전하라"고 하신 말씀이 실상이 되는 때는 여호와의 날, 인자의 날, 일곱째 날인 지금 이 세대이며, "그 공덕이 완전하고"라고 하신 일은 하나님께서 친히 진리의 성령을 사용하셔서 15년째 행하시고 있는 이 일이다.

'완전'이라는 말은 부족함이 없다는 것으로, 온전하다는 뜻이다. 곧 하나님께서 친히 하시지 아니하시면 아무도 할 수 없는 일이다. 하나님께서 장가드신 영적인 사람[호2:19~20]이 실상이 되어 성부와 성자와

성령, 셋이 하나 된 '새 사람'[요일5:7~9]을 사용하셔서 하나님께서 행하신 일을 두고 그 공덕이 완전하다고 하시고, 그 공덕을 두고 계15:3절에서는 "주의 길이 의롭고 참되시도다"라고 하신 것이다. 이 일은 절대 예수 그리스도께서 이 땅에 계실 때 사실이 되는 일이 아니며, 진리의 성령이 와서 "의에 대하여, 죄에 대하여, 심판에 대하여" 감추어 두신 하나님의 뜻을 대언함으로 모든 진리 가운데로 인도할 때[요16:7~15] 실상이 되며, 그 결과로 만국이 하나님 앞에 와서 반드시 경배하게 된다. 그래서 이 일을 '하나님의 새 일'이라고 하고, '새 언약'이라고 하며 반드시 하나님께서 약속하신 땅에서 실상이 된다. 하나님의 새 일에 사용되는 그릇인 나를 두고 "나의 비둘기 나의 완전한 자는 하나뿐이로구나"[아6:9]라고 하신 것이다.

창세 이래 6일간(구약 4천 년 + 신약 2천 년간) 마치 하나님께서 살아 계시지 않은 것처럼 잠잠히 계시다가 당신이 정하신 때에 미리 예언해 두신 사람인 나를 사용하셔서 완전하게 하시고 계신다. 이 일의 결과는 진실로 완전한 길이며, 다른 말로 거룩한 길이다. 이제 아브라함에게 주신 계명이 실상이 되어 '하나님의 도'로 완전해지는 때다.

요한일서 5:7~9
7 증거하는 이는 성령이시니 성령은 진리니라
8 증거하는 이가 셋이니 성령과 물과 피라 또한 이 셋이 합하여 하나이니라
9 만일 우리가 사람들의 증거를 받을찐대 하나님의 증거는 더욱 크도다 하나님의 증거는 이것이니 그 아들에 관하여 증거하신 것이니라

요한복음 16:8
그가 와서 죄에 대하여, 의에 대하여, 심판에 대하여 세상을 책망하시리라

이사야 48:6
네가 이미 들었으니 이것을 다 보라 너희가 선전치 아니하겠느뇨 이제부터 내가 새 일 곧 네가 알지 못하던 은비한 일을 네게 보이노니

그래서 '때'를 아는 것이 얼마나 중요한지 말로 다 표현을 할 수 없다. 진리의 성령과 함께 한 은혜로교회 성도들이 이 땅에 오기 전, 3422년 전에 모세를 통해 이미 예언해 두시고, 2922년 전에도 솔로몬 왕을 사용하셔서 예언해 두셨으며, 1932년 전에 사도 요한을 사용하셔서 말씀해 두신 예언, 곧 유언이 일곱째 날인 지금 이때, 진리의 성령과 함께 하는 성도들을 사용하셔서 땅 위에 이루시고 계시는 기이하고 기이한 일이 15년째 나를 통한 이 일이다.

따라서 '전대미문의 새 일'인 '새 언약'은 그 누구의 의가 아니라 오직 여호와 하나님께서 당신의 뜻대로 경영하시고 계시는 일이며, "너는 내 앞에서 행하여 완전하라"고 하신 말씀이 실상이 되는 일이다. 이래도 '오직 예수'가 '의'로 구원하는 분인가? 하나님의 아들을 사용하셔서 이 세대 우리로 하여금 여호와 하나님은 살아 계시는 하나님이심을 믿으라고 이 땅에 보내신 것이다. 내가 완전한 것이 아니라, 나를 완전하게 하신 분은 하나님이시라는 것을 증명하는 것이다.

하나님께서 친히 '흑암'을 밝히신다

²⁶자비한 자에게는 주의 자비하심을 나타내시며 완전한 자에게는 주의 완전하심을 보이시며 ²⁷깨끗한 자에게는 주의 깨끗하심을 보이시며 사특한 자에게는 주의 거스리심을 보이시리이다 ²⁸주께서 곤고한 백성은 구원하시고 교만한 자를 살피사 낮추시리이다 ²⁹여호와여 주는 나의 등불이시니 여호와께서 나의 흑암을 밝히시리이다 [삼하22:26~29]

"여호와께서 나의 흑암을 밝히시리이다"라고 하신 말씀에는 성경이 모든 것을 죄 아래 가두어 두는 '6일'에 대한 비밀이 감추어져 있었고, 특히 이 예언에는 다윗의 자손으로 이 땅에 오셨던 예수 그리스도와 예수 이름을 사용하는 모든 신앙인들이 예수님이 오시고도 이후로 2천여 년간 '영적인 밤'을 통과할 것에 대한 비밀이 감추어져 있었다. 다른 말로 표현하면 성경이 모든 것을 죄 아래 가두어 두는 기간이며, 믿음이 올 때까지 '밤'을 지나는 기간이며[갈3:22~23], 이때 밤의 빛은 달과 별들이었다[렘31:35].

갈라디아서 3:22~23
22 그러나 성경이 모든 것을 죄 아래 가두었으니 이는 예수 그리스도를 믿음으로 말미암은 약속을 믿는 자들에게 주려 함이니라
23 믿음이 오기 전에 우리가 율법 아래 매인 바 되고 계시될 믿음의 때까지 갇혔느니라

'흑암'은 여러 부분, 여러 모양으로 말하면 '어둠, 어두움, 어두운, 캄캄함, 흐리다' 등으로 표현한다. 욥기서에 "내가 돌아오지 못할 땅 곧 어둡고 죽음의 그늘진 땅으

히브리서 1:1
옛적에 선지자들로 여러 부분과 여러 모양으로 우리 조상들에게 말씀하신 하나님이

로 가기 전에 그리하옵소서 이 땅은 어두워서 흑암 같고 죽음의 그늘이 져서 아무 구별이 없고 광명도 흑암 같으니이다"[욥10:21~22절]라고 예언해 두셨다. 성경이 모든 것을 죄 아래 가두어 두는 기간에는 진실로 광명도 흑암 같아서 선, 악을 구별할 수가 없었다. 전 성경을 기록한 저자들도, 심지어 하나님의 아들 예수 그리스도께서도 모르는 가운데 이 세대까지 이어져 온 것이다. 성경을 가지고도 영원한 빛이신 여호와 하나님에 대해서, 예수 그리스도에 대해서 알지 못했고, 반대로 누가 악인인지, 적그리스도, 대적자, 원수인지, 악인인 용, 옛 뱀, 사단, 마귀, 귀신에 대해서 아무것도 분별을 할 수가 없었으니 이 예언대로 흑암 아래, 어두움 아래 있었던 것이다.

예수 그리스도께서 이 땅에 오셨어도 2천여 년 동안 이런 영적인 상태가 될 것을 3422년 전에 이미 예언해 두셨고, 470여 년이 지난 때인 사무엘하에서도 "나의 흑암"이라고 기록해 두셨던 것이다. 그러나 이 흑암을 밝히실 분은 여호와 하나님이시라는 것 또한 명백히 기록해 두셨고, 이 예언, 다른 말로 유언을 2938년이 지난 2008년 6월 16일을 시작으로 이 땅 위에서 실상으로 이루시고 계신다. 진실로 말씀이 하나님이시

히브리서 9:16~17
16 유언은 유언한 자가 죽어야되나니
17 유언은 그 사람이 죽은 후에야 견고한즉 유언한 자가 살았을 때에는 언제든지 효력이 없느니라

고, 여호와 하나님만 천하 만물의 주인이시고 등불이심을 2022년 지금 이 시간에도 증명하시고 계신다.

전 세계가 "어두움이 땅을 덮을 것이며 캄캄함이 만민을 가리우려니와"[사60:2]라고 하신 영적인 상태이며, 만민은 곧 '모든 백성, 모든 사람, 모든 것'을 뜻한다. 이래서 성경이 모든 것을 죄 아래 가두어 두었다고 하셨던 것이다. 예수 이름을 사용하는 모든 사람들도 자신들이 영적으로 캄캄함, 곧 흑암에 가두어져 있는 것을 알지 못한다는 것이 치명적인 문제다.

그래서 만민 중에는 하나님과 함께 한 자가 없다고 하셨고, "내가 노함을 인하여 만민을 밟았으며 내가 분함을 인하여 그들을 취케 하고 그들의 선혈로 땅에 쏟아지게 하였느니라"고 미리 판결해 두셨다[사63:3~6]. 이미 2년째 코로나19 재앙으로 만민을 밟고 계시고, 혀로 말만 "오직 예수" 하는 자들을 포도주를 마시고 취하게 하시고, 피에 취하게 하시어 그들의 피가 땅에 쏟아지게 하신다는 이 판결이 사실이 되었다. 영적인 흑암에서 깨어 일어나지 아니하면 이 모든 말씀대로 이루어진다.

³⁶그러므로 여호와께서 이같이 말씀하시되 보라 내가 네

송사를 듣고 너를 위하여 보수하여 그 바다를 말리며 그 샘을 말리리니 ³⁷바벨론이 황폐한 무더기가 되어서 시랑의 거처와 놀람과 치솟거리가 되고 거민이 없으리라 [렘 51:36~37]

창세 이래 하나님의 도를 전하는 진리의 성령을 대적하여 2018년 7월 24일에 일어난 구속 사건은 예레미야 선지자를 사용하여 예언하셨고, 이미 사실이 되어 감옥에 갇힌 지 3년 반이 지나고 있다. 진리의 성령을 훼방하여 이 세상 법에 고소하고 무법하게 판결한 나에 대한 송사를 하나님께서 친히 보수하셔서 지금 복수, 곧 보복하시고 계신다. 그래서 "그 바다를 말리며"라고 하신 것이다. '바다'가 사람이 본능적으로 아는 바다가 아니라 "악인"을 뜻하며[사57:20], 이 세상을 바다에 비유하셨다[마13:47~50].

이사야 57:20
오직 악인은 능히 안정치 못하고 그 물이 진흙과 더러운 것을 늘 솟쳐내는 요동하는 바다와 같으니라

⁴⁷또 천국은 마치 바다에 치고 각종 물고기를 모는 그물과 같으니 ⁴⁸그물에 가득하매 물 가로 끌어 내고 앉아서 좋은 것은 그릇에 담고 못된 것은 내어 버리느니라 ⁴⁹세상 끝에도 이러하리라 천사들이 와서 의인 중에서 악인을 갈라 내어 ⁵⁰풀무 불에 던져 넣으리니 거기서 울며 이를 갊이 있으리라 [마13:47~50]

이런 바다, 곧 온 세상에 있는 용, 사단, 마귀, 옛 뱀

을 죽이신다. 이들은 전부 유다서의 판결대로 성경을 사용하나 흑암 아래 있는 자칭 지도자들, 성경을 가지고 성경과 다른 거짓말로 지어낸 지옥 불의 설교를 하여 하나님과 예수 그리스도의 이름으로 교인들을 둘째 사망인 지옥에 보내는 자들이다. 그래서 "이 사람들은 무엇이든지 그 알지 못하는 것을 훼방하는도다 또 저희는 이성 없는 짐승같이 본능으로 아는 그것으로 멸망하느니라"[유1:10]라고 하셨던 것이다.

> [1]이스라엘이 애굽에서 나오며 야곱의 집이 방언 다른 민족에게서 나올 때에 [2]유다는 여호와의 성소가 되고 이스라엘은 그의 영토가 되었도다 [3]바다는 이를 보고 도망하며 요단은 물러갔으며 [4]산들은 수양같이 뛰놀며 작은 산들은 어린 양같이 뛰었도다 [5]바다야 네가 도망함은 어찜이며 요단아 네가 물러감은 어찜인고 [시114:1~5]

이 예언은 저 황금돔이 있는 이스라엘의 이야기가 아니다. 2022년 3월 현재 다시 택하신 유다와 이스라엘, 곧 히브리서 8장의 "새 언약"으로 다시 창조되는 진리의 성령과 함께 하는 성도들에 대한 예언이다. "바다가 이를 보고 도망하며", "바다야 네가 도망함은 어찜이며"라고 하신 것은 악인은 의인의 회중에 들 수 없기에 떨어져 나간다는 뜻이다. 영원히 살리는 새 언약의

스가랴 2:12
여호와께서 장차 유다를 취하여 거룩한 땅에서 자기 소유를 삼으시고 다시 예루살렘을 택하시리니

이사야 14:1
여호와께서 야곱을 긍휼히 여기시며 이스라엘을 다시 택하여 자기 고토에 두시리니 나그네 된 자가 야곱 족속에게 가입되어 그들과 연합할 것이며

말씀을 받고도 도망가는 악인들이 은혜로교회 안에서 이미 사실이 되었다. 창세 이래 아무도 이 바다가 누구를 지칭하는지 몰랐으나, 나와 성도들은 이미 다 보았다. 도망가는 악인을 바다에 비유하신 것이다.

'모래'를 두어 '바다의 계한'을 삼으신 천국의 비밀

바닷물이 태에서 나옴같이 넘쳐 흐를 때에 문으로 그것을 막은 자가 누구냐 [욥38:8]

이 '바닷물' 또한 원욕이 그대로인 채 성경을 가지고 성경과 다른 거짓말로 지옥 불의 소리로 설교하는 자의 말을 바닷물에 비유하신 것이다. 다른 모양으로 말하면 불의한 재판관들, 불법하는 자들, 용, 사단, 마귀, 뱀, 멸망으로 인도하는 자들, 거짓 선지자, 거짓 선생들이 일하는 시기에 예수 이름으로 바닷물을 낼 때, 그것을 막으신 분은 여호와 하나님이시라는 뜻이다. 그 증거가 다음 말씀이다.

⁹그때에 내가 구름으로 그 의복을 만들고 흑암으로 그 강보를 만들고 ¹⁰계한을 정하여 문과 빗장을 베풀고 ¹¹이르기를 네가 여기까지 오고 넘어가지 못하리니 네 교만한 물결이

여기 그칠찌니라 하였었노라 [욥38:9~11]

　'계한'이란 한 지역과 다른 지역을 구분하는 한계를 말한다. "그때에"라고 하신 것은 바다, 곧 악인들이 일하는 6일간을 말씀하시며, 따라서 계한을 정하신 것은 하나님께서 악인들에게 이 세상을 허락하신 기간을 정하시고, 예수 그리스도를 이 땅에 보내셔서 악인들이 일하는 시기가 언제까지인지 택한 자녀들로 하여금 때를 분별하게 하신 것이다.

> ²⁰너는 이를 야곱 집에 선포하며 유다에 공포하여 이르기를 ²¹우준하여 지각이 없으며 눈이 있어도 보지 못하며 귀가 있어도 듣지 못하는 백성이여 이를 들을찌어다 ²²…내가 모래를 두어 바다의 계한을 삼되 그것으로 영원한 계한을 삼고 지나치지 못하게 하였으므로 파도가 흉용하나 그것을 이기지 못하며 뛰노나 그것을 넘지 못하느니라 [렘5:20~22]

　진실로 이 예언, 유언이 사실이었다. 악인은 성경 속에 감추어 두신 하나님의 뜻을 단 한 절도 알지 못하도록 '흑암'에 가두어 두셨던 것이다. 구약성경에 다 예언되어 있어도 구약만 믿는다고 하는 유대교인들도 몰랐으며, "오직 예수" 하는 기독교인, 천주교인들도 예수 이름으로 2천여 년간 어둠 속에 갇혀 있는 것조차 알지 못하고 있어도 자신들은 잘 믿고 있다고 착각한다.

하나님께서는 3422년 전에 예수 그리스도께서 육체를 입고 이 땅에 오실 것을 두고 "구름으로 그 의복을 만들고"라고 하셨고, 밤의 빛으로 오실 것을 두고 "흑암으로 그 강보를 만들고"라고 하신 것이다. 구약성경에 기록된 이 말씀의 뜻을 유대교인들은 물론이고, 아무도, 그 누구도 몰랐다. 아들 예수께서도 자신에 대한 말씀인 줄 몰랐으며, 성경이 모든 것을 죄 아래 가둔 것이며, 의인은 없나니 하나도 없다고 하신 것이다.

로마서 3:10
기록한 바 의인은 없나니 하나도 없으며

또한 "또 자기 지위를 지키지 아니하고 자기 처소를 떠난 천사들을 큰 날의 심판까지 영원한 결박으로 흑암에 가두셨으며"[유1:6]라고 판결해 두신 것이다. 이렇게 흑암에 가두어 두신 기간이 2천여 년이 지나야 함도 이미 구약성경에 다 예언해 두셨지만 악인들에게는 알게 하시지 않고, 육체가 죽는 그 순간까지 자신들은 죽어서 천국 가는 줄 안다. 이를 두고 '영원한 결박'이라고 하신 것이다.

요한계시록 1:18
곧 산 자라 내가 전에 죽었었노라 볼지어다 이제 세세토록 살아 있어 사망과 음부의 열쇠를 가졌노니

그러나 예수 이름 부르며 교회를 하니까 아무도 의심을 안 한 것이다. 신령한 몸으로 부활하셨는데 왜 사망과 음부의 열쇠[계1:18]를 받으셨는지, 그것도 세

세토록 받은 열쇠인지 눈이 있어도 보지 못하는 것은 하나님의 행하심을 사람으로는 측량할 수 없게 하셨기 때문이다[전3:11]. 이를 두고 바닷물이 넘쳐 흐를 때에 문으로 그것을 막았다고 하신 것이다.

이에 대한 증거가 예수 그리스도께서 바닷가에서 큰 무리들에게 말씀을 전하셨으며, 비유로만 말씀을 하신 것이다[막4장]. 그때 전하신 씨 뿌리는 비유는 예수님 당시의 일만이 아니라 유언에 해당하여 효력이 나타나는 때가 셋째 날인 지금 이 세대다. 이를 아무도 몰랐다. 하나님께서 성경을 비유로 기록하게 하셨고, 당신이 보내신 아들도 비유로 말씀하게 하신 것을 두고 "흑암으로 그 강보를 만들고"라고 하신 것이다.

아들 예수를 이 땅에 보내실 때 혈육에 함께 속한 사람의 형체, 곧 육체를 입고 이 땅에 오실 것을 비밀로 감추시고 하신 말씀이 바로 "구름으로 그 의복을 삼고"라는 말씀이다. 욥기 38장의 예언, 다른 말로 유언 속에 혈육에 속한 영적인 상태, 곧 사람 차원으로는 아무도 하나님의 뜻을 알 수 없을 것과 귀신이 혈육을 잡고 주인 노릇 하는 많은 세월도 감추어져 있었다. 그런데 이런 비밀을 구약 당시 유대교인들은 아무것도 모르고 하나님의 아들을 죽인 것이다.

전도서 3:11
하나님이 모든 것을 지으시되 때를 따라 아름답게 하셨고 또 사람에게 영원을 사모하는 마음을 주셨느니라 그러나 하나님의 하시는 일의 시종을 사람으로 측량할 수 없게 하셨도다

마가복음 4:2
이에 예수께서 여러 가지를 비유로 가르치시니 그 가르치시는 중에 저희에게 이르시되

아들 예수 그리스도도 밤의 빛으로 보내주셨음이 BC 1400년에 욥기서에 기록이 되어 있었고, 전 성경에 다 기록해 두셨어도, 땅에 있는 어떤 사람도 몰랐으니 이는 진실로 '구름으로 그 의복을 만들고 흑암으로 그 강보를 만드신' 하나님만이 아시는 천국의 비밀이었다. 이 모든 세월 동안 이 땅에 살았던 사람들이 아무도 기록된 문자 속에 감추어진 하나님의 뜻을 모르고 사람이 아는 차원, 곧 본능으로 아는 차원으로만 보고 한 몫의 삶을 살았으니, 이를 두고 솔로몬 왕을 사용하셔서 "인생의 혼은 위로 올라가고 짐승의 혼은 아래 곧 땅으로 내려가는 줄을 누가 알랴"[전3:21]라고 기록하게 하셨다. 하나님께서 정하신 때가 될 때까지 하나님의 뜻을 아무도 모르게 하신 것이다.

욥기 38:9
그때에 내가 구름으로 그 의복을 만들고 흑암으로 그 강보를 만들고

'모래' 또한 사람이 본능으로 아는 수준의 모래가 아니다. 모래의 근본을 말하면 믿음의 조상 아브라함의 자손을 뜻한다. 곧 "하나님, 예수님" 하는 사람들, 너도나도 아브라함의 자손이라고 하는 사람들을 '모래'에 비유하신 것이다. 증명한다.

하나님께서 아브라함에게 "내가 네게 큰 복을 주고 네 씨로 크게 성하여 하늘의 별과 같고 바닷가의 모래와 같게 하리니 네 씨가 그 대적의 문을 얻으리라"[창22:17]고 언약

하셨고, 야곱에게도 "내가 정녕 네게 은혜를 베풀어 네 씨로 바다의 셀 수 없는 모래와 같이 많게 하리라"[창32:12]고 약속하셨다.

하늘의 별과 바닷가의 모래와 같게 하신다는 언약대로 전 세계에 성경을 사용하는 아브라함의 자손들이 무수히 많다. 종의 자식 하갈과 아브라함 사이에 난 자식들도 다 '모래'이고, 사라가 죽고 첩이 된 그두라의 자식들도 다 '모래'다. 아브라함의 자식들을 바닷가의 모래에 비유하시며, 영적인 흑암에 가두어져 있다고 3422년 전 욥기서 38장에, 구약성경에 예언해 두셔도 보이지 않은 것이다. 유대교인들뿐만 아니라, 기독교인들을 죽이는 이슬람교도들도 아브라함의 자손이라고 말하고 믿는 자들이다. 그들의 수가 셀 수 없이 많아도 그들은 하나님과 예수 그리스도와 아무 관계가 없다.

그들은 모두 멸망으로 인도하는 문에 서 있는 불법을 행하는 자들이며, 예수 그리스도를 보고 혀로 "주여, 주여" 하며 우리가 주의 이름으로 선지자 노릇하며, 주의 이름으로 귀신을 쫓아내며, 주의 이름으로 많은 권능을 행했다고 자랑하는 자들[마7:13~27]로 이들이 바로 '모래의 실상'이다. 그래서 이들 불법

마태복음 7:21~23

21 나더러 주여 주여 하는 자마다 천국에 다 들어갈 것이 아니요 다만 하늘에 계신 내 아버지의 뜻대로 행하는 자라야 들어가리라

22 그 날에 많은 사람이 나더러 이르되 주여 주여 우리가 주의 이름으로 선지자 노릇 하며 주의 이름으로 귀신을 쫓아내며 주의 이름으로 많은 권능을 행치 아니하였나이까 하리니

23 그때에 내가 저희에게 밝히 말하되 내가 너희를 도무지 알지 못하니 불법을 행하는 자들아 내게서 떠나가라 하리라

을 행하는 자들도 다 아브라함의 자손들이다. 영원한 둘째 사망으로 인도하는 멸망의 자식들이고, 거짓 선지자들이다.

아브라함의 씨가 바다의 셀 수 없는 모래와 같이 많아도 실상으로 구원을 받는 자가 누군지 성경 속에 감추어 두셨다. 아브라함의 자손이 되어 천국에 들어가는 상속자들은 하나님의 뜻대로 지켜 실행하는 자들이다. 그래서 "나의 이 말을 듣고 행하는 자는 그 집을 반석 위에 지은 지혜로운 사람 같으리니"[마7:24]라고 하셨고, "이스라엘 뭇자손의 수가 비록 바다의 모래 같을찌라도 남은 자만 구원을 얻으리니"[롬9:27]라고 판결해 두신 것이다. 아브라함의 자손일지라도 누구든지 여호와 하나님의 명령, 계명, 하나님의 모든 말씀대로 지켜 실행하는 자들, 곧 '약속의 자녀'라야 천국을 상속한다는 뜻이다.

"너희는 내 백성이 아니라 한 그곳에서 저희에게 이르기를 너희는 사신 하나님의 자녀라 할 것이라"[호1:10]라고 하신 호세아서만 문자 그대로 보아도 "너희는"이 저 황금 돔이 있는 이스라엘 나라 사람, 유대인들이 아니라는 것이 명백하게 증명된다. 예수 그리스도께서 이 땅에 오시기 전, 753여 년 전에 이미 "너희는 내 백성이 아

니라 한 그 곳에서"라고 하셨으니 "너희는"의 실상의 주
인공들은 온 세상 사람들이 다 아는 유대인들이 아니
라, 이방 나라에서 나온다는 것이다. 절대 구약성경만
가지고 자신들이 아브라함의 자손이라고 하는 육에
속한 자들이 아브라함의 자손이 아니고, 아브라함의
후손으로 이 땅에 오신 '예수 그리스도를 진실로 믿어 계
명을 지켜 실행하는 자들'이어야 한다. 이들은 진리의 성
령을 통해 대언하는 히브리서 8장의 새 언약으로 다시
택한 이스라엘이며, 예수 그리스도를 믿는 자들 중에
실상의 '약속의 자녀들'이 나온다는 뜻이다.

그러므로 아브라함에게 하신 "너는 내 앞에서 행하여
완전하라"는 계명은 반드시 전 우주적인 일곱째 날,
여호와의 날, 인자의 날인 지금 이때, 진리의 성령이
형체를 입고 이 땅에 실상으로 와서 전대미문의 새
언약, 곧 하나님의 새 일을 대언할 때 성취되는 예언
이다. 이미 실상이 된 지 15년째다. 유대교인들은 구
약성경에 예수 그리스도께서 육체를 입고 오실 것과
오셔서 하실 일에 대해 이미 다 예언되어 있어도 알
지 못했으며, 진리의 성령에 대해서도 창세기부터 말
라기서까지 예언해 두셔도 성경이 모든 것을 죄 아래
가두어 둔 기간이었기에 알 수 없었던 것이다.

창세기 17:1
아브람의 구십구 세 때에
여호와께서 아브람에게
나타나서 그에게 이르시
되 나는 전능한 하나님이
라 너는 내 앞에서 행하여
완전하라

이제 모두 진리로 돌아오면 된다. 구약성경만 인정하는 유대교인들도, 이슬람교인들도, 구약, 신약성경을 모두 보고 믿는다고 하는 천주교, 기독교인들도 모두 하나님의 행하심을 알지 못하는 흑암 아래 가두어져 있었다는 사실을 인정해야 한다. 코로나19는 이렇게 불법과 불의를 행하는 바다, 바닷물, 모래, 흑암에 있는 자들에게 내리는 하나님의 징계이자 보복하심이다. 그러나 '완전한 자에게는 주의 완전하심'을 보이시는 때가 바로 지금 이때다. 이제 온 천하는 '하나님' 앞에 굴복해야 한다. 모든 이론을 파하는 '강력' 앞에 잠잠해야 한다.

고린도후서 10:4~5
4 우리의 싸우는 병기는 육체에 속한 것이 아니요 오직 하나님 앞에서 견고한 진을 파하는 강력이라 5 모든 이론을 파하며 하나님 아는 것을 대적하여 높아진 것을 다 파하고 모든 생각을 사로잡아 그리스도에게 복종케 하니

마음에 달고 뼈에 양약이 되는
선한 말을 먹이는 '**인자**'

39

「조선일보, 동아일보」 2022년 3월 11일 금요일

스마트폰으로 QR 코드를 스캔 하시면
[**이제 온 천하는 잠잠하라**] 전문을 다운로드 받을 수 있습니다.

'인자'이신
진리의 성령과 예수 그리스도

지금까지 기독교인들의 생각 속에 고착화되어 금강석처럼 박혀 있는 것 중의 하나가 '인자'는 오직 '예수'라고 생각하는 것이다. 이 생각이 아예 불도장이 되어 누구든지 인자는 예수라고 너무 오랜 세월 동안 인이 박혀서 살아 계신 하나님께서 먹이시는 영생하도록 있는 양식을 거절한다.

'인자'에 대해 예수 그리스도께서 이렇게 명백하게 말씀하셨다. 요6:27절에 "인자는 아버지 하나님의 인치신 자니라"고 하셨고, 영생하도록 있는 양식을 너희에게 줄 것이라고 예언하셨다. 그런데 왜 2008년 6월 16일 새 언약이 선포되기 전까지 아무도 영생하지 못했을까?

썩는 양식을 위하여 일하지 말고 영생하도록 있는 양식을
위하여 하라 이 양식은 인자가 너희에게 주리니 인자는 아
버지 하나님의 인치신 자니라 [요6:27]

썩는다는 것은 사람이 죽어서 육체는 흙으로 돌아
가고, 그 혼도 둘째 사망인 지옥에 가는 것을 뜻한다.
눅16:19~31절의 예언, 다른 말로 유언이 실상이 되는
것을 말한다. '인자'에 대해 이해하기 전에 성자와 성
령에 대해 알아야 한다.

히브리서 9:16~17
16 유언은 유언한 자가
죽어야 되나니
17 유언은 그 사람이 죽
은 후에야 견고한즉 유언
한 자가 살았을 때에는 언
제든지 효력이 없느니라

'성자'란 거룩하신 하나님의 아들이라는 뜻이고,
'성령'은 거룩하신 하나님께서 영원히 거하시는 성전
된 사람, 거룩한 자, 신령한 자라는 뜻이다. 다시 말
하면 성자는 하나님의 아들이 형체를 입고 오셨지
만 육체는 한 번 죽고 다시 신령한 몸으로 부활하셨
고, 성령은 형체를 입고, 곧 육체를 입고 살아서 하나
님께서 영원히 거하시는 성전, 육체가 죽지 아니하고
신령한 자가 되기에 '성령, 곧 거룩한 자'라고 하는
것이다.

요11:25절에 "나는 부활이요 생명이니 나를 믿는 자는 죽
어도 살겠고"라고 하신 말씀이 실상이 되신 분은 성자
예수 그리스도시다. 2022년 지금 이 시간까지 단 한

사람도 신령한 몸으로 부활한 사람이 없었던 것은 2천여 년이 지나야 이 유언, 예언이 효력이 나타나기 때문이다. 또한 신령한 몸으로 부활을 하게 하시는 분은 예수 그리스도가 아니고, 여호와 하나님이시다. 따라서 "나를 믿는 자는 죽어도 살겠고"라고 하신 말씀은 '여호와 하나님을 믿는 자는 죽어도 살겠고'라는 뜻이다. 다른 말로 하면 '예수 그리스도는 하나님께서 보내신 하나님의 아들이라고 믿는 자는 살겠고'라는 뜻이기도 하다. 믿는 것은 하신 말씀을 믿는 것이며, 믿는 것은 혀로 "믿습니다" 말만 하는 것이 절대 아니고, 말씀을 지켜 실행하는 것이다. 이래서 말씀이 하나님이시다[요1:1].

요한복음 1:1
태초에 말씀이 계시니라 이 말씀이 하나님과 함께 계셨으니 이 말씀은 곧 하나님이시니라

분명히 "진실로 진실로 너희에게 이르노니 사람이 내 말을 지키면 죽음을 영원히 보지 아니하리라"[요8:51]고 하셨는데, 왜 아무도 죽음을 영원히 보지 아니하고 영생하는 사람이 나오지 않았을까? 그것은 아무도 예수 그리스도의 말씀, 곧 예수 그리스도를 통하여 말씀하신 하나님의 말씀을 지켜 실행하지 않았기 때문이다.

그리고 요11:26절에 "무릇 살아서(곧 육체가 살아서) 나를 믿는 자는 영원히 죽지 아니하리니 이것을 네가 믿느냐"라고 하신 이 예언, 유언은 왜 아무도 실상이 된 사람

이 없었을까? 26절의 예언, 유언이 효력이 발생하여 실상이 되는 사람이 신령한 사람, 곧 '성령'이다. 성령은 육체, 몸, 형체가 살아서 여호와 하나님께서 보내신 아들 예수 그리스도를 믿고, 무슨 선한 일을 하여야 영생을 얻느냐고 묻는 질문에 예수 그리스도께서 대답하신 마19:16~30절, 막10:17~31절, 눅18:18~30절의 말씀 그대로 지켜 실행한 사람이어야 한다. 나와 은혜로교회 성도들은 이미 말씀을 지켜 실행하여 실상이 되었다.

> [29]예수께서 가라사대 내가 진실로 너희에게 이르노니 나와 및 복음을 위하여 집이나 형제나 자매나 어미나 아비나 자식이나 전토를 버린 자는 [30]금세에 있어 집과 형제와 자매와 모친과 자식과 전토를 백 배나 받되 핍박을 겸하여 받고 내세에 영생을 받지 못할 자가 없느니라 [막10:29~30]

이는 내가 진리의 성령, 곧 진리인 성경에 기록된 거룩한 자, 신령한 자라는 뜻이다. 아들 예수를 통하여 말씀하신 여호와 하나님의 계명을 육체가 살아서 지켜 실행했으므로, 내세인 '오는 세상'에서 반드시 육체가 살아서 영원히 사는 영생의 양식을 먹고 먹이는 자, 곧 인자인 하나님께서 인치신 자, 하나님께서 인정하셔서 영원히 거하시는 성전 삼으신 사람이 되어

호세아 2:19~20
19 내가 네게 장가들어 영원히 살되 의와 공변됨과 은총과 긍휼히 여김으로 네게 장가들며
20 진실함으로 네게 장가들리니 네가 여호와를 알리라

영생하는 것이다.

'성자'와 '성령'의 차이점은 '성자'는 거룩하신 하나
님의 아들로서 요11:25절의 말씀이 실상이 된 사람이
며, '성령'은 요11:26절의 말씀이 실상이 되어 육체가
살아서 예수 그리스도를 믿고, 아들을 이 땅에 보내
신 여호와 하나님을 믿어 계명을 지켜 실행하여 육
체도 죽지 아니하는, 다시 말하면 '영생을 얻은 자', 그
래서 성령, 곧 거룩한 자, 신령한 자라는 뜻이고, 예수
그리스도도 하나님께서 인치신 '인자'이고, 성령도 하
나님께서 인치신 '인자', 곧 사람이라는 뜻이다.

시편에 예수 그리스도께서 육체가 죽임을 당해도
썩지 아니하고 신령한 몸으로 다시 부활하실 것을 예
언해 두셨다. 이것은 아들이 능력이 있어서 살아난 것
이 아니고, 하나님께서 살리셨다는 뜻이다. 증명하면
"이는 내 영혼을 음부에 버리지 아니하시며 주의 거룩한 자
로 썩지 않게 하실 것임이니이다" [시16:10]라는 말씀이다.

3022여 년 전에 조상 다윗의 입을 빌어 예언해 두
셨고, 이 예언은 이미 사실이 되어 땅에서 이루어졌
다. 주, 곧 하나님의 거룩한 자, 하나님께서 인치신
자인 성자 예수 그리스도는 죽임을 당해도 음부, 곧

영원히 꺼지지 않는 지옥 불에서 영원한 둘째 사망에 처하지 아니할 것을 예언해 두신 말씀에 일치하여 썩지 아니하고 영원히 죽지 아니하는 신령한 육체를 다시 받으신 것이다. 그러나 예수 그리스도께서 시16편의 이 말씀을 믿으셨다면 십자가 상에서 "엘리 엘리 라마 사박다니"(나의 하나님 나의 하나님 어찌하여 나를 버리셨나이까)라고 말씀하지 않으셨어야 했다. 이는 하나님의 말씀을 믿지 않고 부인한 것이며, 혈육에 속한 육신의 주인이 귀신임을 하나님께서 아들 예수를 사용하셔서 증거해 주신 것이다.

마가복음 15:34
제구시에 예수께서 크게 소리지르시되 엘리 엘리 라마 사박다니 하시니 이를 번역하면 나의 하나님 나의 하나님 어찌하여 나를 버리셨나이까 하는 뜻이라

히브리서 2:14
자녀들은 혈육에 함께 속하였으매 그도 또한 한 모양으로 혈육에 함께 속하심은 사망으로 말미암아 사망의 세력을 잡은 자 곧 마귀를 없이 하시며

이 사실을 기록해 두시고, BC 4년~AD 25년경 예수 그리스도를 통하여 땅 위에 사실이 되어 이루어지게 하신 분은 여호와 하나님이시다. 이는 2022년 이 세대에 진리의 성령도 절대 상상이 아니라 실상이며, 하나님 나라가 죽어서 가는 곳이 아니라 육체가 살아서 들어가는 곳이라고 증거하시는 하나님의 가르치심을 믿으라고 기록해 두셨던 것이다. 따라서 전 성경 기록 목적을 아는 것이 너무 중요하다[시102:18].

시편 102:18
이 일이 장래 세대를 위하여 기록되리니 창조함을 받을 백성이 여호와를 찬송하리로다

왜 이제까지 모두
'썩는 양식'을 먹고 죽었는가?

성경이 진리라는 명백한 증거가 땅 위에서 하나님께서 정하신 때가 되면 사실이 되어 이루어지기 때문이다. 진리란 기록된 명제가 땅 위에서 일치하여 실상으로 이루어지는 것이다. 그래서 성경만이 참 진리다. 온 세상이 창조되고 사람이 쓴 책 중에 성경처럼 약 1600여 년간에 걸쳐 40여 명의 인간 저자를 사용하여 기록한 책이 어디 있으며, 3422여 년이 지난 이 세대에 이르기까지 기록된 말씀이 사실이 되어 땅 위에서 그대로 이루어진 책이 어디에 있는가? 오직 성경밖에 없다.

예레미야 10:10
오직 여호와는 참 하나님이시요 사시는 하나님이시요 영원한 왕이시라 그 진노하심에 땅이 진동하며 그 분노하심을 열방이 능히 당치 못하느니라

따라서 성경만이 참 진리다. 성경만이 하나님의 법이며, 하나님의 말씀이다. 그래서 살아 계신 하나님이시며, 여러 부분, 여러 모양으로 말하면 사신 하나님, 사시는 하나님, 생존하시는 하나님[렘10:10]이라고 하는 것이다.

그러나 땅 위에서 사실이 되어 이루어지지 않는 설교는 모두 썩는 양식을 먹이는 악인들의 설교다. 속지 마라. 분명히 하나님의 아들인 예수 그리스도께서

썩는 양식을 위해서 일하지 말라고 하셨는데 왜 다 죽었으며, 왜 아무도 신령한 몸으로 부활하지 않았을까? 그 이유는 하나님의 아들을 육체대로 알고 가르치고 사람 수준에서 믿었기 때문이다. 아들이 사람인 마리아의 몸을 빌어 태어나셨지만, 그 분은 성자, 곧 거룩하신 하나님의 아들이시다. 그러므로 예수 그리스도가 사람의 몸을 입고 이 땅에 오신 하나님의 아들인 줄 믿는 자는 반드시 예수 그리스도의 계명, 곧 하신 말씀대로 지켜 실행해야 하는 것이다. 혀로 "주여 주여" 말만 하고 가르치는 귀신이 주인인 자가 하는 거짓말을 믿으면 천국과 아무 관계가 없다. 육체가 죽으면 영원한 지옥 불못인 둘째 사망에 간다.

요한복음 6:27
썩는 양식을 위하여 일하지 말고 영생하도록 있는 양식을 위하여 하라 이 양식은 인자가 너희에게 주리니 인자는 아버지 하나님의 인치신 자니라

살리는 것은 '영'이라는 말씀[요6:63]은 하나님은 '영'이시고, 살리는 분도 하나님이시다. 하나님께서 장가드셔서 육체도 죽지 아니하고 살아서 영이신 하나님의 말씀을 믿고 지켜 실행하여 하나님이 영원히 거하시는 성전 된 사람[호2:19~20]인 진리의 성령을 사용하셔서 다른 사람을 살리는 영이 되게 하신다는 뜻이다. 그래서 호2:19~20절의 예언, 다른 말로 유언이 땅 위에서 사실이 되어 나타날 때, '하나님의 나라가 임한 것'이다.

요한계시록 21:8
그러나 두려워하는 자들과 믿지 아니하는 자들과 흉악한 자들과 살인자들과 행음자들과 술객들과 우상 숭배자들과 모든 거짓말하는 자들은 불과 유황으로 타는 못에 참여하리니 이것이 둘째 사망이라

요한복음 6:63
살리는 것은 영이니 육은 무익하니라 내가 너희에게 이른 말이 영이요 생명이라

호세아 2:19~20
19 내가 네게 장가들어 영원히 살되 의와 공변됨과 은총과 긍휼히 여김으로 네게 장가들며
20 진실함으로 네게 장가들리니 네가 여호와를 알리라

이런 진리의 눈으로 예수 그리스도를 통하여 하신 말씀을 보면, "이때부터 예수께서 비로소 전파하여 가라사대 회개하라 천국이 가까왔느니라 하시더라"[마4:17]고 하셨는데 당시에 천국이 가까왔는가? 아니다. 그래서 아무도 말씀을 안 믿는 것이다. 예수 그리스도는 이 말씀의 뜻이 무엇인지 알지 못하고 하신 것이다. 때와 시기는 아들도 모르고 하나님만 아신다고 하셨고[마24:36], 이 때문에 예수 그리스도께서 "누구든지 나를 인하여 실족하지 아니하는 자가 복이 있느니라"[마11:6]고 하셨던 것이며, 성경이 모든 것을 죄 아래 가두어 둔 기간인 2천여 년, 창세기부터 말하면 6천여 년[갈3:22~23], 곧 6일간에는 사람에게 천국의 비밀을 알게 하지 않으신 것이 하나님의 뜻이었다. 이렇게 경영하신 하나님의 뜻은 모든 사람으로 하여금 하나님의 심판 아래 있게 하여 오직 여호와 하나님만 참 신이심을 시인하게 하시려는 것이다.

그리고 부활하신 그리스도는 한 몸의 삶일 때 하셨던 이적과 기사를 보이시지 않았다. 구약성경을 가지고 자신에 대해서 자세히 설명할 때, 곧 성경을 성경으로 해석해서 풀어 주실 때, 그 말씀을 듣는 제자들의 마음이 뜨거워졌다고 한 것[눅24:32]은 삼 일째 되는 때, 곧 2

마태복음 24:36
그러나 그날과 그때는 아무도 모르나니 하늘의 천사들도, 아들도 모르고 오직 아버지만 아시느니라

갈라디아서 3:22~23
22 그러나 성경이 모든 것을 죄 아래 가두었으니 이는 예수 그리스도를 믿음으로 말미암은 약속을 믿는 자들에게 주려 함이니라
23 믿음이 오기 전에 우리가 율법 아래 매인 바 되고 계시될 믿음의 때까지 갇혔느니라

누가복음 24:32
저희가 서로 말하되 길에서 우리에게 말씀하시고 우리에게 성경을 풀어 주실 때에 우리 속에서 마음이 뜨겁지 아니하더냐 하고

천 년이 지나서 진리의 성령이 실상이 되어 하나님의 가르치심을 대언하는 지금 이때 일어날 일의 모형이며, 그림자였다. 이 부분이 인정되지 아니하면 전부 썩는 양식을 먹고 먹이는 것이다.

요한복음 6:45
선지자의 글에 저희가 다 하나님의 가르치심을 받으리라 기록되었은즉 아버지께 듣고 배운 사람마다 내게로 오느니라

열매를 보면 그 나무를 안다고 하신 대로 예수 그리스도의 열매들인 제자들도 다 죽었고, 그 제자들 또한 썩는 양식을 교인들에게 먹였다는 것은 명백한 사실이다. 이미 역사가 증명해 주지 않았는가? 하나님께서 40여 명의 저자들을 그릇으로 사용하여 전 성경을 기록하게 하셨고, 6일, 곧 6천 년이 지나야 저자들의 한 말, 곧 유언의 효력이 발생하는 것이 하나님의 뜻이었다. 예수님께서도 공생애 기간 동안 하신 말씀이 그 당시에 이루어지지 않았다가, 하나님께서 정하신 때인 일곱째 날이 되어서야 비로소 효력이 나타나서 땅 위에서 말씀이 이루어지고 있는 것이 15년째 나를 통한 이 일이다.

천국이 죽어서 가는 곳이면 당시에 "회개하라 천국이 가까이 왔느니라"[마4:17]고 하면 안 된다. 이 말씀은 유언이라 삼 일째가 되어야 이루어지는 것이다. 그래서 또 "사람이 만일 온 천하를 얻고도 제 목숨을 잃으면 무엇이 유익하리요 사람이 무엇을 주고 제 목숨을 바꾸겠느

냐"[마16:26]라고 하신 것이다. 아들이 이 땅에 오시기 전에 이미 하나님께서 약속해 두신 대로 이루어진 것이다. 이런 사실을 모르고 이 세대까지 혀로 "오직 예수" 말만 하는 자들은 예수 그리스도께서 나는 도무지 너를 모른다고 하시고, "불법을 행하는 자들아 내게서 떠나가라"고 하신 판결대로 사실이 된다. 그러므로 반드시 지금 진리를 진리대로 깨닫고 히브리서 8장의 새 언약으로 돌아와야 하고, 머리로 아는 것이 아니라 지켜 실행해야 한다.

마태복음 7:23
그때에 내가 저희에게 밝히 말하되 내가 너희를 도무지 알지 못하니 불법을 행하는 자들아 내게서 떠나가라 하리라

히브리서 8:8
저희를 허물하여 일렀으되 주께서 가라사대 볼지어다 날이 이르리니 내가 이스라엘 집과 유다 집으로 새 언약을 세우리라

마음에 달고 뼈에 양약이 되는
영생하는 새 언약을 먹이는 '인자'

¹그가 또 내게 이르시되 인자야 너는 받는 것을 먹으라 너는 이 두루마리를 먹고 가서 이스라엘 족속에게 고하라 하시기로 ²내가 입을 벌리니 그가 그 두루마리를 내게 먹이시며 ³내게 이르시되 인자야 내가 네게 주는 이 두루마리로 네 배에 넣으며 네 창자에 채우라 하시기에 내가 먹으니 그것이 내 입에서 달기가 꿀 같더라 ⁴그가 또 내게 이르시되 인자야 이스라엘 족속에게 가서 내 말로 그들에게 고하라 [겔 3:1~4]

'내 입', 곧 하나님의 입은 하나님께서 장가드셔서

영원히 거하시는 성전 된 진리의 성령을 사용하셔서
영원한 언약을 밝히시는 입을 두고 "내 입에서"라고
하시는 것이다. 겔3:1~11절의 예언이 실상이 된 것이
다. 나에 대한 예언이니 이제 예언이 아니고, 사실이
며, 곧 유언이 효력이 나타난 것이다.

고린도전서 13:8
사랑은 언제까지든지 떨
어지지 아니하나 예언도
폐하고 방언도 그치고 지
식도 폐하리라

그래서 이 인자는 예수 그리스도에 대한 예언이 절
대 아니다. 에스겔 선지자도 아니다. 다른 세대 그 누
구도 아니다. 증명하면 '두루마리'란 양피지나 파피루
스 등을 길게 이어서 성경을 만들어 돌돌 말아 보관
하던 것을 이렇게 표현했고, 신약에서는 두루마리를
책으로 기록했고, 히10:7절에서는 두루마리 책은 성
경책을 말씀한 것인데 에스겔 선지자와 예수 그리스
도께서 사역하실 때는 신약성경이 없었다. 그리고 그
때는 하나님께서 정하신 때가 아니었다는 것이 명백
한 증거다. 무엇보다 입에서 나오는 말이 살아 계시
는 하나님의 말씀이 되지 않았던 것이다.

⁷여호와의 율법은 완전하여 영혼을 소성케 하고 여호와의
증거는 확실하여 우둔한 자로 지혜롭게 하며 ⁸여호와의 교
훈은 정직하여 마음을 기쁘게 하고 여호와의 계명은 순결
하여 눈을 밝게 하도다 ⁹여호와를 경외하는 도는 정결하여
영원까지 이르고 여호와의 규례는 확실하여 다 의로우니

¹⁰금 곧 많은 정금보다 더 사모할 것이며 꿀과 송이꿀보다 더 달도다 [시19:7~10]

시19:7~10절의 말씀이 실상이 되어 여호와의 증거, 곧 하나님의 증거가 되어야 에스겔 3장의 예언, 유언이 실상이 된다. 이 말씀대로 이미 성부와 성자와 성령, 셋이 하나 된 영적인 상태[요일5:7~9]가 사실이 되어 이 땅에 나타난 2008년 6월 16일부터 창세 이래 처음으로 여호와의 증거, 곧 하나님의 증거하심을 대언하는 나를 통한 새 일로서 영혼이 소성되어 완전해지고, 하나님께서 영원히 거하시는 성전이 되니 여호와를 진실로 경외하는 도가 되었고, 귀신이 영원히 떠나니 정결하고 순결하여 하나님이 보시기에 어여쁜 눈이 되었고, 다시 창조되어 하나님이 영원히 거하시는 새 사람이 되어 영원까지 이르게 하고 있다. 15년째 나를 통해 대언하는 '새 언약'의 말씀을 뜻하는 것이다.

그래서 "내 입에서 달기가 꿀 같더라"는 말씀이 땅 위에 사실이 되어 현재 이루어지고 있다. "여호와의 규례는 확실하여 다 의로우니"라는 시19:7~10절의 예언, 곧 유언은 반드시 진리의 성령이 실상이 되어 의에 대하여, 죄에 대하여, 심판에 대하여 광포할 때[요

요한일서 5:7~9
7 증거하는 이는 성령이시니 성령은 진리니라
8 증거하는 이가 셋이니 성령과 물과 피라 또한 이 셋이 합하여 하나이니라
9 만일 우리가 사람들의 증거를 받을찐대 하나님의 증거는 더욱 크도다 하나님의 증거는 이것이니 그 아들에 관하여 증거하신것이니라

16:7~13], 땅 위에 사실이 되는 것이다. 그 증거가 15년째 새 언약의 말씀으로 영혼이 소성케 된 은혜로교회 성도의 입도, 마음도, 눈도 밝게 하여 영적인 눈이 열리게 되고 선악을 분별하여 다시는 성경과 다른 거짓말하는 설교에 미혹되지 않게 된 이 일이 기록된 명제와 일치하여 사실이 된 것이다. 그래서 "주의 말씀의 맛이 내게 어찌 그리 단지요 내 입에 꿀보다 더하니이다"[시119:103]라고 하신 말씀이 실상이 되어 하나님께서 나를 가르치셨고, 은혜로교회 성도들을 가르치시는 '주의 규례'다. 하나님께서 친히 가르치시는 이 말씀이 '선한 말'이다.

요한복음 16:7~8
7 그러하나 내가 너희에게 실상을 말하노니 내가 떠나가는 것이 너희에게 유익이라 내가 떠나가지 아니하면 보혜사가 너희에게로 오시지 아니할 것이요 가면 내가 그를 너희에게로 보내리니
8 그가 와서 죄에 대하여, 의에 대하여, 심판에 대하여 세상을 책망하시리라

선한 말은 꿀송이 같아서 마음에 달고 뼈에 양약이 되느니라 [잠16:24]

이제 잠언 16장의 이 말씀이 실상이 된다. 선한 분은 오직 하나님 한 분이시다. 성경에 하나님의 뜻과 계획을 기록해 놓으셨지만 하나님께서 천국의 비밀을 사람에게 알게 하시지 않으셨다. 이는 악인들에게 의인의 업인 하나님의 나라를 허락하시지 않으셨고, 택한 자녀들에게는 죄악에 손을 대지 않게 하시는 하나님의 모략이며, 완전한 지혜이시다.

따라서 하나님께서 정하신 때가 될 때까지 아들 예수 그리스도에게도 당신의 뜻을 알 수 없도록 문자적인 기록 속에 감추어 두셨고, 악인들에게 허락하신 기간이 끝나는 6일에 맞추어서 하나님께서 친히 당신의 자녀들을 가르치실 때에 사용하시는 그릇을 미리 정해 두셨고, 보내시겠다고 약속하신 그대로 이 땅에 보내신 '진리의 성령'을 통해 '전대미문의 새 일'인 '새 언약'을 밝히시는 15년째 이 일이 '선한 말'이다.

그래서 '선한 말이 꿀송이같이' 실상이 되는 때는 에스겔 선지자가 사역할 당시가 아니고, 잠언을 기록한 솔로몬 시대에 이루어지는 것도 아니었다는 것은 이미 지나온 역사가 증명해준다. 선한 말이 꿀송이 같아서 마음에 달았다는 말은 사람의 생각, 영혼, 곧 마음의 원욕, 다른 말로 정욕이 영원히 그치고 진실로 정결케 되어 거룩하신 하나님께서 영원히 거하시는 성전이 될 때, 마음에 하나님의 말씀이 기록되어 마음에 할례를 받아야 실상이 되는 것이다. 사람에게 꿀송이 같은 선한 말이 없었다는 명백한 증거가 모든 육체가 죽었으며, 하나님께서 행하신 것은 영원히 있을 것이라는 언약이 이루어지지 않은 것이다. 곧 뼈에 양약이 되지 않았다는 것이 증거다.

요한복음 14:26
보혜사 곧 아버지께서 내 이름으로 보내실 성령 그가 너희에게 모든 것을 가르치시고 내가 너희에게 말한 모든 것을 생각나게 하시리라 이 '뼈'가 사람이 본능적으로 아는 뼈를 말씀하시는 것이 아니다. 신령한 것은 신령한 것으로 분별하면 창2:23절에 하나님께서 말씀하신 뼈는 여자를 뜻하신다. 이를 또 문자 그대로 보고 여자, 사람이 본능으로 아는 여자만 다 뼈라고 하면 안 된다.

창세기 2:23
아담이 가로되 이는 내 뼈 중의 뼈요 살 중의 살이라 이것을 남자에게서 취하였은즉 여자라 칭하리라 하니라

'아담'은 오실 자의 표상[롬5:14]이라고 하셨으니 이 땅에 보내실 하나님의 아들 예수 그리스도를 뜻하고, 아담이 뼈 중의 뼈라고 한 여자는 영적으로 말하면 교회를 뜻하는데, 교회 또한 사람이 본능으로 아는 교회 건물을 말씀하시는 것이 아니라, 교인들을 뜻하시므로 교인인 남자, 여자가 모두 뼈에 해당한다. 큰 틀로 말하면 예수 그리스도를 믿는 사람들이 하나님께서 말씀하시는 뼈다.

로마서 5:14
그러나 아담으로부터 모세까지 아담의 범죄와 같은 죄를 짓지 아니한 자들 위에도 사망이 왕 노릇 하였나니 아담은 오실 자의 표상이라

창세기에서 "뼈 중의 뼈요 살 중의 살"이라고 하신 이 뼈는 여자, 곧 교회 중의 교회요, 여자 중의 여자를 뜻한다. 전 성경을 종합하면 뼈 중의 뼈는 여자 중의 여자인 아가서의 "나의 완전한 자는 하나뿐이로구나"[아6:9]라고 하신 엄위한 여자이며, 여러 부분, 여러 모양으로 말하면 해를 입은 여자[계12:1~2], 현숙한 여자[잠31장], 하나님의 자녀들을 해산하는데 사용되는 여자[요16:21], 호2:19~20절의 실상의 주인공이 된

요한계시록 12:1~2
1 하늘에 큰 이적이 보이니 해를 입은 한 여자가 있는데 그 발 아래는 달이 있고 그 머리에는 열두 별의 면류관을 썼더라
2 이 여자가 아이를 배어 해산하게 되매 아파서 애써 부르짖더라

요한복음 16:21
여자가 해산하게 되면 그 때가 이르렀으므로 근심하나 아이를 낳으면 세상에 사람 난 기쁨을 인하여 그 고통을 다시 기억지 아니하느니라

요한계시록 3:7
빌라델비아 교회의 사자
에게 편지하기를 거룩하
고 진실하사 다윗의 열쇠
를 가지신 이 곧 열면 닫
을 사람이 없고 닫으면 열
사람이 없는 그이가 가라
사대

마태복음 12:50
누구든지 하늘에 계신 내
아버지의 뜻대로 하는 자
가 내 형제요 자매요 모친
이니라 하시더라

여자, 신령한 교회의 표상인 빌라델비아 교회의 사자[계
3:7~13], 딤전5:1~10절의 예언이 실상이 된 '참 과부', 약
속의 자녀들을 낳는 어미, 하나님의 뜻을 행하는 모친
[마12:46~50] 등으로 말씀하여 기록되어 있는 온전한
것[고전13:10], 온전한 교회에 대한 비밀을 감추어 두
시고 '뼈 중의 뼈'라고 하신 것이다.

따라서 '선한 말'이 사람에게 양약이 되어 사람을 '다
시 창조'하시는 기이하고 크고 큰일을 감추시고 하신
말씀이 잠16:24절이다. 하나님의 말씀이 양약이 되
어 다시 창조된 사람인 여자, 진리의 성령인 나에 대
한 예언이며, 다시 창조함을 받는 하나님의 자녀들
이 바로 이 '뼈'에 해당한다. 그래서 "눈의 밝은 것은 마
음을 기쁘게 하고 좋은 기별은 뼈를 윤택하게 하느니라"[잠
15:30]고 하셨고, "선한 말은 정결하니라"[잠15:26]고 하
신 것이다.

'선한 말'은 사람이 할 수 없다. 반드시 일곱째 날, 셋째
날, 여호와의 날, 인자의 날인 지금 이 세대에 하나님
께서 친히 가르치시는 요6:45절의 예언, 다른 말로 예
수 그리스도의 유언이 사실이 되어 땅 위에 이루어
진 첫 날인 2008년 6월 16일 하나님의 '선한 말'이 시작
되었다. 비행기가 하늘을 날아다니며 사람들이 빨리

왕래하는 이때[단12:4], 하나님의 말씀을 지켜 실행하여 온전히 영생을 얻은 하나님의 말씀을 대언하는 뼈, 뼈 중의 뼈가 되는 것이다. 그래서 나를 말하지 않고는 전 성경이 온전히 해석될 수가 없다. 온 세상이 믿든 안 믿든 이는 사실이고, 진리의 성령은 이런 선한 말, 곧 하나님의 가르치심을 대언하는 실상의 사람이다. 15년째 이 말씀이 곧 '선한 말'이며, 내 마음에, 내 입에 양약이 되어 뼈들인 성도들을 윤택하게 하고, 성도들의 눈을 영적인 눈으로 고치시고, 생각, 마음의 주인인 귀신이 영원히 떠나서 마음이 화창하게 다시 창조된 '신령한 사람'으로 만드시고 계시는 중이다.

이런 하나님의 큰일을 훼방한 자들은 육체가 살아 있을 때 공개 사과하고 회개해야 한다. 코로나19는 하나님의 징벌하심이다. 이제 모두 사람이 만든 모든 이론을 무효하고, 성부 하나님께로, 진리로 돌아서야 한다. 7년 대환난은 반드시 이 세대에 일어난다.

다니엘 12:4
다니엘아 마지막 때까지 이 말을 간수하고 이 글을 봉함하라 많은 사람이 빨리 왕래하며 지식이 더하리라

40

'물과 성령'으로
거듭나는 길

「동아일보」 2022년 3월 17일 목요일
「조선일보」 2022년 3월 18일 금요일

스마트폰으로 QR 코드를 스캔 하시면
[이제 온 천하는 잠잠하라] 전문을 다운로드 받을 수 있습니다.

왜 2천 년 동안 아무도
'거듭난 사람'이 없었을까?

³예수께서 대답하여 가라사대 진실로 진실로 네게 이르노니 사람이 거듭나지 아니하면 하나님 나라를 볼 수 없느니라 ⁴니고데모가 가로되 사람이 늙으면 어떻게 날 수 있삽나이까 두 번째 모태에 들어갔다가 날 수 있삽나이까 ⁵예수께서 대답하시되 진실로 진실로 네게 이르노니 사람이 물과 성령으로 나지 아니하면 하나님 나라에 들어갈 수 없느니라 ⁶육으로 난 것은 육이요 성령으로 난 것은 영이니

[요3:3~6]

하나님의 아들 예수 그리스도께서 사람이 다시 태어나는 길, 곧 물과 성령으로 거듭나는 길에 대해 다음과 같이 말씀해 두셨다. 요8:51절에 "진실로 진실로 너희에게 이르노니 사람이 내 말을 지키면 죽음을 영원히 보지 아니하리라"... 요14:15절 "너희가 나를 사랑하면 나의 계명을 지키리라"... 21절 "나의 계명을 가지고 지키는 자라

야 나를 사랑하는 자니 나를 사랑하는 자는 내 아버지께 사랑을 받을 것이요 나도 그를 사랑하여 그에게 나를 나타내리라"... 23절 "예수께서 대답하여 가라사대 사람이 나를 사랑하면 내 말을 지키리니 내 아버지께서 저를 사랑하실 것이요 우리가 저에게 와서 거처를 저와 함께 하리라" 이 예언, 유언이 1990여 년이 지난 2022년 이제 효력이 나타나서 이미 성령으로 나는 자가 실상이 되었다.

예수 그리스도를 사랑하는 것은 혀로 말로만 "예수님 사랑해요, 하나님 사랑해요" 하는 것이 아니라 반드시 예수 그리스도께서 하신 말씀을 지켜 실행하는 것이다. 하나님께서 하신 말씀을 여러 부분, 여러 모양으로 말하면 '계명, 명령, 율례, 법도, 하나님의 법, 지시, 분부, 약속, 언약'이라고 하고, 이를 지켜 실행하는 것이 예수 그리스도를, 여호와 하나님을 사랑하는 것이다. 혀로 말만 하면서 행위로 부인하는 것은 사람도 몇 번은 속아도 결국 속지 않는다. 귀신이 주인인 자는 혀에 붙은 말만 한다. "말씀을 믿습니다" 하면서 행위로 부인하는 것은 예수 그리스도를, 성부 하나님을 희롱하고 조롱하는 것이다.

오죽하면 귀를 돌이켜 말씀을 듣지 아니하면 그 기도도 가증하다[잠28:9]고 하셨을까? 오죽하면 행함이 없는 믿음은 죽은 믿음[약2:26]이라고 하셨을까? 오죽 말쟁이들이면 살았다고 하는 예수 이름을 가졌으나 죽은 자, 곧 사람이 보기에 살아 있으나 하나님이 보시기에 죽은 자[계3:1]라고 하셨을까? 사람이 진실로 예수 그리스도를 믿고, 성부 하나님을 믿으면 내 말을 지킬 것이라 하시고, 그렇게 지키면 예수 그리스도도, 성부 하나님 아버지도 저를 사랑할 것이라고 하셨다.

이렇게 분명히 사람이 기록된 말씀을 지키면 "우리가 저에게 와서 거처를 저와 함께 하리라"고 하셨고, 구약성경 호2:19~20절에는 "내가 네게 장가들어 영원히 사시겠다"고까지 하셨다. 사람들이 상상하듯 하나님의 나라가 사람이 죽어서 가는 곳이라면 이런 약속들은 잘못된 것이다. 따라서 천국을, 하나님을 상상하는 사람은 하나님을 거짓말하시는 분으로 만든다. 인간이 얼마나 간사한지 자신이 원하는 대로 다 달라고 하고, 자신의 정욕대로 구하고 정욕대로 살면서 죽어서는 천국 간다고 하는 새빨간 거짓말로 2022년 지금 이 세대까지 교회 강단에서 하는 설교에 설교자 자신도 생각과 마음의 주인이 된 귀신에게 속고, 교인들도 속이는 것이 성경을 사용하는 모든 종교인들이

야고보서 2:26
영혼 없는 몸이 죽은 것 같이 행함이 없는 믿음은 죽은 것이니라

요한계시록 3:1
사데 교회의 사자에게 편지하기를 하나님의 일곱 영과 일곱 별을 가진 이가 가라사대 내가 네 행위를 아노니 네가 살았다 하는 이름은 가졌으나 죽은 자로다

호세아 2:19~20
19 내가 네게 장가들어 영원히 살되 의와 공변됨과 은총과 긍휼히 여김으로 네게 장가들며
20 진실함으로 네게 장가들리니 네가 여호와를 알리라

다. 이렇게 성경을 사용하여 하나님을 대적하고 영원한 지옥으로 보내는 자들이 바로 '뱀의 혀'요, 그 혀로 내는 '지옥 불의 소리'로 한 몫의 삶도 헛되게 살게 하고, 육체도 죽게 하고, 영원한 삶을 둘째 사망인 영원히 꺼지지 않는 지옥 불에서 살게 하는 것이다.

에베소서 2:15~16
15 원수 된 것 곧 의문에 속한 계명의 율법을 자기 육체로 폐하셨으니 이는 이 둘로 자기의 안에서 한 새 사람을 지어 화평하게 하시고
16 또 십자가로 이 둘을 한 몸으로 하나님과 화목하게 하려 하심이라 원수 된 것을 십자가로 소멸하시고

분명히 "사람이 나를 사랑하면 내 말을 지키리니"라고 하신 이 '사람'은 창세 이래 처음 생긴 "한 새 사람"[엡 2:15~16]인 '나'에 대한 예언이었다. 증명한다. 모든 천주교인, 기독교인들이 믿는다고 혀로 말만 하는 하나님의 아들 예수 그리스도께 모든 사람들이 마음에 소원하는 하나님의 나라, 다른 말로 '천국'에 들어가려면 어떻게 해야 하느냐고 부자 관원이 와서 물었다[마19:16~30, 막10:17~31, 눅18:18~30]. 그 질문에 예수 그리스도께서 계명을 지키라고 대답하셨는데 관원, 곧 오늘날 천주교 신부, 사제, 교황, 기독교 목사는 자신은 계명을 다 지켰다고 했지만 사실은 단 한 계명도 지키지 않았다. 그런 그에게 예수님께서 "한 가지 부족한 것이 있으니 네 가진 모든 것을 다 팔아 가난한 자들에게 주고 와서 나를 따르라"고 하셨다. 이 말을 들은 관원은 재물이 많은 부자라 근심하며 되돌아 갔다. 그가 되돌아가고 예수님께서 제자들에게 비유로

말씀하시길 "약대, 곧 낙타가 바늘귀로 들어가는 것이 부자가 하나님 나라에 들어가는 것보다 쉬우니라"고 하시니 제자들이 그 말을 듣고 심히 놀라서 "그런즉 누가 구원을 받을 수 있겠느냐"고 한다.

지금 전 세계 성경을 사용하는 모든 사람들도 다 이렇게 생각할 것이다. 천국, 곧 하나님 나라는 예수 그리스도께서 말씀하신 대로 하지 않으면 들어갈 수 없는데, 새빨간 거짓말로 다 가르치고 있다. 가르치는 지도자나 가르침을 받는 교인들이나 자신들의 혀로 "믿습니다" 하면서도 예수님이 하신 말씀은 안 믿고, 자신들의 원욕대로 지어낸 거짓말을 믿고 교회를 다닌 결과 모두 육체가 죽었고, 그들은 다 둘째 사망인 지옥 불구덩이에서 영원히 살고 있는데 아무도 이 사실을 안 믿는다.

기독교인들, 천주교인들에게 묻는다. 성경을 사용하나 정욕이 그대로인 사람들의 말이 맞는가? 하나님의 아들 예수님께서 하신 말씀이 맞는가? 분명히 예수님은 사람이 거듭나지 아니하면 하나님 나라에 들어갈 수 없다고 하셨고, 하나님 나라를 볼 수 없다고 하셨다. "진실로 진실로 네게 이르노니"라고 하시면서 사람이 물과 성령으로 거듭나지 아니하면 하나님 나라에 들

요한복음 3:5
예수께서 대답하시되 진
실로 진실로 네게 이르노
니 사람이 물과 성령으로
나지 아니하면 하나님 나
라에 들어갈 수 없느니라

어갈 수 없다[요3:5]고 하셨다. 그러나 새빨간 거짓말로 가르치는 흉악한 귀신, 다른 말로 용, 사단, 마귀, 옛 뱀, 독사의 혀는 "예수님께서 십자가에 죽으실 때 네 죄를 다 지시고 죽으셨다"고 가르쳐서 아무도 하나님 나라를 볼 수도 없었고, 들어가지도 못한 것을 2022년 이날까지 땅의 역사가 증명해 주는데도 안 믿는 것이 지금 전 세계 성경을 사용하는 모든 사람들이다.

예수님께서는 분명하게 "내가 땅의 일을 말하여도 너희가 믿지 아니하거든 하물며 하늘 일을 말하면 어떻게 믿겠느냐"[요3:12]고 하셨는데, 당시 예수님께 가르침을 받은 제자들이 하늘 일을 말했는가? 영성이 가장 높다고 사람들이 말하는 사도 바울이 하늘 일을 말했는가? 절대 아니다. 오히려 사도 바울이 자신의 생각대로 기록한 말이 얼마나 많은지 안다면 기절할 것이다. 예수님께서 또 이렇게 말씀하셨다. "모세가 광야에서 뱀을 든 것같이 인자도 들려야 하리니 이는 저를 믿는 자마다 영생을 얻게 하려 하심이니라"[요3:14~15]고 하셨는데, 지금까지 전 세계에 예수를 믿는다고 하는 기독교인, 천주교인의 수가 이렇게 많은데, 왜 영생을 얻은 자는 한 명도 없는 것일까? 아들을 믿는다고 한 당시 제자들도, 사도 바울도 다 순교했는데, 죽어도 다시 살아나야 하는데 왜 2022년 3월 이 시간까지 부활하지 않고, 피흘리며 죽은 것을 복수해 달라고 하며 제단 아래서 쉬고 있을까[계6:9~11]? 그곳이 천국이라면 다 자신들처럼 죽임을 당하여 그곳에 가야 하고, 또 오라고 해야지 왜 하나님께 자신들이 흘린 피를 복수, 곧 신원해 주지 않는다고 항의하듯 말을 할까? 이는 아무도 물과 성령으로 거듭난 사람이 없었다는 증거다. 또한 아무도 예수 그리스도를 통한 하나님의 계명을 지킨 사람도, 온전히 믿은 사람도 없었다는 증거다.

요한계시록 6:9~11
9 다섯째 인을 떼실 때에 내가 보니 하나님의 말씀과 저희의 가진 증거를 인하여 죽임을 당한 영혼들이 제단 아래 있어
10 큰 소리로 불러 가로되 거룩하고 참되신 대주재여 땅에 거하는 자들을 심판하여 우리 피를 신원하여 주지 아니하시기를 어느 때까지 하시려나이까 하니
11 각각 저희에게 흰 두루마기를 주시며 가라사대 아직 잠시 동안 쉬되 저희 동무 종들과 형제들도 자기처럼 죽임을 받아 그 수가 차기까지 하라 하시더라

예수 그리스도의 말을 지킨 '한 사람'

하나님이 세상을 이처럼 사랑하사 독생자를 주셨으니 이는 저를 믿는 자마다 멸망치 않고 영생을 얻게 하려 하심이니라 [요3:16]

'영생'이란, 영원히 사는 삶, 영원한 생명, 영원히 죽지 아니하고 천국의 복락을 길이 누리며 사는 삶을 말한다. 또한 '삶'이란, '사는 일, 살아 있는 일, 목숨, 생명'이라고 한다. 물과 성령으로 거듭나야 하나님 나라에 들어간다고 하셨는데 육체가 죽어서 가는 곳이 하나님 나라이고, 영생이라고 성경 어디에 기록되

어 있는가? 영생은 죽어서 얻고, 하나님 나라는 죽어서 가는 곳이라고 마음대로, 믿고 싶은 대로 믿은 모든 기독교인들, 천주교인들은 대답하라.

마가복음 9:25
예수께서 무리의 달려 모이는 것을 보시고 그 더러운 귀신을 꾸짖어 가라사대 벙어리 되고 귀먹은 귀신아 내가 네게 명하노니 그 아이에게서 나오고 다시 들어가지말라 하시매

요한복음 14:6
예수께서 가라사대 내가 곧 길이요 진리요 생명이니 나로 말미암지 않고는 아버지께로 올 자가 없느니라

요한복음 14:23
예수께서 대답하여 가라사대 사람이 나를 사랑하면 내 말을 지키리니 내 아버지께서 저를 사랑하실 것이요 우리가 저에게 와서 거처를 저와 함께 하리라

"주 예수"라고 부르는 당신들의 신인 예수님께서 "벙어리 되고 귀먹은 귀신아"[막9:25]라고 책망하시고, "저를 믿는 자마다 영생을 얻게 하려 하심이라"고 하셨으며, 또한 "내가 곧 길이요 진리요 생명이니"라고 하셨다. 그리고 "사람이 나를 사랑하면 내 말을 지키리니 내 아버지께서 저를 사랑하실 것이요 우리가 저에게 와서 거처를 저와 함께 하리라"[요14:23]고 하신 이 말씀에 기록된 약속, 예언, 유언이 실상이 된 '사람'은 반드시 예수 그리스도께서 하신 말씀을 지켜 실행한다.

이 '사람'은 예수 그리스도의 아버지 여호와 하나님께서 사랑하시는 사람이며, 하나님과 아들 그리스도께서 이 사람에게 와서 거처를 함께 하는 사람이다. 하나님께 사랑받은 자, 예수 그리스도께 사랑받은 자, 하나님과 아들 그리스도의 영이 와서 거처를 함께 하는 '사람'이다. 이 사람은 창세 이래 처음으로 이 세상에 육체를 입고 있는 사람 중에 하나님과 그리스도의 영이 와서 함께 거하는 성전이 된 '사람'이다. 이 사람은 누구일까? 이 사람은 사람이 보기에 사람인데,

하나님께서 보내셨던 아들이 사랑한 '사람'이다.

> 만일 **너희 속에 하나님의 영이 거하시면** 너희가 육신에 있
> 지 아니하고 영에 있나니 누구든지 **그리스도의 영이 없으**
> **면 그리스도의 사람이 아니라** [롬8:9]

그렇다면 이 '영'은 무엇인가? "하나님은 영이시니 예
배하는 자가 신령과 진정으로 예배할찌니라"[요4:24]고 하
셨고, "살리는 것은 영이니 육은 무익하니라 내가 너희에게
이른 말이 영이요 생명이라"[요6:63]라고 하셨다. '영'은
'하나님, 예수 그리스도께서 이르신 말'이 '영'이다. 그래
서 "태초에 말씀이 계시니라 이 말씀이 하나님과 함께 계셨
으니 이 말씀은 곧 하나님이시니라"[요1:1]고 하셨던 것이
다. 하나님께서 각 시대마다 택하신 사람을 사용하셔
서 예언해 두셨고, 영이신 하나님과 그리스도의 영,
곧 예수 그리스도께서 하신 말이 '영'이라고 하셨으
니 그리스도의 하신 말을 지켜 실행하는 '사람'이며,
하나님과 예수 그리스도께서 와서 저와 함께 한다고
하셨으니 '셋이 하나가 된 사람'[요일5:7~9]이다.

요한일서 5:7~9
7 증거하는 이는 성령이
시니 성령은 진리니라
8 증거하는 이가 셋이니
성령과 물과 피라 또한 이
셋이 합하여 하나이니라
9 만일 우리가 사람들의
증거를 받을찐대 하나님
의증거는 더욱 크도다 하
나님의 증거는 이것이니
그 아들에 관하여 증거하
신 것이니라

다시 말하면, 그리스도의 영이 없으면 그리스도의
사람이 아니라는 말씀에 무게가 있다. 곧 구약만 인
정하고 하나님의 아들 예수 그리스도를 인정하지 않

는 종교에서 혀로 "하나님"이라고 부른다고 해서 하나님과 관계가 있는 것이 아니라는 뜻이 감추어져 있다. 더 직설적으로 말하면 유대교와 이슬람교, 여호와의 증인 등은 구약성경을 가지고 자신들이 만들어 낸 종교이므로 단 한 명도 구원받지 못한다. 예수 그리스도께서 이 땅에 오심으로 창세 이래 모든 세월들을 무효로 하고 전 세계 역사가 BC에서 AD로 다시 시작한 것이 이에 대한 명백한 증거다. 그러므로 예수 그리스도께서 사람으로 태어나셨지만, 구약성경에 이미 예언해 두신 언약대로 이 땅에 오신 하나님의 아들이심을 믿지 아니하는 종교는 '이단'이다. 하나님 나라와 아무 관계가 없다.

따라서 '그리스도의 영'이란 그리스도께서 하신 말씀이 '영'이며, 신령한 몸으로 다시 부활하신 분이 그리스도의 영이다. 곧 '영'이란 하나님이 영이시고, 영이신 하나님께서 아들을 통해서 말씀하신 것이 '영'이며, 그리스도의 영이 있는 그리스도의 사람은 신령한 몸으로 부활하신 그리스도께서 당시 구약성경을 가지고 자신에 대해서 자세히 설명하신 것처럼, 지금 이 세대에도 전 성경을 자세히 풀어 해석해서 마음에 할례를 받게 해야 한다. 다시 말하면 "예수께서 대답하

누가복음 24:27, 44
27 이에 모세와 및 모든 선지자의 글로 시작하여 모든 성경에 쓴바 자기에 관한 것을 자세히 설명하시니라
44 또 이르시되 내가 너희와 함께 있을 때에 너희에게 말한 바 곧 모세의 율법과 선지자의 글과 시편에 나를 가리켜 기록된 모든 것이 이루어져야 하리라 한 말이 이것이라 하시고

여 가라사대 사람이 나를 사랑하면 내 말을 지키리니 내 아버지께서 저를 사랑하실 것이요 우리가 저에게 와서 거처를 저와 함께 하리라"[요14:23]고 하신 예언이 실상이 된 '사람'이라야 하며, 영이신 하나님과 그리스도의 영이 함께 하는 '새 사람, 하나님께서 장가드신 성전 된 사람'[호2:19~20]이며, 그렇게 된 사람을 하나님의 영, 진리의 영, 진리의 성령, 거룩한 자, 신령한 자, 살려주는 "마지막 아담"[고전15:45]이라고 하신 것이다.

고린도전서 15:45
기록된 바 첫 사람 아담은 산 영이 되었다 함과 같이 마지막 아담은 살려 주는 영이 되었나니

즉, 예수 그리스도의 영이 함께 하는 사람은 예수 그리스도의 말씀을 지켜 실행하여 그리스도의 사람임을 실상으로 증명한다는 뜻이다. 특히, 아들을 믿는 자는 반드시 아들이 하나님의 말씀을 지켜 순종함으로 거룩해지신 길대로 거룩함에 이르러야 한다[요17:19]. 그래야 "아들을 믿는 자마다 영생을 얻게 하려 하심이니라"고 하신 예언이 실상이 되고, 아들의 유언이 효력이 나타나서 땅 위에 그대로 이루어지는 것이다. 마19:16~30절과 눅18:18~30절과 막10:17~31절에 기록된 말씀을 그대로 지켜 실행하는 것이 영생에 이르는 길이며, 천국에 들어가는 길이요 진리이며 생명이라고 하신 말씀을 이루는 것이다. 전 성경을 통한 하나님의 계명, 모든 명령을 지켜 실행하여 자신의 소유

요한복음 17:19
또 저희를 위하여 내가 나를 거룩하게 하오니 이는 저희도 진리로 거룩함을 얻게 하려 함이니이다

를 다 팔아 가난한 자를 주고, 이 말씀대로 지켜 실행
하다가 핍박을 받아 감옥에까지 갇힌 나와 은혜로교회
성도들의 구속 사건이 우리가 '그리스도의 영이 있는
그리스도의 사람'이라는 명백한 증거다.

> ²⁹예수께서 가라사대 내가 진실로 너희에게 이르노니 **나와**
> **및 복음을 위하여 집이나 형제나 자매나 어미나 아비나 자**
> **식이나 전토를 버린 자는** ³⁰금세에 있어 집과 형제와 자매
> 와 모친과 자식과 전토를 백 배나 받되 **핍박을 겸하여 받고**
> **내세에 영생을 받지 못할 자가 없느니라** [막10:29~30]

　뿐만 아니라 마12:46~50절과 막3:31~35절과 눅
8:19~21절에 말씀하신 그대로 지켜 실행한 것이다.
곧 "누구든지 하늘에 계신 내 아버지의 뜻대로 하는 자가
내 형제요 자매요 모친이니라 하시더라"고 하신 이 예
언의 실상이 예수님 당시 사람들이 절대 아니다. 히
9:16~17절의 말씀대로 유언은 유언한 자가 죽어야 효
력이 나타난다고 하신 대로 유언이 효력이 나타나서
이 세 군데 말씀들을 땅 위에서 실상으로 이루라고
하나님께서 보내신 사람들이 바로 진리의 성령인 나
와 은혜로교회 성도들이다. 곧 그리스도의 영이 있는
'그리스도의 사람'이라는 것이다. 이제 예언이 사실이
된 것이다.

히브리서 9:16~17
16 유언은 유언한 자가
죽어야 되나니
17 유언은 그 사람이 죽
은 후에야 견고한즉 유언
한 자가 살았을 때에는 언
제든지 효력이 없느니라

'성령'으로 인해 '양심상 온전케 되는 날' 새 언약으로 거듭나게 된다

[8]성령이 이로써 보이신 것은 **첫 장막이 서 있을 동안에** 성소에 들어가는 길이 아직 나타나지 아니한 것이라 [9]**이 장막은 현재까지의 비유니** 이에 의지하여 드리는 예물과 제사가 섬기는 자로 그 양심상으로 온전케 할 수 없나니 [히9:8~9]

이 유언도 사람이 본능적인 시각으로 보면 "첫 장막이 서 있을 동안"을 구약으로 볼 수 있다. 이는 사람이 본능적으로 아는 것이고, 예수 그리스도께서 이 땅에 오셔서 가르치시고 행하신 사역과 2천여 년의 기간도 첫 장막이 서 있을 동안에 해당한다. 따라서 성령이 상상이 아니라는 명백한 증거에 해당하는 말씀이다. 이 유언이 효력이 발생한 2008년 6월 16일 전까지가 '현재까지의 비유'에 해당하고, '첫 장막이 서 있는 기간'에 해당한다. 명백한 증거가 '예수 이름' 의지하여 드리는 예물과 제사가 섬기는 자로 그 양심상으로 온전케 할 수 없었다는 것이다. 이는 온 세상에 그 누구도 아니라고 변명할 수 없는 명백한 증거다.

2008년 6월 16일 새 언약의 말씀을 선포하기 전

까지는 모두 '첫 장막이 서 있을 기간'에 해당한다. 나는 15년째 은혜로교회 성도들을 통해서 보았고, 지금 이 시간에도 전 세계에 예수 이름을 사용하는 모든 천주교, 기독교인들을 통해서 보고 있다. 아무도 양심상 온전케 된 사람이 없었고, 물과 성령으로 거듭난 사람도 없었다. 이는 성경이 모든 것을 죄 아래 가둔 기간에 해당한다. 그래서 "이런 것은 먹고 마시는 것과 여러 가지 씻는 것과 함께 육체의 예법만 되어 개혁할 때까지 맡겨 둔 것이니라"[히9:10]고 하신 이대로 실상이 되어 '성경적인 온전한 개혁'을 하고 있다. 이는 사람 차원의 개혁이 아니라 하나님께서 친히 개혁하시는 것이다.

갈라디아서 3:22~23
22 그러나 성경이 모든 것을 죄 아래 가두었으니 이는 예수 그리스도를 믿음으로 말미암은 약속을 믿는 자들에게 주려 함이니라
23 믿음이 오기 전에 우리가 율법 아래 매인 바 되고 계시될 믿음의 때까지 갇혔느니라

이 개혁이 2008년 6월 16일부터 15년째 땅 위에서 진행되고 있는 것이다. 그 증거가 열매들인 성도들이 개혁되었으며, 또한 대적자들을 사용하여 나를 감옥에 가두어 둔 '참 과부의 송사'다. 이는 성령이 절대 상상이 아니라, 하나님께서 이 말씀을 땅 위에 이루실 때 사용되는 그릇인 진리의 성령이 사람임을 증거하시는 것이다. 진리의 성령을 사용하셔서 전대미문의 새 언약[히8장]을 선포하실 때, 이를 위해 아들 예수 그리스도를 2천여 년 전에 미리 이 땅에 보내셔서 "새 언약의 중보"[히9:15]로 삼으신 것이다.

히브리서 8:8
저희를 허물하여 일렀으되 주께서 가라사대 볼찌어다 날이 이르리니 내가 이스라엘 집과 유다 집으로 새 언약을 세우리라

히브리서 9:15
이를 인하여 그는 새 언약의 중보니 이는 첫 언약 때에 범한 죄를 속하려고 죽으사 부르심을 입은 자로 하여금 영원한 기업의 약속을 얻게 하려 하심이니라

¹¹그리스도께서 장래 좋은 일의 대제사장으로 오사 손으로 짓지 아니한 곧 이 창조에 속하지 아니한 더 크고 온전한 장막으로 말미암아 ¹²염소와 송아지의 피로 아니하고 **오직 자기 피로 영원한 속죄를 이루사** 단번에 성소에 들어가셨느니라 ¹³염소와 황소의 피와 및 암송아지의 재로 부정한 자에게 뿌려 그 육체를 정결케 하여 거룩케 하거든 [히9:11~13]

이 말씀이 귀신들이 틈을 타게 만든 말이 되었다. "예수의 피로 피로" 하게 만들었으며, 사람이 본능적으로 아는 것으로 보면 구약시대 제사법으로 해석하게 만들었다. 문자 그대로 보면 그 해석이 맞다. 그러나 그때 제사로는 아무도 거룩하게 된 사람들이 없었다는 것을 깨달아야 한다. 그 거룩은 일시적인 것이었다. 대제사장이 하나님 앞에 설 때, 육체가 죽지 않게 하는 '육체의 예법'이었으며, 백성들도 다 마찬가지였다. 곧 육체의 예법만 되어 그 당시 사람들을 양심상으로 거룩하게 한 실상이 아니었다. 예수 그리스도가 이 땅에 오시고 구약시대 제사법이 변경된 것이라 구약시대처럼 제사를 드릴 필요가 없게 되었고, 이후로 2천여 년이 지나 오늘까지도 현재 드리는 예배 형식으로 드리게 된 것일 뿐, 이렇게 예배드린다고 해서 예배에 참석하는 교인들이 양심상 온전케 되는

히브리서 9:10
이런 것은 먹고 마시는 것과 여러가지 씻는 것과 함께 육체의 예법만 되어 개혁할 때까지 맡겨 둔 것이니라

것이 아니라는 뜻이다. 이는 진실로 사실이었다. 그래서 하나님께서 '정하신 때'가 있고, 그때를 깨달아야 왜 15년째 진리의 성령인 나를 사용하시는 이 일이 '전대미문의 새 언약, 새 일'이라고 하는지 깨달아진다. 이를 인정하는 것이 상상의 믿음에서 '실상의 믿음'이 되는 것이다.

구약시대 제사가 그 제사를 드리는 사람들로 하여금 양심상으로 온전케 할 수 없었기에 하나님께서 증거하신 일이 바로 창세 이래 모든 시간, 세월들을 무효로 하시고 다시 1년 1월 1일로 시작하신 것이고, 예수 그리스도께서 이 땅에 오시고도 2천 년이 더 지나야 함을 이미 창세기부터 계시록까지 다 예언해 두셨다. 다만 사람들이 자신들의 수준에서 이 사실을 몰랐을 뿐이다. 그 증거가 아무도 영생하지 못하고 모두 다 육체가 죽었다는 것이다. 그래서 반드시 진리의 성령이 실상이 되어야 양심상 온전케 되어 물과 성령으로 거듭나는 사람들이 실상이 되고, 하나님께서 전 성경을 기록하신 목적은 의인의 세대인 '오는 세상'에 있음을 알게 된다.

예수님께서 이 땅에 오셔서 땅의 모든 역사가 완전히 새로 시작했듯이, '성령'이 실상이 되면 창세 이래 지나온 모든 역사가 다 무효되고, 악인들이 세상을 지배하고 다스리고 정복하는 때가 다 끝나며, 이 온 세상을 하나님께서 통치하시는 시대가 되어서 의인들이 세상을 다스리고 누리고 정복하는 때가 도래하게 된다. 양심상 온전케 되며, 물과 성령으로 거듭나게 된다. 이를 두고 '새 하늘, 새 땅'이라고 하며, 새 하늘에 속한 사역자들은 물과 성령으로 거듭나서 육체도 죽지 아니하고 온전히 새 사람이 되어 사역을 하되 영원히 제사장이 되어 사역을 한다는 뜻이고, 새 땅에 해당하는 하나님의 백성들도 죄를 짓지 아니하고 사는 사람들이 될 것이라는 뜻이다.

사무엘상 27:12
아기스가 다윗을 믿고 말하기를 다윗이 자기 백성 이스라엘에게 심히 미움을 받게 하였으니 그는 영영히 내 사역자가 되리라 하니라

이를 '오는 세상', 곧 '의인의 세대'라고 한다. 이런 새 하늘, 새 땅의 시작이 되면 진실로 이제까지의 모든 역사를 무효하고, 다시 1년 1월 1일로 시작한다. 이 일을 시작한 지 15년째다. 이는 '여호와 하나님만이 참 신'이심을 땅에 사는 천지 만물이 다 시인하게 하시기 위한 하나님의 완전한 지혜와 모략이었다.

전 세계 성경을 사용하는 모든 사람들은 이제 새 언약으로, 성부 하나님을 아는 진리의 지식으로 돌아오면 된다. 진실로 지금 때가 급하다. 코로나19는 하나님의 징벌하심이며, 모든 불법과 불의에서 돌이켜야 한다.

41

이제 온 천하는 **잠잠하라**

거친 들에서 올라오는
'여자'

「동아일보」 2022년 3월 24일 목요일
「조선일보」 2022년 3월 25일 금요일

스마트폰으로 QR 코드를 스캔 하시면
[이제 온 천하는 잠잠하라] 전문을 다운로드 받을 수 있습니다.

거친 들은 어디인가?

¹⁴그러므로 내가 저를 개유하여 거친 들로 데리고 가서 말로 위로하고 ¹⁵거기서 비로소 저의 포도원을 저에게 주고 아골 골짜기로 소망의 문을 삼아 주리니 저가 거기서 응대하기를 어렸을 때와 애굽 땅에서 올라오던 날과 같이 하리라 [호2:14~15]

성경은 비밀이다. 성경은 비유로 기록되어 있으며, 반드시 신령한 것은 신령한 것으로, 영적인 것은 영적인 것으로 해석을 해야 성경 속에 감추어 두신 하나님 나라의 비밀을 알 수 있다[고전2:13~14]. 하나님께서는 명백하게 2804~2775여 년 전인 BC 782~753년경에 호세아 선지자를 통해 이렇게 약속하셨다. 호세아 14장의 "거친 들"은 여호와의 땅, 하나님께서 약속하신 땅, 낙토, 본토, 고토, 본향, 이스라

고린도전서 2:13~14
13 우리가 이것을 말하거니와 사람의 지혜의 가르친 말로 아니하고 오직 성령의 가르치신 것으로 하니 신령한 일은 신령한 것으로 분별하느니라
14 육에 속한 사람은 하나님의 성령의 일을 받지 아니하나니 저희에게는 미련하게 보임이요 또 깨닫지도 못하나니 이런 일은 영적으로라야 분변함이니라

엘 땅, 광야 자기 곳을 뜻한다. 해를 입은 여자, 하나님께서 장가드신 여자를 위해 택하신 하나님의 권속들을 위하여 예비해 두신 피난처, 하나님께서 시작하신 새 일, 의인의 세대, 곧 오는 세상의 수도가 될 땅, 황무하여 기경을 해야 하는 땅, 하나님께서 다시 창조하실 때 안전하게 죄도 짓지 아니하고 하나님의 명령을 지켜 실행하며 살 수 있는 땅을 '거친 들'이라 하셨다.

이 '거친 들'의 주인공을 두고 아3:6절에 "연기 기둥과도 같고 몰약과 유향과 장사의 여러 가지 향품으로 향기롭게도 하고 거친 들에서 오는 자가 누구인고" 아8:5절 "그 사랑하는 자를 의지하고 거친 들에서 올라오는 여자가 누구인고"라고 하신 명제에 일치하는 사람은 사람이 보기에 외모가 남자가 아니고 '여자'다. 2922여 년 전에 당시 최고 지혜자인 솔로몬 왕이 유언한 이 '여자'가 바로 하나님께서 장가드신다고 하신 여자, 곧 호세아 선지자의 예언, 유언이 실상이 된 여자이며[호 2:19~20], 이후 또 약 877~858년 후에 예수 그리스도께 직접 가르침을 받은 사도 요한은 계시록 12장에서 "해를 입은 여자"[계12:1]라고 유언을 했으며, 동시대에 신령한 몸으로 부활하신 하나님의 아들 그리스도

호세아 2:19~20
19 내가 네게 장가들어 영원히 살되 의와 공변됨과 은총과 긍휼히 여김으로 네게 장가들며
20 진실함으로 네게 장가 들리니 네가 여호와를 알리라

를 만나서 유대교에서 기독교로 개종한 사도 바울을 사용하셔서 이 여자를 "참 과부"[딤전5:1~10]라고 예언, 유언을 했고, '믿음, 온전한 것, 신령한 것을 신령한 것으로 분별하는 하나님의 성령, 약속의 자녀들의 어머니, 위에 있는 예루살렘, 자유자… 등등' 여러 부분, 여러 모양[히1:1]으로 예언해 두셨다. "거친 들에서 오는 자가 누구인고, 거친 들에서 올라오는 여자가 누구인고"라고 한 것과 더불어 호2:14절에서는 "거친 들로 데리고 가서"라고 하셨다. 그 이유를 밝힌다.

영적으로 말하면 6일간(구약 4천 년 + 신약 2천 년 = 6천 년, 벧후3:8절로 해석하면 6일)은 성경을 사용하는 모든 교회는 다 거친 들에 해당한다. 이 말은 '들'에서 일을 하는 시기인 6일을 지시하신 것이고, 이때는 '하나님의 집, 곧 하나님께서 영원히 거하시는 성전 된 사람'이 없었다. 그래서 거친 들에 있던 여자를 "거친 들로 데리고 가서"라고 하신 것이다.

곧 6일이 끝나가는 때에 거친 들에서 신앙생활을 했던 여자를 한 몫의 삶을 다 무효하고, 하나님의 계명을 지켜 실행하여 독수리 두 날개의 실상인 비행기를 타고 하늘을 올라 날아서 발이 돌에 부딪히지 아니하고 약속하신 땅인 거친 들, 황무한 땅에 데리고 가신

히브리서 1:1
옛적에 선지자들로 여러 부분과 여러 모양으로 우리 조상들에게 말씀하신 하나님이

베드로후서 3:8
사랑하는 자들아 주께는 하루가 천 년 같고 천 년이 하루 같은 이 한 가지를 잊지말라

창세기 8:10~11
10 또 칠 일을 기다려 다
시 비둘기를 방주에서 내
어놓으매
11 저녁 때에 비둘기가
그에게로 돌아왔는데 그
입에 감람 새 잎사귀가 있
는지라 이에 노아가 땅에
물이 감한 줄 알았으며

것이다. 그래서 진리의 성령을 두고 "성령이 형체로 비둘기같이"라고 기록해 두셨고, 이미 창세기에 비둘기가 방주 안으로 날아오는데 그 입에 잎사귀가 물려 있다고 하셨던 것이다[창8:10~11]. 이렇게 창세기부터 요한계시록까지 다 예언되어 있고, 진리의 성령을 사용하셔서 구슬을 꿰듯이 종합하여 감추어 두신 천국의 비밀을 드러내어 밝히시는 것이다.

히브리서 9:16~17
16 유언은 유언한 자가
죽어야 되나니
17 유언은 그 사람이 죽
은 후에야 견고한즉 유언
한 자가 살았을 때에는 언
제든지 효력이 없느니라

왜 이 '여자'를 거친 들에서 하늘로 올려 다른 거친 들인 하나님이 예비하신 땅으로 데리고 가실까? 왜 거친 들에서, 또 거친 들로 데리고 가셔서 그 땅에 영원히 거하게 하실까? 이에 대한 해답은 성경 속에 예언되어 있다. 다른 말로 하면 '유언'이다.

[18]그가 아직 말할 때에 또 한 사람이 와서 고하되 주인의 자녀들이 그 맏형의 집에서 식물을 먹으며 포도주를 마시더니 [19]**거친 들에서 대풍이 와서 집 네 모퉁이를 치매 그 소년들 위에 무너지므로 그들이 죽었나이다** 나만 홀로 피한고로 주인께 고하러 왔나이다 한지라 [욥1:18~19]

3422여 년 전에 욥의 자식들이 포도주를 마시는 중에 대풍이 와서 다 죽었다고 하는 곳이 '거친 들'이다. 거친 들에 있으면 대풍이 불어서 다 죽는다. 하나님께서 말씀하시는 '대풍'은 거짓 선지자, 용, 사단,

마귀, 가르치는 귀신, 뱀, 독사, 곧 하나님의 말씀이 없는데 성경을 가지고 한 절, 혹은 몇 절 읽고 성경과 다른 거짓말로 가르치는 자들, 마7:13~27절의 주의 이름으로 선지자 노릇 하고 귀신도 쫓아내고 권능을 행했다고 자랑하는 불법을 행하는 자들을 뜻한다. 그리고 실제로도 '태풍, 허리케인, 폭풍, 광풍, 세게 부는 바람'을 의미한다. 이것은 하나님께서 심판하시는 도구들이다. 네 가지 중한 벌을 내릴 때, '노아, 다니엘, 욥'이 거기 있을지라도 그들은 자녀도 건지지 못하고 자기의 의로 자기의 생명만 건진다[겔14:20]고 하신 때가 지금 이 세대다.

에스겔 14:20
비록 노아, 다니엘, 욥이 거기 있을찌라도 나의 삶을 두고 맹세하노니 그들은 자녀도 건지지 못하고 자기의 의로 자기의 생명만 건지리라 나 주 여호와의 말이니라 하시니라

그러므로 욥기서의 기록은 그림자요 모형이라 실상이 되는 때가 심판 날인 지금 이 세대다. 그래서 '유언'에 해당하고, 다른 말로 예언이다. 귀신들이 가르친 거짓말, 예수 이름으로 사주팔자 예언하듯이 무당짓 하는 목사들, 환상 중에 "예수님을 만났네, 성경에 나오는 사람들을 봤네, 지옥과 천국을 갔다 왔다"고 신령한 척하는 자들이 하는 모든 새빨간 거짓말이 바로 '대풍' 중의 하나다. 성경과 다른 거짓말을 하는 자칭 목사들이 바로 하나님께서 말씀하시는 영적인 '대풍'이고, 이런 대풍에 해당하는 거짓 선지자, 거짓

선생들이 가장 많은 곳이 대한민국이다. 대풍이 부는 거친 들에서 하나님께서 만세 전에 예비해두신 또 다른 '거친 들'로 데려가는 여자가 바로 '진리의 성령'이며, 그곳이 바로 '낙토'다.

예수 이름으로 종살이하던
'길 없는 거친 들'

[24]만민의 두목들의 총명을 빼앗으시고 **그들을 길 없는 거친 들로 유리하게 하시며** [25]빛 없이 캄캄한 데를 더듬게 하시며 취한 사람같이 비틀거리게 하시느니라 [욥12:24~25]

이 예언대로 6일간은 성경을 사용하는 종교 지도자들, 재판장, 제사장, 권력이 있는 자, 방백들, 만민의 두목들을 '길 없는 거친 들'로 유리하게 하신 것이다. 진실로 사실이었다. '길'에 대해 신령한 것을 신령한 것으로 분별해서 보면 예수께서 "내가 곧 길이요"[요14:6]라고 하셨다. 그런데 거친 들에 길이 없다고 하신 이 말씀은 무슨 뜻일까? 그리고 또 이렇게 말씀하셨다.

조금 있으면 세상은 다시 나를 보지 못할 터이로되 너희

는 나를 보리니 이는 내가 살았고 너희도 살겠음이라 [요 14:19]

여기서 말씀하신 '세상'은 '이 세상에 속한 자들', 곧 귀신이 주인이 되어 원욕, 정욕대로 사는 육에 속한 자들로서 예수 그리스도를 다시 보지 못한다고 하신 이대로 2022년 지금 이 시간까지 아무도 하나님의 아들을 보지 못했다. 진리는 이러한데 사람들은 착각한다. 아무나 육체가 죽으면 하늘나라에 갔다고 하고, 심지어 살아 있는 사람이 자신도 죽어서 갈테니 기다리라고 한다. 사람들이 이렇게 자기 마음대로 생각하고 말할 줄 너무 잘 아시는 하나님께서 미리 성경에 기록해 두신 것이다. 이처럼 지금 이 세대에도 혀로 "주여, 오직 예수여" 하면 자신은 죽어서 천국 간다고 믿는 천주교, 기독교인들도 영원히, 다시는 하나님의 아들 예수 그리스도를 보지 못한다. 이들은 본래 예수 그리스도와 아무 관계가 없는 사람들이다. 또 이렇게 말씀하셨다.

너희에게 아직 빛이 있을 동안에 빛을 믿으라 그리하면 빛의 아들이 되리라... [요12:36]

빛이신 하나님의 아들을 믿는 것은 그 아들이 하신

말씀을 믿고 지켜 실행하는 것이다. 이는 예수 그리스도를 이 땅에 보내신 하나님을 믿는 것이고, 하나님의 계명, 다른 말로 명령을 믿고 지켜 실행하는 것이며, 사람이 마땅히 해야 할 본분임을 아들을 통해 교훈하신 것이다. 이렇게 될 때 영원한 빛이신 하나님의 아들이 되는 것이다. 그런데 누가 이렇게 하나님을 말씀대로 믿었는가?

또 예수 그리스도께서 "조금 있으면 세상, 곧 이 세상에 속한 자들은 다시 나를 보지 못할 것이라"고 하신 이 말씀은 2022년 이때까지 사실이 되어 이루어지고 있다. "너희는 나를 보리니 이는 내가 살았고 너희도 살겠음이라"고 하신 이 말씀이 사실이 된 사람은 당시 제자들이었다. 삼 일 만에 영원히 병들지도 아니하고 죽지도 아니하는 신령한 몸으로 부활하신 그리스도를 제자들은 보았다. 볼 수 있었던 것은 그때 그들도 육체도 살아 있었기 때문이다. 그러나 부활하신 그리스도를 본 제자들은 순교하여 제단 아래 있다.

그렇다면 순교한 제자들은 왜 예수 그리스도처럼 부활하여 하나님 우편에 앉아 있지 않고, 영혼이 제단 아래 있을까[계6:9~11]? 제자들이 예수 그리스도와 같이 있다고 성경 어디에도 기록되어 있지 않다.

요한계시록 6:9~11
9 다섯째 인을 떼실 때에 내가 보니 하나님의 말씀과 저희의 가진 증거를 인하여 죽임을 당한 영혼들이 제단 아래 있어
10 큰 소리로 불러 가로되 거룩하고 참되신 대주재여 땅에 거하는 자들을 심판하여 우리 피를 신원하여 주지 아니하시기를 어느 때까지 하시려나이까하니
11 각각 저희에게 흰 두루마기를 주시며 가라사대 아직 잠시 동안 쉬되 저희 동무 종들과 형제들도 자기처럼 죽임을 받아 그 수가 차기까지 하라 하시더라

사람들이 자기 마음대로 믿는 것은 하나님을, 하나님의 아들 예수 그리스도를 믿는 것이 아니다. 그렇게 믿는 것은 '불법'이다. 순교당한 자들은 제단 아래서 쉬고 있고, 예수 그리스도는 하나님 우편에 계신다고 했다. 누가 신령한 몸으로 부활하신 그리스도와 같이 있는가? 모두 강대상에서 가르치는 마귀가 지어낸 새빨간 거짓말이다.

이렇게 하나님께서 기록해 두신 법은 안 믿고 자기 마음대로 믿는 것은 믿음이 아니다. 상상이다. 천주교, 기독교인들, 성경을 사용하는 모든 종교인들은 모두 상상하며 살다가 육체가 죽어서야 자신이 간 곳이 음부, 곧 지옥인 줄 알게 된다. 눅16:19~31절에는 한 부자가 날마다 호화로이 연락하다가 죽어 그 혼은 음부, 곧 혀에 물 한 방울 먹지 못하는 곳에 가 있다고 기록되어 있다. 그런데 이 부자는 음부에서도 상대의 말은 듣지 않고 자기 소리만 한다. 죽어서도 이성이 없는 자다. 순교자들도 제단 아래서 마찬가지로 자기 소리를 한다. 음부, 곧 지옥 불에 간 부자는 당연히 길 없는 어두운 삶을 살면서 자신 원욕대로 살다가 그리되었지만, 순교자들은 왜 자신들이 흘린 피를 신원해 달라고 할까? 그리고 분명히 "너희는 나를 보리니 이는

누가복음 16:19, 23~24
19 한 부자가 있어 자색 옷과 고운 베옷을 입고 날마다 호화로이 연락하는데
23 저가 음부에서 고통 중에 눈을 들어 멀리 아브라함과 그의 품에 있는 나사로를 보고
24 불러 가로되 아버지 아브라함이여 나를 긍휼히 여기사 나사로를 보내어 그 손가락 끝에 물을 찍어 내 혀를 서늘하게 하소서 내가 이 불꽃 가운데서 고민하나이다

내가 살았고 너희도 살겠음이라"고 하셨는데 왜 한 곳에 있지 않을까? 왜 "예수께서 가라사대 나는 부활이요 생명이니 나를 믿는 자는 죽어도 살겠고"[요11:25]라고 하셨는데 아직 예수님처럼 신령한 몸으로 살아나지 못한 것일까?

이성이 있으면 생각이라는 것을 해보아야 한다. 이런 이성조차 없는 사람들이 지금 성경을 가지고 자신이 신이 되어 있는 천주교 교황, 사제, 신부, 기독교 목사들이다. 기록된 말씀은 단 한 절도 안 믿고 자신들이 본능으로 아는 것으로 지어낸 거짓말로 설교하고, 자신들은 이미 잘 믿는다고 하는 자들이 '길'을 알고 있는가? 예수께서 "내가 곧 길이요 진리요 생명"이라고 하셨는데 성경을 사용하는 전 세계 모든 종교인들, 혀로 "오직 예수" 하는 자들이 '길'이신 하나님의 아들 예수 그리스도를 만났는가?

그래서 욥기서를 통해 3422년 전에 예언하신 대로 그들을 '길 없는 거친 들'로 유리하게 하시며, 빛 없이 캄캄한 데를 더듬게 하시며, 취한 사람같이 비틀거리게 하시겠다고 하신 말씀대로 진실로 사실이건만, 그들은 성경을 가지고도 말씀은 안 믿고, 귀신들이 가르친 거짓말만 믿고 있는 영적인 상태다. 이런 곳이

욥기 12:24~25
24 만민의 두목들의 총명을 빼앗으시고 그들을 길 없는 거친 들로 유리하게 하시며
25 빛 없이 캄캄한 데를 더듬게 하시며 취한 사람같이 비틀거리게 하시느니라

6일간 하나님께서 말씀하시는 '거친 들'이다. 진리는 이러한데 이런 진리는 다 무시하고 전 세계 성경을 사용하는 종교인들이 어떤 상태인지 보라.

하나님께서 아들 예수 그리스도를 이 땅에 보내셔서 '영원한 생명의 길'은 이런 것이라고 보이셨고, '거룩함에 이르는 길'은 이렇게 해야 한다고 보이셨는데 실상이 된 자가 누가 있었는가? 성경이 모든 것을 죄 아래 가두어 두었다고 기록한 사도 바울도 길을 알지 못했고, 아들 예수도 말씀은 하셨지만 온전히 알지 못했다.

요한복음 17:19
또 저희를 위하여 내가 나를 거룩하게 하오니 이는 저희도 진리로 거룩함을 얻게 하려 함이니이다

욥기 12장에 해당하는 자들이 일하는 시기에는 길이 없이 유리할 것을 이미 예언해 두신 그대로 사실이었다. 6일간은 성경을 가지고도 지각이 없이 허망한 사람인 채 모두 상상하고 있었다고 아무도 몰랐다. 그래서 예수 그리스도께서 나귀를 타시고 나귀들이 교통수단이 되어 2008년 6월 16일까지 왔고, 현재 2022년 3월 이 시간까지 허망한 사람들이 모여있는 곳이 '교회'라고 누가 알겠는가? 하나님께서만 아시고 계심을 전 성경에 미리 말씀해 두셨다.

11하나님은 허망한 사람을 아시나니 악한 일은 상관치 않으

시는 듯하나 다 보시느니라 ¹²허망한 사람은 지각이 없나니 그 출생함이 들나귀 새끼 같으니라 [욥11:11~12]

욥기 11장의 이 예언에는 '길'이신 예수 그리스도께서 이 땅에 오셔서 하신 행위 속에 천국의 비밀을 감추어 두셨던 것이다. 예수 그리스도께서 겸손하여 나귀 새끼를 탄 것이 아니라는 뜻이다. '나귀' 그것도 "매인 나귀와 나귀 새끼가 함께 있는 것을 보리니 풀어 내게로 끌고 오라"고 하신 그대로 제자들이 나귀 새끼를 끌고 와서 자기들의 겉옷을 그 위에 얹으매 예수께서 타신 것이다[마21:1~7]. 2천여 년 동안 어느 기독교인들이 자신이 '나귀 역할'을 하고 있다는 것을 알고 있었는가? 나귀 역할을 하는 이들에게는 하나님과 그 아들 예수 그리스도를 아는 지각이 없을 것을 나귀를 타게 하신 일 속에 감추어 두셨던 것이다. 이런 허망한 사람들을 교통수단으로 사용하셔서 예수 이름이 전 세계 구석구석 다 퍼지게 하신 분도 여호와 하나님이시다.

아들을 사용하셔서 "누구든지 나로 말미암아 실족하지 아니하는 자가 복이 있다"[마11:6]고 경고하셨다. 그래서 성경이 모든 것을 죄 아래 가두어 두었다고 사도 바울을 사용하셔서 기록해 두셨던 것이다[갈3:22~23].

마태복음 21:2, 7
2 이르시되 너희 맞은편 마을로 가라 곧 매인 나귀와 나귀 새끼가 함께 있는 것을 보리니 풀어 내게로 끌고 오너라
7 나귀와 나귀 새끼를 끌고 와서 자기들의 겉옷을 그 위에 얹으매 예수께서 그 위에 타시니

갈라디아서 3:22~23
22 그러나 성경이 모든 것을 죄 아래 가두었으니 이는 예수 그리스도를 믿음으로 말미암은 약속을 믿는 자들에게 주려 함이니라
23 믿음이 오기 전에 우리가 율법 아래 매인 바 되고 계시될 믿음의 때까지 갇혔느니라

이러한 비밀은 하나님만 아시는 천국의 비밀이며, 하나님께서 행하신 일을 사람이 측량할 수 없도록 하신 것이다[전3:11]. 그래서 사람의 증거는 취하시지 아니하신 것이 명백하게 증명되는 것이다[요5:34].

독수리의 두 날개로 업어
'약속의 땅인 거친 들'로 데리고 가는 '여자'

2022년 이때까지 2천여 년간 성경을 가지고 성경과 다른 거짓말로 가르치는 지도자들은 '길'이 무엇인지 '진리'가 무엇인지 '생명'이 무엇인지 단 한 절도 모른다. 그러면서 다 알고 있다고 생각한다. 이런 자들이 바로 길 없는 거친 들에서 '유리하는 별들'이다. 빛이 없는데 예수 이름 가지고 빛이 있다고 스스로 자긍하며, 캄캄한 데를 더듬고 술에 취하여, 곧 포도주를 마시고 취하여 비틀비틀거리고 다니며 미쳐있는 영적인 상태다. 이렇게 2천 년이 흐를 것을 다 예언해 두셨건만 이런 진리는 안 믿고 자기 마음대로 혀로 "믿습니까? 믿습니다 아멘~" 하고 있다. 전 세계의 교회가 다 이러하다.

이런 거친 들에서 올라오는 여자와 함께 올라오는

사람들을 아가서에 예언해 두셨고, 이런 여자와 함께 한 너희, 곧 우리를 위해 예비하신 땅도 그래서 "거친 들로 데리고 가서"라고 하신 것이다. 이 말씀 속에는 오는 세상이 되기 전에 택한 자들, 야곱, 곧 이스라엘인 하나님의 백성들과 아들들인 왕 노릇 할 자들을 '예비해 두신 거친 들'로 데리고 가실 것에 대한 예언, 유언이 실상이 된 것이다. 그러나 대풍이 부는 거친 들은 성경과 다른 거짓말하는 강도, 만민의 두목, 재판장, 제사장들, 오늘날 목사들, 사제들이 영혼 살인을 저지르는 곳이다. 그래서 이런 곳인 거친 들에서 독수리 두 날개로 업어 하나님께서 약속하신 '거친 들'로 옮기게 하실 것을 두고 이렇게 예언해 두셨다.

하나님이 두루 다니시며 사람을 잡아 가두시고 개정하시면 누가 능히 막을소냐 [욥11:10]

'개정'이란 '그르거나 알맞지 않은 것을 고치어 바르게 하다, 한 번 정한 것을 고치어 다시 정하다'라는 뜻이다. 재판을 시작하여 법정을 연다는 의미도 감추어져 있다. 이 말씀 속에는 성경이 모든 것을 죄 아래 가두어 두는 기간 2천여 년이 감추어져 있고, 또한 2008년 6월 16일부터 하나님께서 나를 사용하셔서 개정하실 것도 감추어 두셨다.

종합하면 6일간, 예수 그리스도께서 이 땅에 오시
고도 2천여 년간은 하나님께서 하나님의 뜻을 모르
고 혀로 "예수"만 하는 나귀들을 사용하셔서 사람을
잡아 가두시는 기간이라 길이 없는 거친 들로 유리하
는 들나귀들을 사용하셔서 교회를 세우시고, 교회 안
에 사람들을 잡아 가두어 두셨다는 뜻이다. 이 기간
은 혀로 "예수, 주여" 해도 예수 그리스도에 대해서
아무도 알지 못한 채 죄 아래 가두어 두신 기간이었
다. 그러니 예수께서도 욥기서에 기록된 예언의 뜻,
감추어 두신 천국의 비밀을 모르셨고, 바울도 몰랐으
며 전 성경을 기록한 저자들 그 누구도 몰랐다.

하나님은 인간이 믿든 안 믿든 당신의 뜻대로 경영
하신다. 이는 하나님만이 참 신이시기 때문이다. 하
나님께서 아들을 사용하셔서 하신 일인데 아들 예수
도 하나님의 뜻을 모르고 한 말이었다고 누가 알았으
며, 누가 믿었는가? 15년째 나를 사용하셔서 여호와
하나님께서 개정하시고 계신 일이니 "이 일을 누가 능
히 막을소냐"라고 하신 예언, 유언이 효력이 발생하여
땅에 사실이 되어 이루어지고 있다. 이를 증명하면,
"하루는 욥의 자녀들이 그 맏형의 집에서 식물을 먹으며 포
도주를 마실 때에 사자가 욥에게 와서 고하되 소는 밭을 갈

고 나귀는 그 곁에서 풀을 먹는데 스바 사람이 갑자기 이르러 그것들을 빼앗고 칼로 종을 죽였나이다 나만 홀로 피한 고로 주인께 고하러 왔나이다"[욥1:13~15]라고 하신 일이 당시 욥의 일로 끝일까? 아니다. 포도주를 마실 때, 곧 예수 이름으로 종교생활 하는 2천 년간에 있을 일이며, '소, 나귀'가 사람이 본능적으로 아는 소, 나귀를 말씀하신 것이 아니다.

[1]어찌하여 전능자가 시기를 정하지 아니하셨는고 어찌하여 그를 아는 자들이 그의 날을 보지 못하는고 [2]어떤 사람은 지계표를 옮기며 양 떼를 빼앗아 기르며 [3]**고아의 나귀를 몰아 가며 과부의 소를 볼모 잡으며** [4]빈궁한 자를 길에서 몰아내나니 세상에 가난한 자가 다 스스로 숨는구나 [5]**그들은 거친 땅의 들나귀 같아서** 나가서 일하며 먹을 것을 부지런히 구하니 광야가 그 자식을 위하여 그에게 식물을 내는구나 [욥24:1~5]

2천여 년간 예수 이름, 하나님의 이름 사용하는 사람들을 들에 사는 나귀, 곧 들나귀에 비유하여 그들은 언행으로 광명을 배반하는 악인이며, 광명의 길을 알지 못하는 자들이라 그들이 사는 땅을 "강도의 장막"[욥12:6]이라고 판결하셨다. "과부의 소를 볼모 잡으며"라고 하신 과부는 아무 과부가 아닌 "참 과부"[딤전5:1~10]인 나에 대한 예언이다. 또 '빈궁한 자', '가난한

욥기 12:6
강도의 장막은 형통하고 하나님을 진노케 하는 자가 평안하니 하나님이 그 손에 후히 주심이니라

자'는 나와 은혜로교회 성도들에 대한 예언으로 실제한 뭇의 삶이 이러했다. 따라서 진리의 성령과 성도들을 훼방하고 고소하고 감옥에 가두는 자들 또한 거친 들에 있음을 증명하는 것이다. 2천여 년간은 하나님께서 감추어 두신 '길, 곧 정로, 바른 길'을 아무도 몰랐다. 그래서 길이 없었다. 길을 아는 자가 없었다.

그러나 지금 이 세대는 "내가 곧 길이요 진리요 생명이라"고 한 예언, 유언이 하나님께서 정하신 때인 일곱째 날, 셋째 날이 되어 효력이 발생한 것이다. 따라서 "내가 아버지께로서 너희에게 보낼 보혜사 곧 아버지께로서 나오시는 진리의 성령이 오실 때에 그가 나를 증거하실 것이요"[요15:26]라고 하신 유언이 효력이 나타나서 진리의 성령이 실상이 되어 '길, 진리, 생명'이 무슨 뜻인지 알게 되고, 예수 그리스도에 대해서, 여호와 하나님에 대해서, 성령에 대해서, 반대로 원수인 불법하는 자, 불의하는 자, 대적자들에 대해서, 죄에 대하여, 의에 대하여, 심판에 대하여, 때에 대하여 밝히시는 하나님의 가르치심으로 인해 바른 길로 돌이켜서 온전하게 되는 것이다. 그래서 "예언, 유언"[히9:16~17]의 뜻을 모르면 절대 하나님께서 정하여 두신 '때'를 분별할 수가 없고, 전 성경을 기록해 두신 하나님

요한복음 16:8
그가 와서 죄에 대하여, 의에 대하여, 심판에 대하여 세상을 책망하시리라

히브리서 9:16~17
16 유언은 유언한 자가 죽어야 되나니
17 유언은 그 사람이 죽은 후에야 견고한즉 유언한 자가 살았을 때에는 언제든지 효력이 없느니라

뜻을 알 수가 없으며, 이러니 길 없는 거친 들, 곧 거친 땅이 되어 있었던 것이다.

출애굽기 19:4
나의 애굽 사람에게 어떻게 행하였음과 내가 어떻게 독수리 날개로 너희를 업어 내게로 인도하였음을 너희가 보았느니라

이제 정하신 때가 되어 하나님께서 장가드신 여자를 사용하셔서 만세 전에 약속하신 거친 들로 독수리의 두 날개인 비행기를 타고 다시 택한 이스라엘을 데리고 가는 예언이 이미 실상이 되었다. 그럼에도 진리의 성령을 훼방하고 옥에 가두며 불법과 불의를 행하는 자들에 대한 징벌하심이 코로나19 온역 재앙이다.

이제 모두 돌아서면 된다. 사람 차원의 생각, 허망한 이론, 성경과 다른 거짓말을 모두 무효하고, 유일한 참 신이신 성부 하나님께로, 새 언약의 말씀으로 돌이켜야 한다. 진실로 때가 급하다.

출간도서

내 생각은 너희 생각과 다르고 "방언"

하나님의 생각과 사람의 생각은 실로 다르다. 이 사실을 아무도 제대로 알지 못하고 천국의 비밀이 기록된 성경을 함부로, 자의적으로, 사람 수준으로 해석하고 있다. 이것은 치명적인 결과를 초래했다. "랄랄라 따따따" 하는 소리가 성령받은 증거라고 가르치는 교회는 귀신의 처소 바벨론이며, 그 목사는 영혼 살인을 저지르는 지옥의 사자이다. 이 책은 성경은 비유로 기록되어 있는 하늘 나라 말(방언)이며, 반드시 성경은 성경으로 해석해서 방언통역해야 한다는 사실을 성경으로 증명한 모든 그리스도인의 필독서이다.

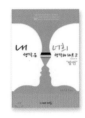

신옥주 저 | 2009

방언통역과 방언 (증보판)

성경은 문자적으로 기록된 하늘나라 말, 곧 하늘나라 방언이다. 성경은 성경으로, 신령한 것은 신령한 것으로 통역해야 그 뜻을 알 수 있다. 그래서 통역하는 자가 없으면 잠잠하라고 하신다. "랄랄라 따따따"는 성경에서 말하는 방언이 아니라 개구리 같은 세 더러운 영의 입에서 나오는 지옥 불의 소리다. 방언이 무엇인지, 방언통역은 어떻게 하는지 성경대로 알아야 하나님을 아는 온전한 지식으로 나아갈 수 있다. 방언통역과 방언에 대해 2천 년 만에 처음으로 성경대로 밝힌 성도들을 위한 필독 지침서이다.

신옥주 저 | 2012

성경과 다른 거짓말 (증보판)

십자가를 걸고 교회라는 간판을 달았다고 해서 다 교회가 아니다. 교회는 성경과 다른 거짓말을 하지 않고 하나님을 아는 지식으로 교인들을 인도하는 곳이다. 그러나 일생 성경을 사용하면서 입으로 하나님, 예수 그리스도, 성령이라고 말은 하지만 성경과 다른 거짓말로 설교하는 목사나 그 설교를 듣고 아멘 하는 교인들이나 모두 육체가 죽으면 천국 가는 것이 아니라 둘째 사망인 지옥 영벌에 처하게 된다. 육체가 살아서 성경과 다른 거짓말이 어떤 것인지 성경대로 분별하여 진리의 도로 나아가야 한다.

신옥주 저 | 2014

교회 안에 무당

하나님께서 무당은 죽이라고 하셨다. 교회 안에서 거짓 몽사를 말하며 헛된 자만으로 교인들을 미혹하는 무당들이 너무 많다. 이들은 예수 이름 사용하여 사람의 앞길과 길흉화복을 기도해서 받았다고 거룩한 척 가장하며 속이는 자들이며, 천국과 지옥을 보았다고 간증하는 거짓 선지자들이다. 이들은 모두 하나님의 이름을 망령되이 일컫는 자들로서, 하나님께서는 사람에게 장래를 알게 하지 않으셨다. 장래사는 오직 전 우주적인 일곱째 날, 사람으로 오신 진리의 성령을 통해서만 알게 하신다.

신옥주 저 | 2014

이단 조작자들에 대한 성경적인 판결

성경 한 절 모르면서 돈을 목적으로 "이단" 운운하며 성령을 훼방하는 자들의 실체를 밝힌다. 이들이 바로 적그리스도이며, 다른 복음을 전파하는 자들로 이단이며, 사이비이다. 예수 그리스도를 세상 법에 고소한 자들이 바로 오늘날 자칭 기독교인, 자칭 목사, 사단의 회인 예장합신 총회이며, 이단 조작자들이다. 그들의 실체를 낱낱이 성경대로 판결한다.

신옥주 저 | 2015

그 피고가 와서 밝히느니라 [참 과부의 송사]

"송사에 원고의 말이 바른 것 같으나 그 피고가 와서 밝히느니라" [잠18:17] 진리의 성령을 훼방하는 자들은 이 세상에서도, 오는 세상에서도 영원히 사함을 받지 못한다. 교회 안에 우상들이 일으킨 소송을 성도들이 일어나 변론하며, 우상들의 실체를 밝힌다. '참 과부의 송사'는 여호와의 날, 인자의 날, 심판 날인 지금 이때 누가 의인인지, 누가 악인인지 밝히시는 하나님의 모략이며, 온 천하에 진리의 성령께서 오셨음을 알리시는 사건이다.

은혜로교회 성도 일동 | 2019

열매들이 증명한다

"하나님은 모든 사람이 구원을 받으며 진리를 아는 데 이르기를 원하시느니라" [딤전2:4] 은혜로교회 성도들이 신옥주 목사님께 올리는 편지글이다. 그 나무가 생명나무인지 아닌지는 열매를 보면 알 수 있다. 영원한 복음인 새 언약의 말씀을 통해 다시 창조함을 받은 성도들이 진리의 성령께서 오셨음을 증거하는 증인이 되어 밝힌다. 죄의 허물을 벗고 성도로 나아가는 과정을 하나님 앞에, 사람 앞에 시인하는 편지들을 모아 책으로 엮었다.

은혜로교회 성도 일동 | 2019

이제 온 천하는 잠잠하라 2

초판 1쇄 발행 2022년 6월

지은이 성도 다니엘, 성도 진선, 성도 성진

펴낸곳 바른기업

주소 서울특별시 서초구 매헌로 16 하이브랜드 13층 12호(양재동)

전화 070-8064-7386

이메일 graceroadchurchfiji@gmail.com

홈페이지 gr-church.org

ISBN 979-11-977187-2-4

ISBN 979-11-977187-1-7 (세트)